Enterprise Intellectual Property Management

OPERATIONAL PRACTICE AND LEGAL RISK PREVENTION

The 2nd Edition

企业知识产权管理

操作实务与法律风险防范

第二版

王小兵 / 著

中国法制出版社
CHINA LEGAL PUBLISHING HOUSE

再版序言

本书第1版于2019年7月问世，出版以来，得到了许多师长、客户、同行、高校学子的支持与厚爱，今得以再版，本人深表感谢！

应该说，从写这本书伊始，笔者就诚惶诚恐，因为自己从学校毕业后一直从事知识产权律师工作，并未在企业从事知识产权管理工作。由我这样一位律师来写一本企业知识产权管理方面的书籍，会有人看吗？好在我这个人喜欢解决问题，我一直认为，律师这个职业就是一个善于“解决问题”的职业。虽然我并未在企业从事知识产权管理工作，但我十几年的知识产权法律服务对象主要是企业，对企业面临的知识产权问题和纠纷非常熟悉，这也不断地促使我反思：企业知识产权工作的目的和意义在哪？企业应该怎样做好事前的预防，才不至于走向后面的法律纠纷？从这些角度切入，从问题和风险出发，反观前端的知识产权管理，我认为自己还是有一些发言权的。

本书的第一章主要讲述了企业知识产权管理工作的总体目标、制度建设、管理模式、运行控制等基本知识，后面每一章聚焦一个类型板块，从基本概念和理论开始，重点讲述每一类知识产权的管理要点、风险控制等实务知识，辅之以典型案例评析，让读者通过真实发生的案例，更直观地感受企业知识产权管理工作的意义和价值。在每一章最后还给出了制度示范文本，企业可以根据自身情况，进行增减、修改。

本次修订，主要有以下几个方面的变化：（1）结合最新发布的知识产权相关法律、法规、司法解释等，对本书中涉及的法律条文进行了更新；（2）对第一版中，部分表述不准确的内容进行了更正；（3）扩充了部分章节内容，特别是各章中的“常见法律风险与防范措施”一节；（4）对书中引用的案例进行了更新，每章新增一个案例，使案例内容更丰富，实务性更强。尽管如此，本书仍有遗憾，如针对目前正在兴起的反垄断合规、网络安全、个人信息保护等问题，并未在本书中涉及。一是笔者对上述问题的研究并不深入，尚难以下笔；二是这些内容是否能够放入企业知识产权管理书籍，还没有想好。这些问题，可能要留待后续思考成熟后再作决定。

本书可以作为企业知识产权管理工作者、知识产权律师、知识产权法律研究者的参考用书，也可以作为高校知识产权专业的辅助教材。事实上，已有多所高校将本书作为教材使用，这也给了笔者莫大的鼓舞！

本书的再版修订也得到了广大同行的帮助，首先是隆天知识产权代理有限公司商标版权部的隋萍女士，其就本书部分章节提出了中肯的意见，在此表示感谢！其次，我要感谢恩师朱妙春律师及隆天知识产权董事长郑泰强先生，两位前辈不但为本书第一版作序，而且对我的职业发展有提携之恩。再次，我要感谢的是我身处的隆天知识产权团队，上海隆天律师事务所的同事们都非常优秀，让我学习到了很多，并让我深知：没有团队协作就不可能为客户提供优质、高效、全方位的知识产权法律服务。最后，要感谢的是家人，他们的付出让我没有后顾之忧，也让我体会到：除了工作之外，自己还有另一片天地。

虽然是再版，但囿于笔者的专业水平和工作经历，书中还是难免有不足之处，在此恳请广大读者批评指正，真诚地希望以此书会友，与你们共同探讨企业知识产权管理工作的点点滴滴、方方面面。

王小兵

二〇二二年三月一日

于上海隆天律师事务所

序　一

收到我的学生王小兵律师的《企业知识产权管理：操作实务与法律风险防范》书稿，距离他第一本专著《知识产权案件办案策略与技巧》（中国法制出版社出版）已有四年时间，我感叹时间飞逝，也对小兵律师即将出版的第二本专著表示祝贺！

小兵律师曾于2006～2010年在我的律师事务所实习、工作，我见证了他从一名法学院学生到一位优秀知识产权律师的成长过程，他喜欢钻研疑难、新类型法律问题，从发现问题到查找资料，再到最终解决，可以看出他是一位刻苦钻研、上进好学的律师，这些疑难、新类型问题的解决，也常常为我们办理的案件提供新思路、新方法，我对这些仍记忆犹新。

我常常对所里的年轻律师和实习生讲，一名合格的律师不仅应该有出色的口头表达能力，还要有绝佳的书面表达能力，而后者往往被人忽视。殊不知，书面表达在某种程度上的功能远远大于口头表达。书面表达的传播性更广，固定性更强，给人传达的专业形象更深入。书面表达在律师日常工作中经常用到，小到律师函、起诉状，大到法律意见书、代理词和辩护词等，都在考验着律师的书面表达功底。所以，律师应当注重提升自己的书面表达能力，而写文章、著书就是非常好的锻炼途径，这种方式不但可以让自己沉下心来思考，还能组织语言将问题讲清、说透，让更多人了解你的观点，以将自己的想法和做法留给他人或后人借鉴。

我自20世纪80年代开始，坚持将自己的办案经历用文字记录下来，形成一本本案例精选集并由出版社出版，至今已有十本，不久将出版第十一本《商标、专利代理纪实（续）》。这些案例集是对我律师生涯最好的诠释，也是我作为最早一批知识产权专业化律师为知识产权法律服务行业做出的一点贡献。因此，我对自己培养的学生，也更加注重书面表达能力的考察。

然而著书立说并非易事，作者既要有丰富的办案经验，也要有扎实的理论基础，还要有相当的文字能力，更要有持恒的顽强毅力。为此，许多人将其视作“畏途”！在每年一度的中华全国律师协会知识产权专业委员会年会上常出现“论文多如牛毛，著作凤毛麟角”现象。小兵律师可以说在这方面做得很好，从业十余年，不但在专业期刊上发表数十篇专业论文，还出版了两本专著，其中首本还成为2016年中华全国律师协会知识产权专业委员会西安年会上仅有的三本优秀著作之一，实在难能可贵。

本书主要是从律师角度来谈企业知识产权管理工作中的操作实务和常见法律风险防范措施。律师，特别是诉讼律师，对法律纠纷的风险点相对比较敏感，那么从诉讼律师处理纷繁复杂的法律纠纷经验出发，能更准确地识别企业法律风险并做好应对措施。纵观本书的体例，既有理论又有实务，分别介绍了专利管理、商标管理、著作权管理、商业秘密管理、技术合同管理和反不正当竞争管理等方面的理论知识、操作实务、常见法律风险及应对措施，同时在每一章又精选若干相关案例进行深入剖析，以案例解读法律纠纷产生的原因，让企业在活生生的案例中了解知识产权法律风险及其化解方法。可以说，本书是一部很好的知识产权法律风险防范参考书，相信会对从事此项工作的人士提供帮助。

在写这篇序时，我已七十有四，做知识产权律师也已三十多年。这三十多年里，我见证了中国知识产权法律服务事业的起步和蓬勃发展，也深刻体会到知识产权法律服务工作的多样化、专业化和一体化的重要性。当我看到越来越多的法律工作者投身到知识产权事业中来，将知识产权作为毕生职业追求时，我坚信，未来会更好！

最后，我祝愿小兵律师在知识产权法律实务的征途上继续多办案，勤著书。

是为序！

中华全国律师协会知识产权专业委员会原副主任
朱妙春 律师
二〇一九年四月于上海

序　二

知识产权制度发轫于工业经济时代，并在其后不断完善，与其所保护的无形智慧互相促进、共同生长，推动人类社会由工业经济时代迈入知识经济时代，由传统贸易时代进入电子商务时代，更在有限的实体经济之上生发出无限的“互联网+”。由此，知识产权法就如同制造业中的航空发动机，伫立于法学阶梯的顶端，其迷人的光芒吸引着优秀的法学理论与实务工作者拾级而上，付出或许不可为外人道的辛苦，收获他人绝难体会的欣喜。

歌德在《浮士德》中宣称：“理论是灰色的，而生命之树常青。”如果说知识产权法学理论是寂寥的、晦涩的，那么知识产权律师则通过案件的办理让理论鲜活起来，而案例的示范效应也刷新着一般商事主体对知识产权制度的认知与接纳，当知识产权的观念与制度生长成为社会本身的有机部分时，知识产权法律制度就在一定程度上演变为埃利希所谓的“活法”，这是知识产权制度之幸运，也是知识产权律师无上的荣光。

近十年来，随着我国知识产权司法保护环境的改善，立法制度的健全，企业知识产权保护意识的提高，知识产权法律纠纷也呈现爆发态势。新类型的复杂、疑难案件层出不穷，高赔偿额的案件时有发生，这些都说明企业在知识产权法律风险防范方面应当更加重视，做好风险的防控工作，以应对日益严格的知识产权保护要求。

本书从律师角度来审视企业知识产权管理和风险防控工作的得失。作者王小兵律师在知识产权争议解决领域已有十余年的经验，其办理的案件曾入选最高人民法院公报案例，还曾多次入选中国法院十大知识产权案件、全国法院知识产权典型案例、上海法院知识产权司法保护十大典型案例、上海知识产权十大典型案例、上海知识产权法院十大典型案例、中华全国律师协会知识产权专业委员会十佳案例等，他同时还是上海市徐汇区专业人民调解中心知识产权纠纷特邀调解员。这说明他在知识产权纠纷解决方面已经积累了丰富的实践经验。我相信，以他处理知识产权纠纷的敏感性来审视企业知识产权法律风险点再合适不过，本书一定能够给企业知识产权管理工作者和研究者以参考和启示。

本书的篇章体例清晰，逻辑结构严密，每章以理论、实务指引为引领，以企业不同类型的知识产权管理操作实务为框架，以企业常见知识产权法律风险及防范措施为核心，以精选案例分析为拓展，由表及里，以深释浅，完整地展现了企业知识产权管理和风险防范方面的理论依据、工作思路和工作方法，并且就企业知识产权管理工作中常见的、高发的法律纠纷点进行详细剖析，给企业以警示。笔者认为，本书的出版充分体现了知识产权律师的专业价值，即我们不但能够帮助企业进行事后法律纠纷的化解，更可以对企业知识产权法律纠纷进行事前预防，而后者的意义远远大于前者。

期待小兵律师在知识产权专业化道路上继续前行，为读者奉献更多的作品。

国际知识产权律师联合会（FICPI）中国分会副会长
全国知识产权分析评议服务联盟副理事长
中国专利保护协会副会长
中华商标协会副会长
中华全国专利代理人协会常务理事
隆天知识产权代理有限公司董事长

二〇一九年四月于北京

目录
CONTENTS

第一章 企业知识产权管理体系建设

第二章 企业专利管理

第四章 企业著作权管理

第五章 企业商业秘密管理

第七章 企业反不正当竞争管理

第一章
企业知识产权管理体系建设

第一节　企业知识产权管理目标

一、企业知识产权概述

知识产权是人类在社会实践活动中创造的智力劳动成果并通过法律保护的专有权利。知识产权制度一方面“为天才之火添上利益之油”，另一方面也促进了科技发展和人类社会进步。可以说，知识产权是人类文明的体现，是现代社会的标志，在人类生产、生活中扮演着举足轻重的角色。为此，世界知识产权组织将每年的 4 月 26 日定为“世界知识产权日”，旨在促进社会各界树立尊重知识、崇尚科学、保护知识产权的意识，营造鼓励知识创新和保护知识产权的法律环境。每年的世界知识产权日，世界知识产权组织都会确定一个主题，各成员国应围绕当年主题在世界知识产权日期间举办各种宣传活动，以达到设立该主题日的目的。

中国的知识产权制度同自身的社会经济发展水平相适应，从中国 30 多年来的知识产权法律实施过程来看，它为我国的改革开放和现代化建设作出了不可磨灭的贡献。无论是我国专利法、商标法、著作权法的实施，还是与之配套的行政法规、部门规章，抑或是相关司法解释、司法政策等，都在过去的 30 余年间逐步建立和完善，并在市场经济中发挥着举足轻重的作用。可以毫不夸张地说，没有知识产权制度就没有中国今天蓬勃的经济发展和科学成就。

经过 30 多年的知识产权法律实践，中国企业在知识产权创造、运用、管理和保护方面都有了很大提升，中国的各项知识产权法律制度也走在了世界前列。知识产权与企业经营也越来越紧密，甚至已经成为企业的核心竞争力。通常来说，企业经营过程中涉及的知识产权主要包括：

专利权：是指发明创造人或其权利受让人对特定的发明创造在一定期限和一定地域范围内依法享有的独占实施权。

商标权：是指商标行政主管机关依法授予商标所有人对其注册商标受国家法律保护的专有权。

著作权：是指在文学、艺术和科学领域内具有独创性并能以某种有形形式复制的智力成果（作品）的权利人对其作品依法享有的专有权。

企业名称（简称）：与自然人姓名相对，是指经工商行政主管机关核准的企业称谓，是企业在市场活动中的代表符号。

植物新品种权：是指完成育种的单位或个人对其授权的植物新品种依法享有的排他使用权。

集成电路布图设计权：是指权利持有人对其布图设计进行复制和商业利用的专有权。

域名权：是指计算机网络域名的所有者对域名享有的排他使用权。

有一定影响的商品名称、包装、装潢：是指在中国境内享有一定知名度和影响力，并可以区分商品来源的商品名称、包装、装潢。

商誉：是指社会公众对某一经营者的经济能力、信用状况或者商品质量、性能等所给予的正面评价。

以上这些知识产权作为企业的无形资产，在企业经营发展过程中扮演着重要角色。当然，上述知识产权仅仅是企业知识产权的一部分，随着科技发展和社会进步，相信会有越来越多的智力成果纳入知识产权法律保护的范畴。

知识产权作为一种法律权利，与物权、债权相比，有其自身的法律特征：

首先，知识产权具有无形性。相对于物权来说，知识产权是无形财产，其看不见摸不着，没有具体的形态。我们所能感知的仅仅是这种无形财产所附着的载体。比如电影光盘，光盘本身仅仅是个载体，而其记载的电影作品才是知识产权的内容，相对于有形的光盘来说，电影作品是无形的。知识产权的无形性将导致智力成果可以被无限复制，也可以同时许可多人使用。

其次，知识产权具有专有性。知识产权的专有性，是指在权利的有效期内，未经知识产权所有者的许可，在规定的地域内，任何人不得利用此项权利。另外，对于一项智力成果，国家所授予的某一类型知识产权是唯一的，不能对同一智力成果授予两项以上同一类型的知识产权。

再次，知识产权具有地域性。知识产权的地域性，是指知识产权只在其被授予的国家或地区的法律管辖范围内才有效力，超出授权的国家或地区，则不受保护。了解知识产权的地域性，有助于企业设计与其发展战略相适应的知识产权战略布局，这种战略布局可以使得企业的智力成果在本国之外获得相应国家或地区的法律保护。

最后，知识产权具有期限性。即一个国家对知识产权的保护是有时间期限的，不可能无限制地对某一智力成果的财产权益进行保护。知识产权权利人仅仅在保护期限内获得垄断权利，但超过保护期限后，该智力成果就进入公有领域，成为公共财富。知识产权的期限性是知识产权法律制度的显著特点，知识产权法律制度实际上是权利人和公共利益的平衡制度。任何仅保护权利人而忽略公共利益或者只保护公共利益而忽视权利人的制度都不是现代意义上的知识产权法律制度。

总之，在知识产权日益成为企业核心竞争力的当下，企业应当以积极的态度去学习和了解知识产权，并将知识产权作为企业发展的引擎，发挥其功能和作用。

二、知识产权管理与企业经营风险

知识产权管理，是指对知识产权工作加以计划、组织、协调和控制的活动和过程。企业知识产权管理是为规范企业知识产权工作，充分发挥知识产权制度在企业发展中的重要作用，促进企业自主创新和形成知识产权，推动企业强化对知识产权的有效开发、保护、运营而对企业知识产权进行的有计划的组织、协调、谋划和利用的活动。①

① 闻汉东:《老字号企业知识产权管理与法律风险防范》, 中国法制出版社 2015 年版, 第 17 页。

企业知识产权管理是一项综合性和系统性的工程，它通过动态管理、法制管理、市场管理和国际化管理四个方面来对知识产权进行管理，从而不断强化企业的知识产权保护力度，提升企业的知识产权运营水平，达到提高企业核心竞争力的目的。①

知识产权管理对企业的生存和发展具有重要意义。规范化的知识产权管理将有效地降低企业经营风险，为企业安全、稳定、快速发展提供保障。相反，如果企业知识产权管理不规范，将导致以下经营风险出现：

（一）企业创新成果得不到及时保护

企业创新成果应当及时通过法律途径获得知识产权保护。在我国，像专利权、商标权、植物新品种权、集成电路布图设计权等都需要依法向国家有关部门进行申请，由国家核准后授予权利。规范的知识产权管理活动能够帮助企业及时挖掘、整理，向国家申请相应的知识产权并获得授权。如果企业对知识产权管理工作不重视，那么企业的创新成果很可能无法及时获得知识产权保护，甚至还有可能被竞争对手获取并免费使用。

（二）企业创新成果面临流失风险

企业在合作开发、委托开发、职务发明创造、职务作品、知识产权转让、知识产权许可等方面都会遇到知识产权的权属问题。规范的知识产权管理流程和制度将在权属问题上尽可能地维护企业利益。如果企业缺乏知识产权管理，则这些创新成果可能面临流失的风险，最终会阻碍企业向前健康发展。

（三）证据缺失导致企业维权障碍

知识产权维权活动对证据的要求很高，特别是针对著作权、商业秘密等不需要国家有关部门核准授予的权利，更需要权利人在维权活动中，通过证据来证明自己所享有的知识产权。比如，商业秘密的权利人应当证明商业秘密的具体内容、信息的秘密性以及采取了合理的保密措施等事项，这些都需

① 曾德国：《企业知识产权管理》，北京大学出版社 2015 年版，第 4 页。

要企业在日常的知识产权管理过程中注意收集、整理、积累相关证据材料。如果没有良好的知识产权管理制度，企业一旦发生知识产权纠纷，很容易产生维权的证据障碍，届时再亡羊补牢可能已经晚矣。

（四）侵犯他人知识产权的风险加大

规范的知识产权管理制度还有利于企业规避可能的侵权风险。通过知识产权侵权预警制度，企业可以尽早发现自身产品可能存在的侵权风险，并可以通过技术或法律手段进行规避。如果没有健全的知识产权管理制度，企业盲目研发产品并生产、销售，很可能侵犯他人已经存在的知识产权。

可见，知识产权管理与企业经营风险之间有着密切的关系，它已经渗透于企业日常管理的方方面面。当然，企业经营过程中的风险还有很多，比如财务风险、税收风险、市场风险、人力资源风险等，但本书仅从知识产权管理的角度来探讨企业经营风险并给出相应的防范措施建议。

三、企业知识产权管理的目标及内容

企业知识产权管理的目标，就是指企业进行知识产权管理所要达到的目的，即知识产权管理逐步走向规范后，企业知识产权各项工作所应达到的良好运行状态，以及知识产权给企业发展所带来的良性动力。

针对企业知识产权管理的目标，学者们都提出了各自的见解。有学者认为：知识产权管理可分为总体目标和具体目标，前者涉及运用知识产权制度优化知识产权资源配置，提高知识产权的制造、运用和保护能力，提升自主知识产权水平和拥有量，促进创新型国家建设；后者涉及提高创新主体知识产权意识和知识产权产出水平、质量，提升其知识产权运用能力和管理水平，完善知识产权组织与制度，培养知识产权人才，夯实知识产权文化基础。[①] 也有学者认为：企业知识产权管理的目标就在于激励和促进知识产权创造、利用知识产权制度的功能和特点，将企业知识产权与有形资源有效结合，提升企业

① 朱雪忠：《知识产权管理》，高等教育出版社 2010 年版，第 16 页。

知识产权能力，形成企业知识产权优势，为企业创造最佳的社会经济效益。[①]

无论从哪个角度来说，企业知识产权管理的目标就是企业知识产权管理工作的终极目的，是知识产权管理者所追求的状态，是将知识产权制度与企业管理制度完美融合。

对于企业知识产权管理的内容，国内学者也有不同的观点。笔者根据知识产权类型的不同，将知识产权管理的内容划分为专利管理、商标管理、著作权管理、商业秘密管理、技术合同管理、反不正当竞争管理等内容。上述内容基本上已经涵盖大多数企业日常知识产权管理的工作。应当说明的是，企业知识产权管理是一项综合性的系统工程，需要将上述各个具体方面的管理相互结合才能做好企业知识产权管理工作，不能厚此薄彼。本书也主要根据上述知识产权管理内容的分类展开，分别介绍不同类型知识产权管理的特点、实务操作方法、常见的法律风险及防范措施。

第二节　企业知识产权管理制度建设

企业知识产权管理制度，是指针对企业的性质、经营目标、市场策略、技术开发与国际、国内法律环境等因素，对企业的知识产权加以分析、评估、运用所建立的一套经营管理和法律保护制度。企业知识产权管理制度是企业从事知识产权管理的工作准则和具体操作规范，只有建立现代化的知识产权管理制度，企业才能有效开展知识产权管理工作，并将有效发挥知识产权在企业经营过程中的重要作用。企业知识产权管理制度按照知识产权的不同类型可以分为以下几类：

一、专利管理制度

企业专利管理制度，主要是关于专利申请、管理、运用和保护方面的制

① 冯晓青：《企业知识产权管理》，中国政法大学出版社 2012 年版，第 20 页。

度规范。它是企业开展专利管理工作的标准和依据。一般来说，企业专利管理制度主要包括以下几个方面的内容：

（一）管理机构及人员设置，主要规定企业从事专利管理工作的机构名称、职能、权限、工作流程及机构人员数量、职位、岗位职责等内容；

（二）专利申请制度，主要规定企业专利挖掘、评估、申请、审核、授权等方面的工作流程；

（三）职务发明创造奖励和报酬制度，主要规定企业对职务发明创造的界定、权属、奖励、报酬、使用等；

（四）专利维护制度，主要规定企业对已经授权的专利进行评估、筛选、放弃、维持有效等方面的工作流程；

（五）专利运用制度，主要规定企业在专利转让、专利许可使用等方面的评估、审核、签约、监督执行等工作流程；

（六）专利保护制度，主要规定企业面对专利侵权行为进行调查、取证、投诉举报、海关备案、诉讼策略等；

（七）责任和处罚制度，主要规定企业在专利管理过程中，针对违反专利管理制度的行为，要求相关人员承担责任或给予相应处罚措施。

二、商标管理制度

企业商标管理制度是为了规范企业商标管理工作，并建立从商标的申请、管理、运用到保护等一系列的操作规范。企业内部的商标管理是一项专业而严谨的工作，应建立健全企业内部商标管理的各项工作制度。一般来说，企业商标管理制度主要包括以下几个部分的内容：

（一）企业商标管理部门及职责，主要规定企业商标管理的职能部门、权限、职责、工作流程及部门内部人员数量、职位、岗位职责等内容；

（二）商标申请制度，主要规定企业商标的设计、申请、异议、复审、无效等方面的工作流程及操作规范，这部分内容当然还涉及商标的申请策略、核定商品类别的选择方法等；

（三）商标维护制度，主要规定商标的档案管理、商标取舍、商标续展、商标使用等方面的工作流程；

（四）商标运用制度，主要规定企业商标在转让、许可使用等方面的评估、审核、签约、监督执行等工作流程；

（五）商标保护制度，主要规定企业对仿冒商标、商标侵权等行为进行调查、取证、投诉举报、海关备案、诉讼策略等；

（六）责任和处罚制度，主要规定企业在商标管理过程中，针对违反商标管理制度的行为，要求相关人员承担责任或给予相应处罚措施。

三、著作权管理制度

企业著作权管理制度是为了明确企业作品的创作、保护、使用和管理职责，规范作品的使用，保护企业的无形资产，促进企业可持续发展战略的实施，鼓励员工创作的积极性，规范和加强著作权管理工作而制定的制度。企业著作权管理制度主要包括以下几方面的内容：

（一）著作权管理部门及职责，主要规定企业著作权管理的职能部门、工作权限、职责范围及人员构成、职位、岗位职责等，以确保著作权管理的顺利实施；

（二）作品类型及作品登记，主要规定企业著作权所涉及的作品类型和概念，并规定作品自愿登记的方法、步骤、审核程序等；

（三）作品归属及职务作品，主要规定在委托创作、合作创作等方面的作品著作权归属及职务作品的界定和权利归属情况；

（四）著作权档案管理，主要规定作品著作权档案建立、内容、借阅、保管、更新、销毁等；

（五）著作权转让和许可使用，主要规定著作权转让、许可使用等方面的谈判、签约、审核、评估、协议履行等；

（六）著作权保护制度，主要规定企业如何应对著作权侵权等方面的工作流程，以及如何通过行政和司法途径保护自身著作权；

（七）责任和处罚制度，主要规定企业在著作权管理过程中，针对违反著作权管理制度的行为，要求相关人员承担责任或给予相应处罚措施。

四、商业秘密管理制度

企业商业秘密管理制度，主要是帮助企业建立完善的商业秘密认定、管理、使用、保护等方面工作的制度。商业秘密管理制度的建立也可以被认为是企业对自身商业秘密采取合理保密措施的佐证，所以企业有必要建立这项制度。企业商业秘密管理制度主要包括以下几个方面的内容：

（一）商业秘密的概念和范围界定，主要规定商业秘密的概念、法律含义及企业内部商业秘密的组成、种类、范围界定等内容；

（二）商业秘密管理部门及职责，主要规定企业商业秘密管理的职能部门、工作权限、职责范围及人员构成、职位、岗位职责等，以确保商业秘密管理的顺利实施；

（三）保密措施，主要规定企业针对自身商业秘密所采取的保密措施，不同保密级别的商业秘密的保密规定；

（四）商业秘密档案管理，主要规定企业商业秘密的档案内容、建档要求、借阅、保管、更新、销毁等方面的内容；

（五）商业秘密转让和许可使用，主要规定企业商业秘密转让、许可使用的评估、谈判、签约、履行等方面的工作流程；

（六）商业秘密保护制度，主要规定企业商业秘密受到侵害时的调查、取证、投诉、诉讼、和解等方面的工作流程及操作规范；

（七）责任和处罚制度，主要规定企业在商业秘密管理过程中，针对违反商业秘密管理制度的行为，要求相关人员承担责任或给予相应处罚措施。

五、技术合同管理制度

企业技术合同管理制度，主要是企业为明确技术研究开发的职责，规范技术使用，保护企业无形资产，推动生产技术进步和技术合作，促进企业技术合同管理的规范化，提高企业市场竞争力而制定的一项制度。技术合同管理制度主要包括以下几个方面的内容：

（一）技术合同管理的部门和职责，主要规定企业技术合同管理的部门、职责权限、业务范围及人员构成、职位、岗位职责等内容；

（二）技术合同的类型和概念，主要规定企业所涉及的各项技术合同的类型及概念，以便员工了解每一类技术合同的特点；

（三）技术合同订立，主要规定企业订立技术合同的工作流程和操作规范，特别是订立过程中的谈判、审批、签字、归档等方面的工作；

（四）技术合同履行监督，主要规定企业在履行技术合同过程中的注意事项、工作流程、监督机制等方面的内容，确保合同在可控范围内得到全面履行；

（五）违约应对机制，主要规定技术合同出现违约情形后的应对工作，包括但不限于证据固定、发函、沟通协调、补签协议、中止履行、解除合同等方面的操作规范；

（六）责任和处罚制度，主要规定企业在技术合同管理过程中，针对违反技术合同管理制度的行为，要求相关人员承担责任或给予相应处罚措施。

六、反不正当竞争管理制度

企业反不正当竞争管理制度，主要是为帮助企业认识常见的不正当竞争行为，加强对不正当竞争行为的管控，以及应对他人的不正当竞争侵害所制定的一项制度。企业单独建立反不正当竞争管理制度的情况还比较少见，但笔者认为，基于目前不正当竞争纠纷的频发，企业有必要在这方面加强管理。企业反不正当竞争管理制度主要由以下几个方面内容组成：

（一）不正当竞争行为的界定，主要是企业根据《反不正当竞争法》的相关规定，来界定常见的不正当竞争行为的共同特点，以便明确不正当竞争行为的内涵；

（二）不正当竞争行为的种类，主要是详细规定常见的不正当竞争行为的类型，每一种不正当竞争行为的概念、表现形式和法律构成；

（三）预防措施，主要规定企业预防每一类不正当竞争行为发生的有效措施，包括预警机制、审核机制、发布机制、实施规范、反馈机制、举报机制等，该部分内容的目的是让企业尽早发现自身存在的不正当竞争行为，并妥善处理，以减少该行为给企业带来的损失；

（四）应对措施，主要规定企业在面对他人的不正当竞争行为侵害时的应对措施，包括调查、取证、投诉、举报、诉讼等方面的工作流程和操作规范；

（五）责任和处罚制度，主要规定企业在实施反不正当竞争管理过程中，针对违反该制度的行为，要求相关人员承担责任或给予相应处罚措施。

第三节　企业知识产权管理模式

企业知识产权管理模式，主要介绍企业内部对知识产权管理的组织架构，以及基于某种组织架构而形成的独特管理方式。企业知识产权管理是一项高度专业化的工作，需要科学的组织架构、人力资源配置、制度建设等方面协同配合。一种适合企业发展的知识产权管理模式，有助于发挥知识产权在企业运营过程中的重要作用，并使企业最终受益。

实践中，企业知识产权管理模式主要有最高层直管模式、法务部门管理模式、研发部门管理模式、行政部门管理模式、设立专门公司管理模式。这些模式各有利弊，因此，不能简单地说哪种模式最好，只能根据企业自身状况或发展的不同阶段来确定。

一、最高层直管模式

最高层直管模式，主要是指企业知识产权事务由企业最高管理层（董事会或董事长）直接管理，有时也会在最高管理层领导下成立专门的知识产权管理部门，代替最高层行使管理权，向最高层汇报工作并负责。这种模式下，知识产权管理部门是一个独立的企业部门，由它来管理、协调其他部门之间的关系，完成知识产权管理工作。采用最高层直管模式的企业大多数是规模较大的外国企业。这些企业对知识产权管理工作非常重视，所以愿意成立单独的管理部门。

最高层直管模式的优点主要是，结构相对简单、层级少，有效地提高了上下级之间的沟通效率，能够及时处理相关事务。另外，由于知识产权部门隶属企业最高层，有利于最高层直接了解企业知识产权状况，及时作出决策，工作的执行效率较高。该模式的缺点主要是，知识产权部门不能贴近研发团队或设计团队，无法有效及时地获取企业发明创造的信息，在挖掘企业智力成果并进行快速保护方面会产生滞后现象。同时，由于单独成立知识产权管理部门，企业将额外支出更多成本。

二、法务部门管理模式

部分企业将知识产权管理工作设置在法务部门下，由法务部门来统筹、协调、管理企业知识产权事务。比如我国的华为、腾讯等企业就采用这一模式。

法务部门管理模式的优点是，有利于对企业知识产权进行多角度、全方位的保护，特别是针对知识产权侵权争议纠纷等比较专业的法律团队。该模式的缺点是，因为知识产权管理岗位设置在法务部门下面，所以知识产权管理岗位的地位并不高，很难参与企业的重大决策，在从事知识产权事务管理时容易受到多重阻碍，执行效率不高，在进行知识产权侵权预警等工作时不易得到其他部门的配合。另外，由于法务部门脱离研发部门和设计部门，针对最新成果的挖掘和保护敏感度不够，很容易错过保护的最佳时机。

该模式也可以适用于中小企业，它们可能没有过多的成本来建立较为完备的知识产权管理部门。同时，企业的知识产权事务并不是特别多，所以仅在法务部下面设置一至两个知识产权管理岗位人员即可满足要求。

三、研发部门管理模式

也有一些企业将知识产权管理部门，特别是专利管理部门，放在企业研发部门下面，由研发部门来主导企业知识产权管理工作。

研发部门管理模式的优点主要是，知识产权工作和研发工作相契合，熟悉企业研发工作，能够及时获取研发信息并快速提供决策服务，有利于企业对技术信息的利用，有利于结合自身技术领域和产品特性提供精准的保护方案。该模式的缺点主要是，对知识产权法律、法规的理解不深入，在权利取得方面可能会存在瑕疵，综合运用知识产权的能力不足，在知识产权保护方面的工作能力可能存在欠缺。另外，由于没有独立的知识产权部门，在这种模式下，知识产权管理工作者在企业中的地位不高，也无法参与重大决策的制定。

四、行政部门管理模式

这种模式主要存在于一些小企业或者对知识产权工作不够重视的企业中，企业的知识产权工作由行政部门管理，基本上是由行政岗位、财务岗位或人力资源岗位兼任。

这种模式的优点主要是，为企业节约了大量人力成本，无须专门设置知识产权管理部门或岗位。但该模式的缺点也非常明显，企业知识产权管理工作处于可有可无的状态，十分不利于对知识产权的创造、运用、管理和保护。从业人员缺乏基本的知识产权法律知识，无法有效保护好企业的智力成果。一般情况下，只有被动等待风险的发生，才会采取相应对策。笔者并不提倡企业采用这种模式来管理知识产权事务。类似这种情况，从企业成本考虑，可以不设置知识产权管理岗位，但建议聘请外部专业律师担任知识产权法律顾问，企业内部只需找一个人对接外部律师即可。

五、设立专门公司管理模式

设立专门公司管理模式，是指企业专门设立知识产权管理公司，并将知识产权全部转让至该管理公司名下，由知识产权管理公司统一管理、运营知识产权事务，包括申请、转让、许可、维权等所有工作。该管理公司通过运营这些知识产权，收取授权金来维持自身发展。

设立专门的知识产权管理公司是最高层直管模式的变相形式，它实际上是将企业的知识产权管理部门独立出来，成为一个实体来专门负责和管理知识产权事务。因此，专门公司管理模式拥有最高层直管模式的所有优缺点。但在笔者看来，成立专门知识产权管理公司是更加专业化的管理模式，对从业人员的专业素质要求更高。这种模式适合拥有较多知识产权的特大型企业，特别是对知识产权运营比较规范的跨国企业。采用这种集中管理的方式，有利于发挥知识产权的商业价值，而且能够比较直观地看到知识产权运营给企业带来的巨大收益。

当然，以上几种模式，哪一种更适合我们的企业，需要企业根据自身的经济状况和发展状况来选择确定。但从知识产权管理工作的发展趋势来看，最高层直管模式和设立专门公司管理模式中因知识产权管理团队的地位较高，受企业高层重视，故更有利于开展知识产权管理工作，也是现代化大型企业知识产权管理的先进模式。

第四节　企业知识产权管理运行控制

一、知识产权管理运行控制的概念

企业知识产权管理的运行控制，主要是指企业按照知识产权管理的方针、目标、计划规定的要求，实施运行，并且在运行过程中对各个知识产权管理要素进行对照检查，发现差距，分析原因，采取措施，予以纠正，使其达到既定方针、目标、计划要求或更符合企业实际的过程。[①] 该部分工作是对企业知识产权管理工作是否正常运行的监督检查，以确保知识产权管理工作朝着健康方向发展，发挥其应有的功能和作用。

一般而言，企业要实现对知识产权管理体系运行的有效控制，应当具备下列条件：一是要有明确的执行标准，如数量、定额、指标、规章制度、政策措施等；二是要有顺畅的信息下达和反馈渠道，企业的管理或决策者能够及时获得发生偏差的信息，如有报表制度、定期或不定期简报报送制度、原

① 朱宇、黄志臻、唐恒：《企业知识产权管理规范培训教程》，知识产权出版社2011年版，第90页。

始记录制度、口头汇报制度等；三是要有纠正偏差的有效措施。缺少上述任何一个条件，企业的知识产权管理活动便会失去控制。[①]

二、知识产权管理运行控制的目标

企业知识产权管理运行控制的目标主要是：确保企业知识产权管理制度得到有效落实，企业能够严格按照既定的管理制度稳步推进各项工作；能够有效地维护和管理企业各项知识产权，发挥其在保护企业智力成果和打击竞争对手方面的作用；促进企业知识产权有效运营，使知识产权为企业创造更多价值；正确应对企业知识产权纠纷，在知识产权争端过程中能够最大限度地保护企业利益。

总之，上述目标是衡量企业知识产权管理工作好坏的标准，企业只有在日常工作中，重视知识产权，规范知识产权管理，才能达到上述目标，企业的知识产权管理工作才算合格。

三、知识产权管理运行控制的内容

（一）知识产权创造和取得过程中的运行控制

知识产权创造主要是指知识产权从无到有的产生过程，这个过程既包括前期的研发、设计，也包括相应智力成果经过申请、核准被授予权利。在知识产权创造过程中，企业应当注重前期对研发技术项目进行检索分析，以判断该技术的发展现状、竞争对手的知识产权布局，从而明确研发方向，防止重复劳动以及未来可能产生的侵权风险。在申请专利前，应当建立相应的审批机制，由技术人员将拟申请专利的技术方案报送至知识产权部门进行审核，知识产权部门应当对该技术方案进行前期的检索分析，以判断专利申请的可能性及稳定性。在申请商标前，知识产权部门也应当进行初步的检索，

---

① 朱宇、黄志臻、唐恒：《企业知识产权管理规范培训教程》，知识产权出版社2011年版，第90页。

以判断拟申请商标是否已有他人在先注册，同时还应判断商标标识是否有可能侵犯他人在先权利。

知识产权取得，主要是指通过转让的方式获得知识产权。在知识产权取得过程中，企业应当对转让方是否拥有权利以及权利的稳定性进行调查核实，还要审查拟转让的知识产权是否涉诉或存在其他纠纷，如果存在纠纷，应当评估纠纷的性质进而判定是否应当继续推进转让工作。在签订转让合同时，应当对合同条款进行严格审核，消除对己方不利的因素，确保转让行为顺利进行。

在知识产权创造和取得过程中，企业还应当定期对知识产权状况进行梳理，通过头脑风暴、部门会议、成果汇报等方式，确保企业每一项智力成果都能够获得知识产权保护，防止遗漏。

（二）知识产权维护过程中的运行控制

知识产权维护，主要是指企业对现有知识产权进行梳理、维持其有效的行为。当企业拥有大量知识产权后，对其进行维护就显得尤为重要。知识产权维护也包括对部分价值不高的知识产权的放弃，以节约成本。当然，对知识产权的放弃需要知识产权部门从企业实际情况出发，结合企业自身发展战略来确定，切不可随意放弃自认为不重要的知识产权。

在知识产权维护过程中，知识产权部门应当对下列问题进行定期监控：专利年费是否按时缴纳；注册商标专用权到期后是否及时续展；注册商标是否使用以及是否规范使用；企业域名是否正常续费；重要的作品是否已经申请作品登记；对商业秘密采取的保密措施是否合理；针对常用的商号、特有的商品名称、包装、装潢是否持续进行使用、宣传，以保持其知名度等。

知识产权维护过程中的运行控制是一个长期化、精细化的工作，特别是对于拥有众多知识产权权利的企业，更需要通过科学的方式进行管理和监控，以防止遗漏进而对企业造成重大损失。笔者建议，可以通过使用一些专业的企业知识产权管理软件来辅助此项工作。对于监控中发现的问题，应当及时应对和解决。

（三）知识产权许可过程中的运行控制

知识产权许可是对知识产权进行商业运营的重要方式。一方面，通过许可，知识产权权利人可以将智力成果转化成商业利润，从而进一步激发权利人的创造积极性。另一方面，被许可人获得自由实施该成果的通行证，通过实施知识产权为社会创造财富，使知识产权得以充分利用。可以说，没有许可制度，知识产权的生命力和生命周期都会受到影响。企业作为市场经济的主体，在知识产权许可过程中，既可以成为许可人，也可以成为被许可人。基于角色的不同，企业所应采取的控制措施也是不同的。

对许可人来说，应当考察被许可方是否拥有实施能力和支付许可费的能力，同时还应当明确许可的方式；在许可期间，应当采取措施尽可能地维持专利的有效性；监控被许可人的实施方式、范围、期限是否超出许可协议的约定；监控被许可人是否按时足额缴纳许可费用；针对侵权行为，应当及时采取法律措施进行制止，以确保被许可人的利益不受损害等。

对被许可人来说，应当考察知识产权是否有效、稳定；是否存在在先的许可协议；许可人是否可能进行多重许可；随时监控自身行为是否超出许可协议的实施方式、范围、期限；许可合同是否已经向相关行政管理部门进行备案等。

（四）知识产权维权过程中的运行控制

近年来，知识产权纠纷数量呈现上升趋势，越来越多的企业拿起法律武器来维护自身的知识产权，打击侵权行为。企业在维权过程中，也需要对整个维权行动进行全程监控，以确保维权的结果朝着对自己有利的方向发展。

一般来说，企业在知识产权维权过程中需要在以下几个方面进行重点监控：

1. 外部律师选择管控。面对重大复杂的知识产权诉讼，企业通常会委托外部律师处理，那么如何选择外部律师？笔者建议，首先，应当选择专业的知识产权律师，最好该律师处理过类似案件，有丰富的经验；其次，律师应当尽职尽责，具备责任心，应及时向客户汇报案件进展及工作计划；最后，应当考虑企业的维权成本。优秀的、经验丰富的律师往往意味着高额的律师费用，所以，对于中小企业来说，应当从自身实力出发，选择性价比较高的律师提供服务。即便如此，专业度仍然是企业选择律师的首要考虑因素。

2. 时限管控。维权应当在合理的期限内开展，避免因自身原因导致诉讼时效经过。在诉讼启动后，应当注意答辩期限、举证期限、开庭时间、上诉期限、执行期限等诉讼时限，确保在时限内完成相应的工作。

3. 证据管控。维权过程中提交哪些证据，证据的内容是否对己方有利，还需要补充哪些证据，这些问题均应当在起诉前进行详细论证，企业知识产权部门应当严格把控提交的每一份证据，如果已经聘请外部律师代理的，还应当经常与律师进行证据方面的沟通交流。

4. 诉讼路线管控。企业作为原告进行维权，应当清楚案件中所蕴含的各种法律关系和适用的法律条文，选择有利于己方的诉讼路线，在确定诉讼路线后，一切工作都应当围绕该路线开展，不能偏离。

5. 纠纷解决方式管控。大多数知识产权诉讼都是为企业商业利益服务的，所以，知识产权纠纷除了可以通过诉讼判决的方式解决以外，还可以通过和解、调解等较为缓和的方式解决，而采用后者可以使双方的矛盾冲突不那么激烈，甚至可以达成合作，实现共赢。因此，企业知识产权部门应当在维权过程中，及时了解事态的发展和对方的想法，适时寻求多种方式来解决知识产权纠纷。

第二章 企业专利管理

第一节 概述

专利权是指发明创造的所有人对发明创造享有的专有权，即国家依法在一定时期内授予发明创造者或者其权利继受者独占使用其发明创造的权利。在我国，发明创造主要包括发明、实用新型和外观设计三种类型。

发明，是指对产品、方法或者其改进所提出的新的技术方案。实用新型，是指对产品的形状、构造或者其结合所提出的适于实用的新的技术方案。外观设计，是指对产品的整体或者局部的形状、图案或者其结合以及色彩与形状、图案的结合所作出的富有美感并适于工业应用的新设计。发明专利权的期限为二十年，实用新型专利权的期限为十年，外观设计专利权的期限为十五年，均自申请日起计算。企业专利管理人员需要了解以下几个方面的基本知识。

一、企业专利权须依申请并由国家授予

专利是一个企业最重要的知识产权之一，其主要是对技术方案或工业设计的保护。专利权需要企业通过申请行为而获得，国务院专利行政部门负责管理全国的专利工作，统一受理和审查专利申请，依法授予专利权。以书面形式申请专利的，应当向国务院专利行政部门提交申请文件一式两份。以国务院专利行政部门规定的其他形式申请专利的，应当符合规定的要求。申请人委托专利代理机构向国务院专利行政部门申请专利和办理其他专利事务的，

应当同时提交委托书，写明委托权限。申请人有2人以上且未委托专利代理机构的，除请求书中另有声明的外，以请求书中指明的第一申请人为代表人。

企业拥有专利权的凭证是国家知识产权局颁发的专利证书。专利证书上主要记载以下信息：发明创造的名称、发明人（设计人）、专利号、专利申请日、专利权人、授权公告日。上述信息中需要企业了解的是：

发明人或者设计人，是指对发明创造的实质性特点作出创造性贡献的人。在完成发明创造过程中，只负责组织工作的人、为物质技术条件的利用提供方便的人或者从事其他辅助工作的人，不是发明人或者设计人。

专利申请日，是指国务院专利行政部门收到专利申请文件之日。如果申请文件是邮寄的，以寄出的邮戳日为申请日。

专利权人，是指专利权的所有人。专利权人与发明人（设计人）没有必然关系，即专利权人与发明人（设计人）可以相同，也可以不同。

授权公告日，是指专利权进行登记和公告的日期。发明专利申请经实质审查没有发现驳回理由的，由国务院专利行政部门作出授予发明专利权的决定，发给发明专利证书，同时予以登记和公告。发明专利权自公告之日起生效。实用新型和外观设计专利申请经初步审查没有发现驳回理由的，由国务院专利行政部门作出授予实用新型专利权或者外观设计专利权的决定，发给相应的专利证书，同时予以登记和公告。实用新型专利权和外观设计专利权自公告之日起生效。

以上是企业在专利管理工作中应当了解的概念。

企业还应了解的是，对下列各项，不授予专利权：（一）科学发现；（二）智力活动的规则和方法；（三）疾病的诊断和治疗方法；（四）动物和植物品种；（五）原子核变换方法以及用原子核变换方法获得的物质；（六）对平面印刷品的图案、色彩或者二者的结合作出的主要起标识作用的设计。但对第（四）项所列产品的生产方法，可以依照法律规定授予专利权。

二、授予专利权的条件

按照我国《专利法》第二十二条的规定，授予专利权的发明和实用新型，应当具备新颖性、创造性和实用性。

新颖性，是指该发明或者实用新型不属于现有技术，也没有任何单位或者个人就同样的发明或者实用新型在申请日以前向国务院专利行政部门提出过申请，并记载在申请日以后公布的专利申请文件或者公告的专利文件中。创造性，是指与现有技术相比，该发明具有突出的实质性特点和显著的进步，该实用新型具有实质性特点和进步。实用性，是指该发明或者实用新型能够制造或者使用，并且能够产生积极效果。此处提及的现有技术，是指申请日以前在国内外为公众所知的技术。

授予专利权的外观设计，应当不属于现有设计，也没有任何单位或者个人就同样的外观设计在申请日以前向国务院专利行政部门提出过申请，并记载在申请日以后公告的专利文件中。授予专利权的外观设计与现有设计或者现有设计特征的组合相比，应当具有明显区别。授予专利权的外观设计不得与他人在申请日以前已经取得的合法权利相冲突。此处提及的现有设计，是指申请日以前在国内外为公众所知的设计。

但对新颖性的审查标准也有例外情况，我国现行《专利法》就明确规定，申请专利的发明创造在申请日以前六个月内，有下列情形之一的，不丧失新颖性：（一）在国家出现紧急状态或者非常情况时，为公共利益目的首次公开的；（二）在中国政府主办或者承认的国际展览会上首次展出的；（三）在规定的学术会议或者技术会议上首次发表的；（四）他人未经申请人同意而泄露其内容的。这主要是为了平衡公共利益和专利权人利益，促进科学技术交流，防止他人不恰当地公开技术方案而导致无法获得专利保护。有上述第（二）种或第（三）种情形的，申请人应当在提出专利申请时声明，并自申请日起 2 个月内提交有关国际展览会或者学术会议、技术会议的组织单位出具的有关发明创造已经展出或者发表，以及展出或者发表日期的证明文件。有上述第（四）种情形的，国务院专利行政部门认为必要时，可以要求申请人在指定期限内提交证明文件。

企业需要了解的是，上述“不丧失新颖性”的情形在实际适用时都有着严格的标准。《专利法实施细则》专门对其中的几个概念进行了明确，例如：“中国政府承认的国际展览会”，是指国际展览会公约规定的在国际展览局注册或者由其认可的国际展览会；"学术会议或者技术会议"，是指国务院有关主管部门或者全国性学术团体组织召开的学术会议或者技术会议。

三、专利权的终止和无效

专利权终止，是指专利权期限已满或由于某种原因导致专利权失效。发明专利权的期限为二十年，实用新型专利权的期限为十年，外观设计专利权的期限为十五年，均自申请日起算。设置专利权期限主要是基于对平衡公共利益和促进科学技术进步的考量，不能无限期地给予技术垄断保护。专利权到期，权利自动终止。另外，还有一种情况是期限未到，提前终止。专利权在期限届满前终止主要有两种情形：（一）没有按照规定缴纳年费；（二）专利权人以书面声明放弃其专利权。

专利权无效，是指在专利权授予之后，被发现其具有不符合专利法及其实施细则中有关授予专利权的条件，经国务院专利行政部门确认并宣告其无效（自始不发生法律效力）。注意，专利无效针对的是已授权专利，任何单位或者个人认为该专利权的授予不符合专利法有关规定的，可以请求国务院专利行政部门宣告该专利权无效。对于尚未授权的专利，不能宣告无效。宣告无效的专利权视为自始即不存在。国务院专利行政部门对无效宣告的请求作出决定前，无效宣告请求人可以撤回其请求。国务院专利行政部门作出决定之前，无效宣告请求人撤回其请求或者其无效宣告请求被视为撤回的，无效宣告请求审查程序终止。但是，国务院专利行政部门认为根据已进行的审查工作能够作出宣告专利权无效或者部分无效的决定的，不终止审查程序。

对国务院专利行政部门宣告专利权无效或者维持专利权的决定不服的，可以自收到通知之日起三个月内向人民法院起诉。人民法院应当通知无效宣告请求程序的对方当事人作为第三人参加诉讼。

企业进行专利管理工作，需要对专利权的授权、终止、无效等内容和流程有所了解，便于对企业所拥有的专利进行梳理，也有利于与外部专利代理机构进行沟通和对接。

四、关于专利权保护的基本知识

专利权保护是企业专利管理工作中时常遇到的问题，在众多的专利纠纷中，较为常见的是专利侵权纠纷。专利侵权纠纷的处理通常具有较高的专业性，企业一般会委托外部律师处理。但作为专利管理工作者，也应当对专利权保护及专利侵权纠纷处理有所了解。

专利权保护首先要解决的问题是如何正确界定专利权保护范围，这是基础。如果保护范围不清楚、不明确，则无法进行后续维权。我国《专利法》规定：发明或者实用新型专利权的保护范围以其权利要求的内容为准，说明书及附图可以用于解释权利要求的内容。外观设计专利权的保护范围以表示在图片或者照片中的该产品的外观设计为准，简要说明可以用于解释图片或者照片所表示的该产品的外观设计。可见，权利要求书、说明书、附图、图片（照片）、简要说明等在确定专利权保护范围时起到关键作用，直接影响到保护范围的清楚与否和大小与否。所以，企业要特别重视专利申请过程中上述文件的撰写质量。

对于发明和实用新型专利来说，侵害专利权的行为主要是为生产经营目的制造、使用、许诺销售、销售、进口其专利产品，或者使用其专利方法以及使用、许诺销售、销售、进口依照该专利方法直接获得的产品。对于外观设计专利来说，侵害专利权的行为主要是为生产经营目的制造、许诺销售、销售、进口其外观设计专利产品。需要注意的是，侵害外观设计专利的行为中没有“使用”行为，这一点与侵害发明和实用新型专利有所不同。

那么，如何判定专利侵权？实务中，主要遵循“全面覆盖原则”，即被控侵权产品包含了专利权利要求中记载的全部必要技术特征，落入专利权的保护范围。“全面覆盖原则”既有相同侵权的情况，又有等同侵权的情况。举个例子：专利权利要求有 A、B、C 三个技术特征，若被控侵权产品（方法）只有 A、B 两个技术特征，则不构成侵权；若被控侵权产品（方法）有 A、B、C 三个技术特征或 A、B、C、D 四个技术特征，则构成侵权；若被控侵权产品（方法）有 A、B、E 三个技术特征，则不能简单判定不构成侵权，而应考察技术特征 E 与专利相应技术特征 C 是否构成等同替换，进而判定是否构成等同侵权。如下图所示：

	技术特征	侵权判定
专利权利要求	A+B+C	
被控侵权产品或方法	A+B	不侵权
	A+B+C	侵权
	A+B+C+D	侵权
	A+B+E	判断是否构成等同侵权

需要注意的是，专利侵权的判定是将被控侵权产品或方法与原告主张的专利权利要求进行技术特征的比对，而不是将被控侵权产品或方法与原告的专利产品进行比对。

因专利侵权引起纠纷的，尽量协商解决，协商不成的，专利权人或者利害关系人可以向人民法院起诉，也可以请求管理专利工作的部门处理。管理专利工作的部门处理时，认定侵权行为成立的，可以责令侵权人立即停止侵权行为，当事人不服的，可以自收到处理通知之日起十五日内向人民法院起诉。侵权人期满不起诉又不停止侵权行为的，管理专利工作的部门可以申请人民法院强制执行。

进行处理的管理专利工作的部门应当事人的请求，可以就侵犯专利权的赔偿数额进行调解，还可以对下列专利纠纷进行调解：（一）专利申请权和专利权归属纠纷；（二）发明人、设计人资格纠纷；（三）职务发明创造的发明人、设计人的奖励和报酬纠纷；（四）在发明专利申请公布后专利权授予前使用发明而未支付适当费用的纠纷；（五）其他专利纠纷。调解不成的，专利权人或利害关系人可以向人民法院起诉。

第二节　企业专利管理操作实务

企业专利管理是一项十分艰巨、复杂和专业的工作。从专利的产生到运营，再到后续的维权，无不体现企业专利工作者的智慧。笔者认为，企业日常的专利管理工作主要体现在以下几个方面：

一、专利挖掘与专利布局

专利挖掘，是指在技术研发或产品开发过程中，对所取得的技术成果从技术和法律层面进行剖析、整理、拆分和筛选，从创新成果中提炼出具有专利申请和保护价值的技术创新点和技术方案。专利挖掘有助于企业对其发明创造进行全面了解并通过专利进行全面保护，有助于专利技术方案之间的协调、配合，防止出现专利保护的真空状态。

通过专利挖掘，企业可以更加准确地抓住技术创新成果的主要发明点，对专利申请文件中的权利要求及其组合进行精巧设计，提升专利申请的综合质量；可以对技术创新成果进行全面、充分、有效的保护，避免出现专利保护的漏洞；可以站在专利整体布局的高度，利用核心专利和外围专利进行组合、卡位，形成严密的专利网；可以尽早发现竞争对手有威胁的重要专利，便于企业进行规避设计以规避专利风险。①

因此，专利挖掘是企业专利工作者应当具备的一项基本技能。

如何进行专利挖掘？笔者认为，可以从以下四个方面入手：

1. 熟悉专利挖掘对象所涉技术领域，并从产业发展的宏观角度来指导专利挖掘工作。专利挖掘需要与时俱进，需要和相关技术领域的未来发展趋势相结合。专利挖掘应摈弃旧观念，避免只顾眼前的专利申请数量而忽视质量，更应避免因对技术领域发展不熟悉导致重大、核心、基础专利被忽视和遗漏。

2. 与技术研发人员进行定期技术交流，跟踪技术研发进展情况。企业专利挖掘工作应当建立定期的技术交流机制，让专利工作者及时了解技术研发动态和研发成果，为技术研发提供检索分析支持。同时，也要让技术人员了解专利申请工作的重要性以及哪些技术方案具有申请专利的可行性，从而形成技术人员和专利管理人员的良性互动。

---

① 张晓煜：《企业知识产权管理操作实务与图解》，法律出版社2015年版，第41—42页。

3. 注重从专利组合的角度进行专利挖掘。专利挖掘工作绝不应是随心所欲、毫无逻辑、毫无章法、漫无目的的寻找，而应当建立专利保护体系的观念，从专利组合的角度进行挖掘。特别是在一些新兴技术领域，从核心技术到基础技术再到改进技术，遵循这样的逻辑关系进行由点到面、由内到外的深度分析挖掘。只有这样才不会遗漏技术方案，在后续的专利申请和专利管理工作中才能分清主次，制定不同的策略进行有效管理。

4. 还有人提出应“从尽早识别专利风险的角度进行专利挖掘”工作。这样做的好处是，企业可以及早调整技术方案、改变技术方向或者采取替代技术手段，既能减少技术研发的沉没成本，又能节省技术研发的宝贵时间，还能对企业无法规避的专利风险及早采取措施，抓住一切可能的机遇窗口，适时进行妥善应对。①

专利布局，是指企业根据自身市场和技术发展状况，在专利申请时间、申请地域及申请技术领域等方面进行的策略性选择。专利布局就是以“促进创新，创造价值”为主要目标，期望借由布局计划指引研发团队从事有计划的创新活动，并且确保将来能够为组织创造最大价值。专利布局与专利挖掘一样，都是企业应当重视的工作，是企业专利管理的重要组成部分。科学、合理的专利布局，可以使企业形成专利垄断优势，保持核心竞争力，提升企业专利的整体使用价值和利用率。

有学者认为，完善的专利布局活动必须掌握三项原则：（1）布在最核心或者最关键的技术位置；（2）布在自身有能力研发的技术位置；（3）站在竞争对手的角度挑剔自身专利申请案。② 笔者亦赞同上述观点，本书着重在时间布局、地域布局和技术布局方面谈谈应当考虑的因素。

在专利申请时间布局方面，需要考虑的因素有：（1）专利申请时应当具备相对成熟的技术方案，具有授权的可能性；（2）基于先申请原则，一旦决定某项技术要申请专利，为避免竞争对手捷足先登，应及时、尽早申请；（3）为了加快专利申请进程，可以在提交专利申请的同时要求对发明专利提

---

① 张晓煜：《企业知识产权管理操作实务与图解》，法律出版社 2015 年版，第 44 页。

② 袁建中：《企业知识产权管理理论与实务》，知识产权出版社 2011 年版，第 184 页。

前公开，以便尽早获得专利授权；（4）专利申请的时机应当与专利产品的生产、销售，专利技术的实施等因素相关联，防止因公开销售、公开使用而导致专利丧失新颖性和创造性。

在专利申请地域布局方面，需要考虑的因素有：（1）结合自身产品现阶段所涉及的国家和地区来进行专利布局；（2）考虑自身产品未来可能会涉及的国家和地区来进行专利布局；（3）在进行专利地域布局方面，考虑不同国家和地区之间在专利权属、专利技术方案等方面的衔接，避免发生冲突。通过 PCT（《专利合作条约》）进行国际申请是一种较好的方式。

在专利申请技术布局方面，需要考虑的因素有：（1）专利申请技术布局应考虑行业发展趋势，预先在未来有较大应用前景的领域进行研发和专利布局；（2）专利申请技术布局应当结合自身发展状况，在企业自身现阶段已经涉及的领域和未来阶段可能涉及的领域进行布局；（3）专利申请技术布局还要考虑对竞争对手的技术防御，企业应当时刻监控竞争对手的专利申请状况，详细分析竞争对手的研发方向，尽早制订应对策略，一方面通过专利布局对竞争对手进行防御，另一方面也可以通过专利布局抑制竞争对手在原有研发领域的专利申请。

二、专利申请前的准备工作

企业专利管理工作者在专利申请前的准备工作主要有：

1. 明确哪些技术方案需要申请专利，哪些技术方案不必申请专利，而是通过商业秘密的方式保护；

2. 明确授予专利权的条件，拟申请专利应当是具体的、可以实施的技术方案，对于无法授予专利权的方案，应及时放弃；

3. 确定发明人（设计人）和专利权人，确保权利归属正确；

4. 与发明人（设计人）进行详细沟通，了解发明创造所在领域的技术背景、现有技术缺陷、发明目的、发明创造要解决的技术问题、如何解决该技术问题、本发明创造的发明点和关键点等，以便正确填写技术交底书或专利申请文件；

5. 对专利技术进行检索，通过检索确定拟申请的技术方案是否存在新颖性和创造性，检索的范围包括专利文献及非专利文献；

6. 如果委托专利代理机构申请的，企业应当与专利代理人进行详细沟通，确保专利代理人准确理解技术方案和发明目的，必要时应组织发明人、专利代理人对专利申请进行多次沟通，并对专利代理人撰写的申请文件初稿进行仔细审核。

根据我国《专利法》的相关规定：申请发明或者实用新型专利的，应当提交请求书、说明书及其摘要和权利要求书等文件。请求书应当写明发明或者实用新型的名称，发明人的姓名，申请人姓名或者名称、地址，以及其他事项。说明书应当对发明或者实用新型作出清楚、完整的说明，以所属技术领域的技术人员能够实现为准；必要的时候，应当有附图。摘要应当简要说明发明或者实用新型的技术要点。权利要求书应当以说明书为依据，清楚、简要地限定要求专利保护的范围。依赖遗传资源完成的发明创造，申请人应当在专利申请文件中说明该遗传资源的直接来源和原始来源；申请人无法说明原始来源的，应当陈述理由。

申请外观设计专利的，应当提交请求书、该外观设计的图片或者照片以及对该外观设计的简要说明等文件。申请人提交的有关图片或者照片应当清楚地显示要求专利保护的产品的外观设计。

一件发明或者实用新型专利申请应当限于一项发明或者实用新型，属于一个总的发明构思的两项以上的发明或者实用新型，可以作为一件申请提出。一件外观设计专利申请应当限于一项外观设计。同一产品两项以上的相似外观设计，或者用于同一类别并且成套出售或者使用的产品的两项以上外观设计，可以作为一件申请提出。

三、专利授权后的维持工作

国务院专利行政部门发出授予专利权的通知后，申请人应当自收到通知之日起 2 个月内办理登记手续。申请人按期办理登记手续的，国务院专利行政部门应当授予专利权，颁发专利证书，并予以公告。期满未办理登记手续的，视为放弃取得专利权的权利。申请人办理登记手续时，应当缴纳专利登记费、公告印刷费和授予专利权当年的年费，期满未缴纳或者未缴足的，视为未办理登记手续。

专利授权后，有两项较为重要的工作：一是按时缴纳年费，以维持专利权有效；二是定期对企业授权专利进行梳理，放弃不再实施或作用不大的专利，以降低企业专利维持成本。

根据我国《专利法实施细则》的相关规定：授予专利权当年以后的年费应当在上一年度期满前缴纳。专利权人未缴纳或者未缴足的，国务院专利行政部门应当通知专利权人自应当缴纳年费期满之日起6个月内补缴，同时缴纳滞纳金。滞纳金的金额按照每超过规定的缴费时间1个月，加收当年全额年费的5%计算，期满未缴纳的，专利权自应当缴纳年费期满之日起终止。因此，企业专利管理工作者应当重视专利年费的缴纳工作，特别是拥有大量专利的企业，更应建立健全专利年费缴纳提醒机制，防止因工作疏忽而导致专利权终止。一般而言，专利代理机构都应当配备专业的流程管理人员，企业可以将此项工作委托给专利代理机构代为实施。

另外，企业通过多年的专利申请工作，积累了大量有效专利，但这些专利有些可能基于市场调整已不再使用，有些可能已经被淘汰，有些在申请时就存在缺陷没有后续实施的价值等，这就需要企业专利管理工作者定期进行梳理，将上述没有太大价值的专利放弃，不再缴纳年费，从而降低企业专利维持成本，将有限的资金用于重要、核心专利的维护。

四、企业专利档案管理

随着企业自主创新能力的不断增强，越来越多的企业拥有自主知识产权，专利权当然是其中的重要组成部分。企业专利数量的增多以及企业对专利依赖度的提高，使得建立企业专利档案管理制度显得越发重要。企业拥有专利后应当有效地管理和利用它们为企业发展做贡献，专利管理的混乱状态很大程度上是专利档案管理制度的缺失导致的，故建立和健全企业专利档案管理制度迫在眉睫。

在建立现代化企业专利管理制度的过程中，专利档案管理是基础，如果没有一个有效的专利管理制度，那么企业专利管理体系将变得混乱无序，并最终导致无法发挥其应有的作用。

以下，笔者就企业专利档案管理工作谈谈自己的一点浅见。

（一）加强企业专利档案管理的必要性

笔者认为，企业加强专利档案管理的必要性有以下几点：

1. 有利于了解本企业的专利申请和授权现状。专利档案包括现阶段企业所拥有的专利种类和数量，也包括申请过程中的专利及授权后的专利，对其进行归纳和梳理有利于企业及时了解自身专利形成和发展状况。特别是针对新入职的知识产权管理人员，规范的专利管理档案可以帮助其快速了解企业专利现状。

2. 有利于明确企业研发方向。企业专利档案还包括对本领域、本行业的知识产权监控情报收集与分析，及时了解本领域、本行业的研发动态，可以为企业的研发方向指明道路。

3. 有利于及时维护本企业的专利权。例如，专利年费缴纳等，需要有专人进行提示。建立管理档案，可以及时维护这些专利权，不会因权利数量庞大、管理无序、未及时缴纳费用而丧失权利。当然，企业也可以委托专业的知识产权代理机构代为管理。

4. 有利于企业专利权的维权。特别是在侵害专利权纠纷案件中，作为原告来说，应当在本企业众多专利中准确找到合适的有效专利进行维权，作为维权使用的专利，应当既能够保证被控侵权产品的技术特征落入权利要求的保护范围，又有利于调查取证以获得侵权产品。所以，对维权专利的选择取舍和侵权评估就显得尤为重要，这些都依赖于企业良好的专利档案管理制度，以便迅速准确地找到合适的专利。

5. 有利于减少企业专利权转让或许可使用过程中的冲突。以技术输出为主导的企业，专利权的转让和许可行为较为频繁，专利档案包含了转让或许可使用方面的信息，便于企业及时了解专利权的转让和实施状况，避免许可范围、许可期限或利益冲突。

当然，加强对企业专利档案管理的好处和必要性还有很多，笔者只是列出以上五点，但这足以让我们的企业重视这项基础工作并把它做好。

（二）企业专利档案管理制度的主要内容

笔者认为，企业专利档案管理制度主要应包含以下几个方面：

1. 归档范围，即专利档案应当包含的具体内容，企业可以根据自己的实际情况确定哪些文件资料可以作为专利档案进行管理。

2. 档案采集，即如何将散落在公司各个部门的专利档案材料收集起来，包括档案采集工作流程、各部门分工合作规定及相应的奖惩措施。

3. 立卷要求，即档案的整理和归档应当符合的总体质量要求，包括档案封面信息、档案目录、索引信息、装订规格等。

4. 保管方式，即如何保管好专利档案，避免档案遗失，有条件的可以同时建立纸质档案和电子档案。

5. 保管期限，即不同类别的档案保管期限，特别要注意不同种类专利的保护期限之间的差异，制定相应的保管期限。

6. 档案借阅，即专利档案的借阅规定，包括借阅人员、借阅范围、借阅期限、归还审核等内容。

7. 档案检查，即对建档资料进行定期核查，对档案的内容、种类、完整性、归档期限等进行全面检查，特别要注意是否有缺漏的材料并及时补充完善。

8. 档案销毁，即对无保存价值和保管期限已满，无须继续保存的档案进行销毁处理。

9. 管理职责，即专利档案管理者的工作职责，该职责范围应当涵盖以上8个方面，并应当有相应的奖惩措施。

（三）企业专利档案管理制度的实施

企业的最高负责人应当对专利档案管理工作的必要性和重要性有着清醒的认识和足够的重视，这样才能在企业日常运营中有效贯彻实施该项制度，才能将这项制度的功效发挥至最大，最终使企业受益。

另外，专利档案管理工作应当以法务部（或知识产权部）为主导来实施，这主要是因为专利档案相较于企业其他方面的档案有着特殊性，例如对于哪些资料可以作为专利档案进行归档，应当由对专利法律风险防范有一定了解和“敏感度”的专业人员进行界定。有些材料表面看似没有归档价值，但这恰恰会在后续的诉讼中成为关键证据。

但应当说明的是，这项工作绝不仅仅是法务部（或知识产权部）一个部门的事情，需要企业自上而下形成统一认识，以法务部（或知识产权部）为主导，各部门密切配合而完成。企业应建立一整套专利档案采集、分类、界定、审核、存档、调阅的工作流程，从而明确各部门之间的职责，协调各部门之间的关系，提高档案管理的工作效率。没有条件建立法务部（或知识产权部）的企业，可以根据需要设置一至两位法务专员负责具体实施此项工作，同时企业也可以寻求外部知识产权专业律师的帮助。

总之，对专利档案进行梳理、分类、建档的目的就是方便后续管理和文件使用，企业可以根据自身情况灵活选择专利档案的分类规则，做好档案的检索信息和检索目录，方便后面使用时快速、完整调取。企业经过上述一系列的专利档案管理工作后，能够对自身所拥有的专利现状、种类、内容、载体等有较为清晰的认识，从而为后续专利挖掘、专利布局、专利申请、专利运营和专利保护工作奠定坚实的基础。

五、职务发明创造的奖励与报酬

按照我国《专利法》和《专利法实施细则》的相关规定：执行本单位的任务或者主要是利用本单位的物质技术条件所完成的发明创造为职务发明创造。职务发明创造申请专利的权利属于该单位，申请被批准后，该单位为专利权人。

此处的“本单位”包括临时工作单位。此处的“执行本单位的任务所完成的职务发明创造”，是指：（一）在本职工作中作出的发明创造；（二）履行本单位交付的本职工作之外的任务所作出的发明创造；（三）退职、退休或者调动工作后 1 年内作出的，与其在原单位承担的本职工作或者原单位分配的任务有关的发明创造。此处的“本单位的物质技术条件”，是指本单位的资金、设备、零部件、原材料或者不对外公开的技术资料等。此处的“有关的发明创造”，是指职务发明创造的技术特征与发明人在原单位承担的本职工作或执行任务时所接触的技术方案有关联性，并不需要一一对应的关系。法律、法规及司法解释中对如何判断是否“有关”未作具体规定，笔者认为应着重从以下几个方面考察：（一）是否属于相同技术领域；（二）是否解决相同或相似的技术问题；（三）是否属于对原技术的进一步改进；（四）是否属于对原技术的变劣；（五）是否采用相同或相似的技术工艺、路线、方法。同时，对“有关”的界定也不能随意扩大，防止因扩大解释而导致将他人的发明创造不当归为“本单位”所有。

非职务发明创造，申请专利的权利属于发明人或者设计人，申请被批准后，该发明人或者设计人为专利权人。当然，利用本单位的物质技术条件所完成的发明创造，单位与发明人或者设计人订有合同，对申请专利的权利和专利权的归属作出约定的，从其约定。

企业区分职务发明创造和非职务发明创造主要是为了解决专利权或专利申请权的归属，但伴随而来的针对职务发明创造的奖励和报酬问题也值得企业加以重视。《专利法》第十五条规定：“被授予专利权的单位应当对职务发明创造的发明人或者设计人给予奖励；发明创造专利实施后，根据其推广应用的范围和取得的经济效益，对发明人或者设计人给予合理的报酬。国家鼓励被授予专利权的单位实行产权激励，采取股权、期权、分红等方式，使发明人或者设计人合理分享创新收益。”

根据《专利法实施细则》的规定，被授予专利权的单位可以与发明人、设计人约定或者在其依法制定的规章制度中规定《专利法》第十五条规定的奖励、报酬的方式和数额。被授予专利权的单位未与发明人、设计人约定也未在其依法制定的规章制度中规定《专利法》第十五条规定的奖励的方式和数额的，应当自专利权公告之日起 3 个月内发给发明人或者设计人奖金。一项发明专利的奖金最低不少于 3000 元，一项实用新型专利或者外观设计专利的奖金最低不少于 1000 元。由于发明人或者设计人的建议被其所属单位采纳而完成的发明创造，被授予专利权的单位应当从优发给奖金。被授予专利权的单位未与发明人、设计人约定也未在其依法制定的规章制度中规定《专利法》第十五条规定的报酬的方式和数额的，在专利权有效期限内，实施发明创造专利后，每年应当从实施该项发明或者实用新型专利的营业利润中提取不低于 2% 或者从实施该项外观设计专利的营业利润中提取不低于 0.2%，作为报酬给予发明人或者设计人，或者参照上述比例，给予发明人或者设计人一次性报酬，被授予专利权的单位许可其他单位或者个人实施其专利的，应当从收取的使用费中提取不低于 10%，作为报酬给予发明人或者设计人。

由此可见，企业有必要在规章制度中规定职务发明创造奖励和报酬的内容，一方面在发生此类问题时有章可循，另一方面也可以提高员工在发明创造方面的积极性，充分进行专利挖掘，为企业创造更多无形资产。同时，按照约定优先原则，奖励报酬的形式可以是多种多样的，除了采取货币形式之外，还可以采取诸如给予股票、期权，提高职位，提升工资，带薪休假等形式，只要能达到专利法规定的合理的原则要求即可。如果约定的奖酬仍采取货币的形式，单位可以自主地根据自身的行业特性、生产研发状况、知识产权战略发展需求制定相应的具体标准。在职务发明创造奖酬规定的实际执行过程中，有的企业采用如专利申请奖、专利授权奖、专利实施后的报酬等方式执行，也有的企业对奖励报酬采取一次性补偿方式，补偿的具体总额按照研发领域的平均发明价值确定，该种方式对于企业而言，可以避免复杂的计算过程、较高的计算成本。这些均是应该被允许的。①

六、专利评估

专利评估是根据特定目的，遵循公平、公正的原则，运用适当方法，对专利权进行确认、评价和估值，为资产业务提供价值尺度的行为。专利权作为企业一项重要的知识产权，对专利进行评估属于无形资产评估的一种类型。所谓无形资产主要是指特定主体所控制的，不具有实物形态，对生产经营长期发挥作用且能带来经济利益的资源。无形资产分为可辨认无形资产和

① 上海市高级人民法院：《职务发明创造发明人或设计人奖励、报酬纠纷审理指引》，2013 年 6 月 24 日发布。

不可辨认无形资产。可辨认无形资产包括专利权、专有技术、商标权、著作权、土地使用权、特许权等，不可辨认无形资产主要是指商誉。

专利评估的用途包括为专利申请提供决策，为专利维护提供决策，为专利资本运营和专利侵权赔偿提供价值依据等。由此可见，专利评估贯穿于专利管理的整个过程，是一项非常重要的工作。从狭义上理解，专利评估主要是指专利价值评估，重在衡量专利的潜在经济价值。专利价值评估是企业实现专利产业化的重要环节。有效进行专利价值评估，有利于企业正确认识所拥有专利的重要性，有效实施管理策略，加强专利保护；有利于企业正确核算自己的总资产，摸清家底；有利于企业维权，获得合理的专利侵权赔偿；更重要的是为企业专利投资、许可、转让、质押等资本运营行为提供价值参考，促进专利的有效利用。①

我国目前对专利价值进行评估主要采用收益法、市场法和成本法三种方法。收益法是指，通过估算被评估资产在未来的预期收益，并采用适宜的折现率折算成现值，然后累加求和，得出被评估资产的评估值的一种资产评估方法。市场法是指，在市场上选择若干相同或近似的资产作为参照物，针对各项价值影响因素，将被评估资产分别与参照物逐个进行价格差异的比较调整，再综合分析各项调整结果，确定被评估资产的评估值的一种资产评估方法。成本法是指，首先确定被评估资产的重置成本（即在现时条件下，重新购置、建造或形成与评估对象完全相同或基本类似的全新状态下的资产所需花费的全部费用），然后合理考虑被评估资产已存在的各种贬值因素，并将其从重置成本中予以扣除而得到被评估资产价值的一种资产评估方法。

上述评估方法各有利弊，通常情况下，企业将委托无形资产评估机构根据上述方法进行专利评估，评估人员应由熟悉法律、技术、市场、财务等方面的人员组成。企业可以要求评估机构在专利信息调查与分析的基础上，根据资产评估方法的适用条件，分析收益法、市场法和成本法三种资产评估方法的适用性，恰当选择一种或多种资产评估方法对专利进行评估。

---

① 李鹏：《大型企业专利管理：理论与实务》，知识产权出版社 2013 年版，第 169 页。

七、专利保险

现阶段，专利侵权诉讼呈现多发趋势，特别是在京津冀、长三角、珠三角地区，而且专利侵权诉讼所涉及的标的额也越来越大。无论是原告还是被告，一旦进入专利侵权诉讼，都意味着将承担较高的经济成本。特别是被告，如果构成侵权，也将面临较高赔偿。

根据 2008 年修正的《专利法》，侵犯专利权的赔偿数额按照权利人因被侵权所受到的实际损失确定；实际损失难以确定的，可以按照侵权人因侵权所获得的利益确定。权利人的损失或者侵权人获得的利益难以确定的，参照该专利许可使用费的倍数合理确定。赔偿数额还应当包括权利人为制止侵权行为所支付的合理开支。权利人的损失、侵权人获得的利益和专利许可使用费均难以确定的，人民法院可以根据专利权的类型、侵权行为的性质和情节等因素，确定给予一万元以上一百万元以下的赔偿。而现行《专利法》（2020 年修正）对专利侵权赔偿又作出了更严格的规定，即对故意侵犯专利权，情节严重的，可以按照权利人损失、侵权人获利或许可费倍数确定数额的一倍以上五倍以下确定最终赔偿数额，并将法定赔偿范围从“一万元以上一百万元以下”调整为“三万元以上五百万元以下”。可见，未来专利侵权的成本将呈上升趋势。另外，专利权人的维权成本也会随之增加，而且还要承担败诉的风险。如何更好地将专利权人和潜在侵权者的风险进行化解和转移是值得我们探讨的问题。为此，专利保险应运而生。

专利保险是知识产权保险的一种，它是指投保人以授权专利为标的向保险公司投保，在保险期间，保险公司按照合同约定向投保人为专利侵权或维权而支出的成本进行赔偿。保险的基本功能就是把风险转移给保险人，一旦发生意外损失，保险人将补偿被保险人的损失。专利保险就是用于承保为了维护专利权或针对被诉可能侵犯他人专利权进行抗辩时所产生的各项费用。

据了解，就专利保险而言，发达国家已经推出专利申请保险、专利执行责任保险、专利侵权责任保险、专利许可保险、专利投资保险等，实践表明，这些险种的拓展对专利产业化与专利保护有着深远的意义。有关专家指出，多个国家的经验告诉我们，政府有关部门应坚持将保费制度与专利制度相结合，在业务开展初期提供必要的财政资助，并从专利侵权责任保险逐步向专利申请保险、专利执行责任保险等方向不断扩大，进而大力发展专利诉讼互助保险与再保险业务。[①]专利保险由于可将维权或侵权成本转移而受到企业欢迎，现阶段各地政府也纷纷出台各种资助政策，鼓励企业购买专利保险。但大多数企业对这个新生事物还不够了解，同时，专利保险合同条款也有待进一步研究和完善。

八、专利权（专利申请权）转让

我国《专利法》第十条第一款规定："专利申请权和专利权可以转让。"这是专利申请权和专利权可以转让的法律依据。转让专利申请权或专利权的，当事人应当订立书面合同，并向国务院专利行政部门登记，由国务院专利行政部门予以公告。专利申请权或专利权的转让自登记之日起生效。中国单位或者个人向外国人、外国企业或者外国其他组织转让专利申请权或者专利权的，应当依照有关法律、行政法规的规定办理手续。

专利权（专利申请权）转让合同是当事人就专利权（专利申请权）转让所订立的合同。此类合同产生的法律后果是专利权（专利申请权）转移，转让人的权利消灭，受让人的权利产生。专利权（专利申请权）合同涉及的条款主要有：拟转让的具体专利技术方案、专利权（专利申请权）转让费及支付方式、专利技术的后续研发成果归属、当事人各方的协助义务等。

专利转让合同的转让人应当是专利的所有权人，其有权依法处分自己享有的专利权。如果转让人依法对专利不享有所有权且又未获得真正权利人的授权，则其转让行为无效。

实践中，判断转让人是不是专利的所有权人，主要是核查专利证书和专利登记簿副本，专利证书和专利登记簿副本上记载的专利权人即专利的所有

---

① 国家知识产权局网站：《专利保险：一块双赢的"试验田"？》，http://www.sipo.gov.cn/wqyz/dsj/201101/t20110105_560422.html，最后访问时间：2016 年 12 月 30 日。

权人。但有时，专利证书或专利登记簿副本上记载的专利权人并非真正的权利人。例如，职务发明创造的发明人未经单位同意，将职务发明创造擅自以自己的名义申请专利，尽管其获得了专利，但因此专利技术系职务发明创造，成果应归属单位，故该发明人并非真正的专利权人，其对外签订专利转让合同的行为应当属于无权处分。

九、专利权许可

专利的价值在于实施，任何专利技术只有在实施过程中才能发挥其作用，为社会创造财富。专利实施包括专利权人自己实施也包括许可他人实施。专利实施许可合同就是指当事人就专利权的实施许可事宜所订立的合同。我国《专利法》第十二条规定："任何单位或者个人实施他人专利的，应当与专利权人订立实施许可合同，向专利权人支付专利使用费。被许可人无权允许合同规定以外的任何单位或者个人实施该专利。"

专利实施许可包括以下三种方式：

（一）独占实施许可，是指许可人在约定许可实施专利的范围内，将该专利仅许可一个被许可人实施，许可人依约定不得实施该专利；

（二）排他实施许可，是指许可人在约定许可实施专利的范围内，将该专利仅许可一个被许可人实施，但许可人依约定可以自行实施该专利；

（三）普通实施许可，是指许可人在约定许可实施专利的范围内，许可他人实施该专利，并且可以自行实施该专利。

从上述实施许可方式来看，独占实施许可对许可人的限制最大，普通实施许可对许可人的限制最小。需要注意的是，当事人对专利实施许可方式没有约定或者约定不明确的，应当认定为普通实施许可。专利实施许可合同约定被许可人可以再许可他人实施专利的，应当认定该再许可为普通实施许可，但当事人另有约定的除外。

专利实施许可合同只在该专利权的存续期间内有效。专利实施许可合同的许可人负有在合同有效期内维持专利权有效的义务，包括依法缴纳专利年费和积极应对他人提出宣告专利权无效的请求，同时，许可人还应当按照约定交付实施专利有关的技术资料，提供必要的技术指导。

实践中，如果专利正在申请中，但尚未授权，此时专利申请人以该专利申请所涉及的技术与被许可人签订专利实施许可合同。那么，该专利实施许可合同是否有效？答案是肯定的。《最高人民法院关于审理技术合同纠纷案件适用法律若干问题的解释》第二十九条第二款规定："人民法院不以当事人就已经申请专利但尚未授权的技术订立专利实施许可合同为由，认定合同无效。"特别地，对于发明专利申请来说，发明专利申请公开以后、授权以前，参照适用专利实施许可合同的有关规定。授权以后，原合同即专利实施许可合同，适用专利实施许可合同的有关规定。

那么，在专利权（专利申请权）共有的情况下，是否会对专利实施许可产生影响呢？按照我国《专利法》第十四条之规定，在专利权（专利申请权）共有的情况下，专利权（专利申请权）人对外实施许可活动相较于非共有的情况有以下区别：

（一）权利行使约定优先。即专利申请权或专利权的共有人对权利的行使采取优先遵循约定的方式，法律对共有人之间处分专利共有权利不加以过多的干涉，尊重权利人行使权利的自由。

（二）在没有约定的情况下，共有人单独行使权利的方式仅限于单独实施和以普通许可方式许可他人实施专利。但许可他人实施该专利的，收取的使用费应当在共有人之间分配。《专利法》之所以这样规定，是因为专利申请权或专利权的产生是共有人共同创造的结果，每一个共有人均为此付出了代价，理应允许单独实施专利，也应允许共有人许可他人实施专利。但许可实施仅应限于普通许可，因为如果是独占或排他许可，则排除了其他共有人实施专利或许可实施专利的权利，这对其他共有人显然不公平。另外，对于普通许可他人实施的情况，由于共有人之一利用共有的发明创造收取使用费，应当被视为共有人的共同利益，因此应当将收取的使用费在共有人之间分配。

（三）除单独实施或以普通许可方式实施专利外，行使共有的专利申请权或者专利权应当取得全体共有人的同意。这是保障共有人权利的主要措施。单独实施或以普通许可的方式实施专利，均不会对专利权造成任何实质性的损害，而是在充分有效地利用专利技术创造经济价值。但是，如果对专利权进行放弃、转让、独占许可、提起侵权诉讼等行为，则会对其他共有人的利益产生实质性影响，此时行使专利权应当取得全体共有人的同意。

十、专利纠纷的处理措施

常见的专利纠纷主要包括：专利合同纠纷、专利权权属纠纷、专利权侵权纠纷三种类型。

专利合同纠纷，是指专利申请人或专利权人就发明创造的申请、转让、许可等事项订立合同所产生的纠纷。专利合同纠纷包括专利权（专利申请权）转让合同纠纷、专利实施许可合同纠纷及专利代理合同纠纷。实践中，专利权转让合同纠纷和专利实施许可合同纠纷比较常见。通常情况下，专利合同双方会在合同的标题中明确合同的具体性质，即是专利转让合同还是专利实施许可合同。但某些案件中，仅凭合同的标题尚不能准确判断专利合同的具体性质，还必须结合双方的真实意思表示及其他行为综合判断。

专利权权属纠纷，是指当事人之间因专利申请权和专利权权利归属发生的争议。以专利权授予的不同阶段来区分，专利权权属纠纷主要分为两大类：专利申请权权属纠纷和专利权权属纠纷。司法实践中，专利权权属纠纷主要集中在与职务发明创造有关的权属纠纷和基于专利权转让合同而产生的权属纠纷。

专利权侵权纠纷，是指当事人因侵害发明专利权、实用新型专利权、外观设计专利权而产生的纠纷。在侵害专利权纠纷案件中，需要对专利权的保护范围进行界定。通常来说，发明或者实用新型专利权的保护范围以其权利要求的内容为准，说明书及附图可以用于解释权利要求的内容。外观设计专利权的保护范围以表示在图片或者照片中的该产品的外观设计为准，简要说明可以用于解释图片或者照片所表示的该产品的外观设计。

在我国，一旦企业发生专利纠纷，可以寻求多种解决方案。我国针对专利权的保护采用“双轨制”，既可以通过行政执法方式进行保护，也可以通过司法途径给予保护。下面我们着重来探讨一下这两种保护模式的具体操作方法及优缺点：

（一）行政保护

专利行政保护，主要是指专利行政执法和海关保护。

根据我国《专利行政执法办法》，管理专利工作的行政部门可以进行专利行政执法，包括处理专利侵权纠纷、调解专利纠纷以及查处假冒专利行为。针对专利侵权行为，管理专利工作的部门应当在收到请求书之日起 5 个工作日内立案并通知请求人，同时指定 3 名或者 3 名以上单数执法人员处理该专利侵权纠纷。管理专利工作的部门处理专利侵权纠纷，可以根据案情需要决定是否进行口头审理。管理专利工作的部门决定进行口头审理的，应当至少在口头审理 3 个工作日前将口头审理的时间、地点通知当事人。管理专利工作的部门处理专利侵权纠纷案件时，可以根据当事人的意愿进行调解。双方当事人达成一致的，由管理专利工作的部门制作调解协议书，加盖其公章，并由双方当事人签名或者盖章。调解不成的，将及时作出处理决定。《专利行政执法办法》规定，处理专利侵权纠纷，应当自立案之日起 3 个月内结案。案件特别复杂需要延长期限的，应当由管理专利工作的部门负责人批准。经批准延长的期限，最多不超过 1 个月。在专利侵权纠纷处理过程中，当事人因客观原因不能自行收集部分证据的，可以书面请求管理专利工作的部门调查取证。管理专利工作的部门根据情况决定是否调查收集有关证据。在处理专利侵权纠纷、查处假冒专利行为的过程中，管理专利工作的部门可以根据需要依职权调查收集有关证据。

根据我国《知识产权海关保护条例》，海关可以对与进出口货物有关并受中华人民共和国法律、行政法规保护的专利权实施保护。专利权利人可以将其专利向海关总署申请备案，海关保护备案自海关总署准予备案之日起生效，有效期为 10 年，权利人可以在专利权海关保护备案有效期届满前 6 个月内，向海关总署申请续展备案。每次续展备案的有效期为 10 年。权利人发现侵权嫌疑货物即将进出口的，可以向货物进出境地海关提出扣留侵权嫌疑货物的申请。权利人请求海关扣留侵权嫌疑货物的，应当向海关提供不超过货物等值的担保，用于赔偿可能因申请不当给收货人、发货人造成的损失，以及支付货物由海关扣留后的仓储、保管和处置等费用。海关发现进出口货物有侵犯备案专利权嫌疑的，应当立即书面通知权利人，权利人提出扣留申请并提供担保的，海关应当扣留侵权嫌疑货物，书面通知权利人。

由此可见，专利行政保护在处理效率、强制力、证据获取等方面有比较大的优势，有利于权利人快速有效地维权，降低权利人的维权成本。但专利行政保护的处理决定并非终局，任何一方不服，都可以寻求司法救济，提起行政诉讼，故就这些案件来说，得出最终的结论也可能需要较长时间。

（二）司法保护

司法保护专利权，主要体现在专利民事诉讼活动中。权利人可以向有管辖权的人民法院提起诉讼，要求司法机关定分止争，维护自身合法权益。根据专利权纠纷的类型不同，专利民事诉讼主要有：专利合同诉讼、专利权属诉讼、专利侵权诉讼。实践中，专利侵权诉讼较其他两类诉讼的数量多，法律问题也相对复杂。

专利侵权诉讼中，原告的证据主要分为：权利证据、侵权证据、赔偿证据三大部分。其中，权利证据主要用于证明，原告与其要主张的专利权具有利害关系且该专利权处于法律的有效状态，该部分的证据一般包括：专利证书；最近一年的年费缴纳收据；专利登记簿副本；专利权转让合同；专利许可实施合同等。侵权证据主要用于证明，被告未经许可实施了侵害原告专利权的行为，该部分的证据一般包括：被控侵权产品实物；被告的宣传材料；技术鉴定意见等。赔偿证据主要用于证明，原告因被告的侵权行为所遭受的经济损失及为制止侵权而支出的合理费用，该部分的证据主要有：被告产品销售数量、价格；被告产品销售地域；被告主观恶意；原告产品利润率；公证费、律师费、调查费用等。

司法保护专利权，虽然在效率上不如行政保护高，但专利案件的特殊性使得全国只有少数的法院能够审理该类型案件，相对来说，案件受理法院和法官的专业化程度更高，对疑难复杂案件的解决能力更强，这显然有助于专利权人维权。同时，司法保护还有保障诉讼顺利进行的一些措施，比如：财产保全、证据保全、行为保全等，这些都有利于专利纠纷的解决。

因此，发生专利纠纷后，企业可以根据具体案情、证据情况、维权目的等因素，综合考虑采用哪种措施解决纠纷。同时，鉴于专利维权的高昂成本，如果双方能通过和解的方式解决纠纷，进而达到双赢的效果则是最好不过的。根据笔者的调查发现，专利纠纷中有相当一部分案件是通过和解的方式解决的，这对企业降低维权成本、尽快恢复正常的生产经营不啻为一种优选的方案。

第三节　常见法律风险与防范措施

企业专利管理工作中，常见的法律风险主要有：

一、专利申请被视为撤回导致专利无法授权

专利申请被视为撤回主要是指在专利申请阶段，由于申请人未按照要求提出某项申请或逾期不答复而导致专利申请被视为撤回，无法授权的情形。我国《专利法》第三十五条第一款规定："发明专利申请自申请日起三年内，国务院专利行政部门可以根据申请人随时提出的请求，对其申请进行实质审查；申请人无正当理由逾期不请求实质审查的，该申请即被视为撤回。"第三十六条第二款规定："发明专利已经在外国提出过申请的，国务院专利行政部门可以要求申请人在指定期限内提交该国为审查其申请进行检索的资料或者审查结果的资料；无正当理由逾期不提交的，该申请即被视为撤回。"第三十七条规定："国务院专利行政部门对发明专利申请进行实质审查后，认为不符合本法规定的，应当通知申请人，要求其在指定的期限内陈述意见，或者对其申请进行修改；无正当理由逾期不答复的，该申请即被视为撤回。"

专利被视为撤回将导致专利无法被授权，研发人员的成果将无法得到专利法保护，这对企业来说，将产生重大的法律风险。如果竞争对手在此期间申请了同样的专利并被授权，则无疑会对企业的后续生产经营造成重大法律障碍。

企业专利管理人员应特别注意专利法中关于专利申请被视为撤回的几种情形，在规定的期限内按照要求及时提出请求或给予答复，避免申请被视为撤回。

另外，根据我国《专利法实施细则》的相关规定：当事人因不可抗拒的事由而延误专利法或者本细则规定的期限或者国务院专利行政部门指定的期限，导致其权利丧失的，自障碍消除之日起 2 个月内，最迟自期限届满之日起 2 年内，可以向国务院专利行政部门请求恢复权利。除前款规定的情形外，当事人因其他正当理由延误专利法或者本细则规定的期限或者国务院专利行政部门指定的期限，导致其权利丧失的，可以自收到国务院专利行政部门的通知之日起 2 个月内向国务院专利行政部门请求恢复权利。

二、专利权终止导致丧失专利维权的基础

企业申请专利的重要目的是通过专利法保护自身的智力成果，应当说，专利法对知识产权的保护是“强保护”，我国在专利执法和司法领域已经建立起较为有效的保护制度。因此，如果一项专利是企业较为重要的专利，那么专利授权后维持专利权的有效状态将十分必要。但在实践中，常常有企业因为忽视专利的作用，没有按时缴纳专利年费，而导致专利权在期限届满前终止。专利权终止的结果是专利权的丧失，即无法再获得专利法的保护。

笔者曾代理一起擅自使用知名商品特有的名称、包装、装潢[①]纠纷，原告为产品所设计的一款包装盒曾申请过外观设计专利并获得授权，但由于未及时缴纳年费而终止。该专利权终止后不久，市场上即出现了仿冒包装盒，原告由于丧失了专利权，无法提起专利侵权诉讼，退而求其次寻求《反不正当竞争法》保护。但《反不正当竞争法》中关于知名商品特有的包装保护需要一个繁杂的证明过程，对原告的举证要求很高，在是否构成“知名商品”的证明方面更是颇有争议。可见，企业因为一时疏忽导致专利权终止后，将给潜在的侵权者以可乘之机，这应该引起企业的高度重视。

---

① 笔者按：现行《反不正当竞争法》已将“知名商品特有的名称、包装、装潢”修改为“有一定影响的商品名称、包装、装潢”。

笔者认为，为确保专利权有效，企业专利管理人员应当定期对自身专利进行梳理和监控，及时剔除无用专利，对于较为重要的专利，特别是基础专利或核心专利，应当及时缴纳年费，以维持专利权有效。授予专利权当年以后的年费应当在上一年度期满前缴纳。专利权人未缴纳或者未缴足的，国务院专利行政部门会通知专利权人自应当缴纳年费期满之日起6个月内补缴，同时缴纳滞纳金。

三、企业因专利申请日前公开发明创造的内容而丧失专利权

授予专利权的发明和实用新型，应当具备新颖性、创造性和实用性。其中，新颖性，是指该发明或者实用新型不属于现有技术；也没有任何单位或者个人就同样的发明或者实用新型在申请日以前向国务院专利行政部门提出过申请，并记载在申请日以后公布的专利申请文件或者公告的专利文件中。创造性，是指与现有技术相比，该发明具有突出的实质性特点和显著的进步，该实用新型具有实质性特点和进步。这里提及的“现有技术”，是指申请日以前在国内外为公众所知的技术。

授予专利权的外观设计，应当不属于现有设计；也没有任何单位或者个人就同样的外观设计在申请日以前向国务院专利行政部门提出过申请，并记载在申请日以后公告的专利文件中。授予专利权的外观设计与现有设计或者现有设计特征的组合相比，应当具有明显区别。这里提及的“现有设计”，是指申请日以前在国内外为公众所知的设计。

上述内容是我国《专利法》在判断发明、实用新型、外观设计是否能够授权的必要条件，这里需要企业特别注意“现有技术”和“现有设计”的概念，这两个概念都是以“申请日以前”为时间基准，以“国内外”为地域基准，以“公众所知”为主体基准，并没有限定是谁让公众所知。换句话说，专利权人在申请日前将自己的发明创造内容通过发表、展览、公开销售、公开使用等方式让“公众所知”的，将破坏该发明创造的授权条件，导致不被授权或者即便被授权也极有可能“被无效”。这显然是企业对专利申请制度不了解所致。

因此，企业在申请专利之前，应当对发明创造的内容严格保密，禁止通过任何方式让“公众所知”，应当在提交专利申请文件并确定申请日之后，再对外公开。根据我国《专利法》的规定：国务院专利行政部门收到专利申请文件之日为申请日。如果申请文件是邮寄的，以寄出的邮戳日为申请日。另外，还需要说明的是，根据我国《专利法》，申请专利的发明创造在申请日以前六个月内，有下列情形之一的，不丧失新颖性：（一）在国家出现紧急状态或者非常情况时，为公共利益目的首次公开的；（二）在中国政府主办或者承认的国际展览会上首次展出的；（三）在规定的学术会议或者技术会议上首次发表的；（四）他人未经申请人同意而泄露其内容的。除此之外，企业应当严格遵守“申请日前不公开”的原则，确保发明创造不因自己的在先公开而丧失新颖性和创造性。

四、企业因在委托开发协议中对专利权归属约定不明而丧失专利权

企业在委托开发过程中，如忽视开发成果的专利权归属约定，将极易导致丧失专利权。根据我国《专利法》的相关规定：一个单位或者个人接受其他单位或者个人委托所完成的发明创造，除另有协议的以外，申请专利的权利属于完成的单位或者个人。申请被批准后，申请的单位或者个人为专利权人。另外，我国《民法典》第八百五十九条第一款规定：“委托开发完成的发明创造，除法律另有规定或者当事人另有约定外，申请专利的权利属于研究开发人……”这就说明，如果在委托开发协议中，委托方没有对申请专利的权利进行约定，则应当由受托方（即完成发明创造的单位或个人）享有，相应地，该发明创造被授予的专利权归属受托方。

因此，企业作为委托方在签订委托开发协议时，应当特别注意对开发成果的知识产权归属约定，应当尽可能地将申请专利的权利限定于己方，或者应当至少约定双方共有该权利。否则，企业花费巨资委托研发的成果将由他人享有专利权，这将对企业今后的生产经营产生不利影响和潜在的法律风险。

五、企业因在加工承揽过程中未及时申请专利而引发权属纠纷

企业作为承揽方按照定作方的要求完成一定的工作，交付劳动成果。如果承揽方在加工承揽过程中产生了发明创造，未及时申请专利，则很有可能被定作方知晓技术方案而抢先申请，引发专利权属纠纷。通常来说，定作方仅仅是对工作成果提出要求和验收标准，但并不参与成果的具体研发，定作方对承揽方研发的成果不应享有专利权。

因此，为避免此类纠纷发生，承揽方应当注意研发成果的完成时间，注意保密并及时申请专利。同时，针对该成果后续的改进方案也应当有所考虑，并尽可能地提前进行专利布局。在时间允许的情况下，应当先申请专利再交付工作成果。

六、专利申请撰写质量不高导致保护范围变窄

我们知道，发明或者实用新型专利权的保护范围以其权利要求的内容为准，说明书及附图可以用于解释权利要求的内容。外观设计专利权的保护范围以表示在图片或者照片中的该产品的外观设计为准，简要说明可以用于解释图片或者照片所表示的该产品的外观设计。所以，专利申请文件的撰写质量直接影响着专利授权后保护范围的大小。以发明或者实用新型专利权利要求书为例，每项权利要求记载的技术特征越多，该专利权的保护范围就越窄。相应地，根据判定专利侵权的全面覆盖原则，被控侵权产品或方法技术特征“全面覆盖”该权利要求相应技术特征的概率就越小，构成侵权的可能性也越小。可见，专利申请文件的撰写质量是非常重要的。

如何提高专利申请文件的撰写质量，是每一个企业在全面保护科技成果时应该重点考虑的问题。一般来说，企业将专利申请的专业工作委托给成熟的专利代理机构完成是较为普遍的做法。但笔者要说明的是，企业专利管理工作者不能简单地认为将专利申请工作完全委托出去就万事大吉，直接等待授权结果。在专利代理机构代为申请专利的过程中，专利管理工作者应该

及时了解专利申请的过程和状态，对于申请文件应当全面审核，针对核心专利应当反复与发明人和专利代理人进行沟通，以确保申请文件的质量符合要求。企业应当树立一种理念，即发明创造获得专利授权不是唯一目的，还需要在保障授权的前提下，尽可能地扩大专利权保护范围，以便后续的专利运营与专利维权。

七、职务发明创造立项研发管理不规范导致专利权属纠纷

执行本单位的任务或者主要是利用本单位的物质技术条件所完成的发明创造为职务发明创造。职务发明创造申请专利的权利属于该单位，申请被批准后，该单位为专利权人。非职务发明创造，申请专利的权利属于发明人或者设计人，申请被批准后，该发明人或者设计人为专利权人。利用本单位的物质技术条件所完成的发明创造，单位与发明人或者设计人订有合同，对申请专利的权利和专利权的归属作出约定的，从其约定。

企业由于对职务发明创造的立项研发管理不规范，极易导致员工将本属于单位的技术成果占为己有并申请专利，引发权属纠纷。在单位与发明人或设计人对申请专利的权利和专利权的归属没有约定的情况下，企业应当对发明创造的立项、研发过程严格管理，立项报告、实验设备、实验数据、评审报告等应由专人保管。如果发明人或设计人是执行本单位任务，最好有书面文件予以佐证。如果利用了本单位的物质技术条件，最好有相关的使用记录可以查证。总之，企业应该有意识地在发明创造完成的过程中，设置、保存相关证据，以便在发生权属纠纷后提交这些证据来证明该发明创造属于职务发明创造。

八、因生产、销售产品前未进行侵权检索分析而产生侵权风险

专利侵权检索分析主要是指根据具体的技术方案检索某一国家或地区的有关生效专利，并判断是否构成侵权。这是产品生产、销售前应当进行的一项重要工作。如果没有进行侵权检索分析，则企业生产、销售的产品

很有可能涉嫌侵犯已经存在的有效专利，盲目生产、销售显然会造成巨大损失。

侵权检索的范围可以是：类似产品的专利、竞争对手的专利。产品侵权检索的工作量相当大，必须制定完善的检索策略，防止漏检，通过对检索出来的专利进行阅读和分析，缩小拟分析专利的范围，最终确定几个相关性较高的专利，逐一进行细致的分析。这一阶段，技术人员、法务人员将参与进来，进行侵权分析，并将每一可能造成侵权的专利进行分级，对极有可能发生侵权的专利进行特别关注。特殊情况下，在产品上市的最后时刻，可以进行专利许可交易，寻求和解，降低产品上市后的专利风险。①

为了避免侵权风险，企业还可以进行专利侵权规避设计，即针对侵权风险较高的专利，可以通过减少产品技术特征、变劣发明创造、更改相应技术特征等方式进行侵权规避。从事专利侵权规避设计这项工作需要法务人员与技术人员的密切配合，法务人员需要从专利侵权判定的基本原则和实践经验出发给出规避设计的大致方向，技术人员在此方向上进行研究并提出具体的更改方案，这个过程需要双方反复沟通磨合，才能达到最佳效果。任何一方不专业，都极有可能导致规避设计失败。当然，如果企业专利管理人员既精通专利法又对相关产品技术了如指掌，就能减少不必要的沟通，能够更加精准地进行规避设计。

九、权利人因超过诉讼时效主张权利而丧失胜诉权

诉讼时效是指民事权利受到侵害的权利人在法定的时效期间内怠于行使权利，当时效期间届满时，人民法院就不再予以保护。在法律规定的诉讼时效期间内，权利人提出请求的，人民法院可以强制义务人履行所承担的义务。而在法定的诉讼时效期间届满之后，权利人行使请求权的，人民法院不再予以保护，权利人丧失了胜诉权。诉讼时效制度的设立就是督促权利人积极主张权利，早日解决纠纷，让经济和法律关系尽快处于稳定状态，以便社会经

---

① 李鹏：《大型企业专利管理：理论与实务》，知识产权出版社 2013 年版，第 193 页。

济生活健康发展。在专利维权活动中，企业应当特别注意主张专利侵权行为的诉讼时效，避免因为超过诉讼时效而导致不能正常维权。对于已经知道或应当知道侵权行为存在的，应当尽早采取措施维权。

我国《专利法》第七十四条第一款规定："侵犯专利权的诉讼时效为三年，自专利权人或者利害关系人知道或者应当知道侵权行为以及侵权人之日起计算。"《最高人民法院关于审理专利纠纷案件适用法律问题的若干规定》第十七条规定："侵犯专利权的诉讼时效为三年，自专利权人或者利害关系人知道或者应当知道权利受到损害以及义务人之日起计算。权利人超过三年起诉的，如果侵权行为在起诉时仍在继续，在该项专利权有效期内，人民法院应当判决被告停止侵权行为，侵权损害赔偿数额应当自权利人向人民法院起诉之日起向前推算三年计算。"

权利人超过诉讼时效起诉的，除非侵权行为在起诉时仍在持续，否则权利人即便可以提起侵权诉讼，由于侵权行为已过诉讼时效，被告也可以此抗辩而要求法院驳回权利人的诉讼请求。同样，对于发明专利申请公布后至专利权授予前使用该发明未支付适当使用费的，专利权人要求支付使用费也有诉讼时效，《专利法》第七十四条第二款规定是三年，自专利权人知道或者应当知道他人使用其发明之日起计算，但是，专利权人于专利权授予之日前即已知道或者应当知道的，自专利权授予之日起计算。

十、因签发警告函不当导致被诉侵权

企业在发现专利侵权行为时，经常通过向侵权者签发警告函来警示侵权行为，以达到震慑侵权者的目的。警告函可以由企业自己签发，也可以委托律师签发。警告函在一定程度上可以起到警示侵权者的目的，阻止侵权行为或潜在的侵权行为。但如果警告函的内容不当，也会给企业带来侵权风险。权利人发送侵权警告维护自身合法权益是其行使民事权利的应有之义，但行使权利应当在合理的范围内。在采取维护权利行为的同时，也要注重对公平竞争秩序的维护，避免滥用侵权警告，侵犯竞争对手的合法权益。

最高人民法院在石家庄某汽车股份有限公司与某技研工业株式会社确认

不侵害专利权、损害赔偿纠纷二审民事判决书[1]中认为：判断侵权警告是正当的维权行为，还是打压竞争对手的不正当竞争行为，应当根据发送侵权警告的具体情况来认定，以警告内容的充分性、确定侵权的明确性为重点。权利人发送侵权警告必须以确定的具体侵权事实为依据，对所涉侵权的具体事实进行充分考量和论证。侵权警告的内容不应空泛和笼统，对于权利人的身份、所主张的权利的有效性、权利的保护范围以及其他据以判断被警告行为涉嫌构成侵权的必要信息应当予以披露。侵权警告不同于法院对诉前行为保全的裁定，所涉侵权行为并不会因侵权警告行为而当然停止，被警告者是否停止所涉侵权行为由其自行决定，尤其是对销售商而言，侵权警告的内容对其能否作出合理判断、自行承担由此导致的商业风险更为关键。因此，向这些主体发送侵权警告时，对确定被警告行为构成侵权而产生的注意义务要高于向制造者发送侵权警告的情形，其警告所涉信息应当详细、充分，如披露请求保护的权利的范围、涉嫌侵权的具体信息以及其他与认定侵权和停止侵权相关的必要信息。否则，易导致交易方面对内容不明确的警告内容，为避免自身涉及警告信所称的后果，停止进行交易，影响公平竞争的交易秩序。可见，企业在发送专利侵权警告函之前，应当仔细核查警告函的内容、发送对象并应站在被警告者的角度施以一定的注意义务，尽可能全面地披露相关信息以供他人判断。

当然，最高人民法院在该案中还进一步明确，权利人维权的方式是否适当并非以被警告行为是否侵权的结论为判断依据，而是以权利人维权的方式是否正当、是否有违公平的竞争秩序、是否存在打击竞争对手作为衡量的标准。由于侵权认定的专业性和复杂性，不能过高要求权利人对其警告行为构成侵权的确定性程度，否则会妨碍侵权警告制度的正常运用，有悖此类制度的初衷。在权利人发送侵权警告行为得当，不存在过错时，即使最终被警告的行为不构成侵权，也可能不属于滥用权利，无须对竞争者的损失进行赔偿。

---

① 案号：（2014）民三终字第7号。

第四节 典型案例评析

案例 1：甲龙公司与王某慈及乙龙公司侵害发明专利权纠纷案[①]

◆案情简介

被上诉人（原审原告）王某慈于 2009 年 2 月 27 日向国家知识产权局提出名为“电机壳为焊接件的小型电潜水泵”发明专利权申请，该专利于 2012 年 5 月 2 日授权公告，王某慈为发明人及专利权人。

2014 年 3 月 16 日，王某慈向乙龙公司购买了被诉侵权的潜水泵一台，乙龙公司为此出具销售票据。乙龙公司主张其电机壳从甲龙公司处购买，甲龙公司对此无异议，但甲龙公司辩称涉案水泵并不侵犯涉案专利权。

王某慈主张以权利要求 1 中的相关技术特征为本案要求保护的范围。涉案“电机壳为焊接件的小型电潜水泵”发明专利权利要求 1 内容如下：一种电机壳为焊接件的小型电潜水泵，该电潜水泵由四段组成，包括：导叶体（1）、进水段（3）、上轴承座（4）和电机壳（7）；所述的导叶体（1）的内腔设置叶轮（2），上端与出水管连接，下端通过螺栓与进水段（3）连接；所述的进水段（3）下端与上轴承座（4）的上端连接；所述的上轴承座（4）下端与电机壳（7）连接；电机壳（7）的下端与下轴承座（10）连接；所述的上轴承座（4）、下轴承座（10）分别通过轴承（5）与电机轴连接；所述的电机壳（7）内腔设置定子、转子组件（8）；其中定子线圈与电缆线（6）连接，其特征在于：所述的电机壳（7）主体为圆钢管，其上端与上端环（7–1）焊接，下端与下端环（7–2）焊接；所述的上端环（7–1）、下端环（7–2）均为圆形环；所述的下端环（7–2）内孔设置卡簧（9）。

一审庭审中，经勘验实物及技术特征比对，乙龙公司与甲龙公司主张：

① 案号：（2016）苏民终字 133 号。除单独说明外，本书案例均取自裁判文书网等公开来源。下略。

除了存在6个方面的技术特征差异之外，被诉侵权产品的其余技术特征与涉案专利权利要求1中相应的技术特征一致。除了主张技术特征存在差异，被诉侵权产品不落入涉案专利保护范围之外，甲龙公司与乙龙公司还主张涉案专利技术在申请日之前就已经公开，在本案中提出现有技术抗辩。

二审法院另查明：甲龙公司2005年7月15日向济南客户销售规格20–78潜水泵5台，销售规格40–30潜水泵3台；2005年6月13日向建平县某公司销售型号QS20、QS25、QS30、QS40系列潜水泵合计21台。甲龙公司另从其库房找出一件QS20–30旧机壳，王某慈认可该机壳与甲龙公司一审提交的旧机壳一样。上述机壳铭牌显示生产厂家为甲龙公司，生产时间为2008年11月。各方当事人认可该机壳可以安装在QS10–50等系列潜水泵上。该旧机壳与被诉侵权产品机壳技术特征相同。

◆法院裁决

一审法院认为：被诉侵权产品落入涉案专利权利要求1的保护范围；甲龙公司与乙龙公司主张的现有技术抗辩不成立，甲龙公司提供的现有技术抗辩证据，如废机壳、相关单位的证明、相关产品说明书、相关文献等材料，仅能反映涉案专利的某个技术特征或某些技术特征，该部分证据均不能反映涉案专利技术的全部特征；乙龙公司实施了侵害涉案专利权的行为，应判决其立即停止侵权，并赔偿损失。焊接钢管机壳为被诉侵权产品中的关键部件，甲龙公司明知其生产的焊接钢壳用于生产涉案被诉侵权产品，仍然生产、销售给乙龙公司，甲龙公司的行为对乙龙公司生产被诉侵权潜水泵构成帮助行为，应承担连带赔偿责任；乙龙公司用于制造整机的机壳购自甲龙公司，乙龙公司在购入机壳并制造侵权潜水泵过程中存在主观故意，侵权潜水泵最终是由乙龙公司制造、装配完成的，乙龙公司是被诉侵权产品的制造者，故乙龙公司不存在合法来源抗辩的问题。

二审法院认为：被诉侵权产品落入涉案专利权保护范围；甲龙公司以其在涉案专利申请日之前生产的旧机壳为证据代为主张先用权抗辩，但因涉案机壳仅为制造被诉侵权潜水泵的一个零部件，故甲龙公司以机壳零部件的生产在先主张专利先用权抗辩，亦不符合专利法关于先用权抗辩的规定，于法无据；甲龙公司在涉案专利申请日前即已生产与被诉侵权潜水泵机壳结构相同的机壳，且实际安装在与被诉产品型号不同的潜水泵上。由此可见，涉案机壳并非专门用于实施涉案专利的产品，其同时具有非侵权用途。因此，王某慈主张甲龙公司构成帮助侵权，缺乏事实依据，甲龙公司关于其不构成侵权。

◆案例评析及法律风险提示

本案涉及专利侵权纠纷中的现有技术抗辩、先用权抗辩及帮助侵权等问题，具有一定的典型性。二审法院在被诉侵权产品是否落入涉案专利权保护范围这一问题上与一审法院的观点相同，也不认为被告主张的现有技术抗辩和先用权抗辩成立，但在甲龙公司是否构成帮助侵权这一问题上与一审法院的观点不同，并最终撤销了一审法院要求被告甲龙公司承担侵权责任的判决。我们在本案中应当注意的问题主要是：

一、现有技术抗辩证据的整理与保存

现有技术抗辩是被告在专利侵权纠纷中常用的一种不侵权抗辩策略。我国《专利法》第六十七条规定："在专利侵权纠纷中，被控侵权人有证据证明其实施的技术或者设计属于现有技术或者现有设计的，不构成侵犯专利权。"被诉落入专利权保护范围的全部技术特征，与一项现有技术方案中的相应技术特征相同或者无实质性差异的，人民法院应当认定被诉侵权人实施的技术属于《专利法》第六十七条规定的现有技术。所以，现有技术抗辩成功将直接导致法院认定被告不侵权，这对被告来说是非常有利的。

实践中，企业常常忽略现有技术证据的整理和保存，从而导致在证据证明力上不足，最终抗辩失败。本案中，甲龙公司提供的现有技术抗辩的证据，如废机壳、相关单位的证明、相关产品说明书、相关文献等材料，仅能反映涉案专利的某个技术特征或某些技术特征，均不能反映涉案专利技术的全部特征，即该部分证据反映的技术特征不同于涉案专利的技术特征，再加上无证据证明甲龙公司与乙龙公司提出现有技术抗辩的相关单个资料与涉案专利权利要求差异的部分为公知常识，故法院认定甲龙公司与乙龙公司的现有技术抗辩不成立。

笔者认为，我国大多数企业其实与甲龙公司比较类似，在日常经营中缺乏对专利侵权风险的防范，一旦发生专利侵权纠纷，收集整理不侵权抗辩的证据都不尽如人意。本案甲龙公司向法院提供的现有技术证据，都是片段化、局部化的，很难有一份完整的证据材料证明涉案专利技术的全部特征在申请日前已经公开，属于现有技术。也许涉案专利技术真的属于现有技术，但由于被告在这方面的举证失败，法院也不可能认定其为现有技术。这提醒我们的企业，在平时应当注意整理和保存现有技术的证据，特别是企业自身研发并公开使用的证据，该类证据需要形成一个完整的证据链，且能够从证据中找到涉案专利技术的全部技术特征。

二、先用权抗辩应当以完整的产品或方法为基础

我国《专利法》第七十五条第（二）项规定，在专利申请日前已经制造相同产品、使用相同方法或者已经作好制造、使用的必要准备，并且仅在原有范围内继续制造、使用的，不视为侵犯专利权。根据相关司法解释，有下列情形之一的，人民法院应当认定属于《专利法》第七十五条第（二）项规定的已经作好制造、使用的必要准备：（一）已经完成实施发明创造所必需的主要技术图纸或者工艺文件；（二）已经制造或者购买实施发明创造所必需的主要设备或者原材料。

显然，上述“已经作好制造、使用的必要准备”应当是以完整的产品或方法为基础的制造和使用，而不应是产品的零部件或方法的某一步骤。比如在本案中，甲龙公司以其在涉案专利申请日之前生产的旧机壳为证据主张先用权抗辩，但因涉案机壳仅为制造被诉侵权潜水泵的一个零部件，故甲龙公司以机壳零部件的生产在先主张专利先用权抗辩，不符合专利法关于先用权抗辩的规定。

先用权抗辩在实践中被法院支持的案例也非常少，主要原因还是在于被告举证的不完整性。大多数情况下，被告提交的证据均无法形成完整的证据链来证明在涉案专利申请日前已经制造相同产品、使用相同方法或者已经作好制造、使用的必要准备。笔者建议，企业应当规范研发、生产、销售各环节的档案管理制度，确保每个环节都有相应的书面材料记载，特别是对技术特征、生产规模、生产设备等的详细记载。

关于先用权，笔者还需说明的是，根据《最高人民法院关于审理侵犯专利权纠纷案件应用法律若干问题的解释》,《专利法》第七十五条第（二）项规定的“原有范围”，包括专利申请日前已有的生产规模以及利用已有的生产设备或者根据已有的生产准备可以达到的生产规模。先用权人在专利申请日后将其已经实施或作好实施必要准备的技术或设计转让或许可他人实施，被诉侵权人主张该实施行为属于在原有范围内继续实施的，人民法院不予支持，但该技术或设计与原有企业一并转让或者承继的除外。

三、应当注意对专利间接侵权的规避

专利间接侵权是指行为人实施的行为并不构成直接侵犯他人专利权，但诱导、怂恿、教唆、帮助别人实施他人专利，导致直接的侵权行为，行为人在主观上有诱导或唆使别人侵犯他人专利权的故意，客观上为别人直接侵权行为的发生提供了必要的条件。通常来说，企业比较关注直接侵权问题，往往忽视间接侵权问题，甚至还存在侥幸心理，认为自己并未直接制造专利产品或使用专利方法。殊不知，为直接侵权行为提供帮助或诱导的行为，也属于侵权行为，也要承担相应的法律责任。

我国《民法典》第一千一百六十九条第一款规定：“教唆、帮助他人实施侵权行为的，应当与行为人承担连带责任。”上述规定成为判定被告是否构成专利间接侵权的法律依据。《最高人民法院关于审理侵犯专利权纠纷案件应用法律若干问题的解释（二）》第二十一条又对专利间接侵权行为作出进一步解释：“明知有关产品系专门用于实施专利的材料、设备、零部件、中间物等，未经专利权人许可，为生产经营目的将该产品提供给他人实施了侵犯专利权的行为，权利人主张该提供者的行为属于民法典第一千一百六十九条规定的帮助他人实施侵权行为的，人民法院应予支持。明知有关产品、方法被授予专利权，未经专利权人许可，为生产经营目的积极诱导他人实施了侵犯专利权的行为，权利人主张该诱导者的行为属于民法典第一千一百六十九条规定的教唆他人实施侵权行为的，人民法院应予支持。”

可见，判定是否构成专利间接侵权行为，最重要的一点就是要判断被告是否存在“明知”而“帮助”或“诱导”的行为。如果被控侵权产品是专门用于实施专利的，由于被控侵权产品只能用于实施专利故可以直接推定被告具有帮助他人实施专利的故意，从而认定被告生产、销售被控侵权产品的行为构成专利间接侵权。如果被控侵权产品可以用于实施专利，也可以用于其他用途，则需要根据被告的行为进行判断。通常情况下，只有在被告具有积极诱导他人实施专利的行为，例如提供专利发明创造的图纸、传授专利技术方案、产品宣传时强调可以实施专利等，才可以认定被告的行为具有帮助他人实施专利的故意，从而认定被告生产、销售被控侵权产品的行为构成专利间接侵权。

案例 2：安全公司与机械公司、化工公司侵害发明专利权纠纷案[①]

◆案情简介

2009 年 6 月 23 日，安全公司向国家知识产权局申请名称为“双阀一体式盘阀”的发明专利，并于 2011 年 7 月 20 日获得授权。其在本案中要求保护的权利要求 1 记载如下：

一种双阀一体式盘阀，包括独立进行开关动作的上阀和下阀，以及外泄漏密封，上阀和下阀各自具有独立的阀杆组件、阀芯，其特征在于，所述上阀和下阀各自的阀体组件通过中法兰和螺栓组件串连在一起；所述阀杆组件由摇杆、固定阀轴、焊接在固定阀轴上的横轴以及和横轴焊接在一起的驱动件组成；阀芯包括圆盘、弹簧和弹簧座以及阀座；所述上阀的阀座内嵌于上阀体组件和中法兰内，所述下阀的阀座内嵌于下阀体组件和中法兰内；所述阀芯的弹簧座装载弹簧压在圆盘上，阀芯的圆盘带有圆柱形凹槽，阀杆组件的驱动件嵌于圆盘的凹槽内；阀杆组件的驱动件外壁和圆盘的内壁之间设有径向间隙。

2016 年 6 月 24 日，一审法院组织双方当事人至被告化工公司处对被上诉人机械公司制造并由化工公司使用的被控侵权产品进行现场勘验。经勘

① 案号：（2017）沪民终 23 号。

验，被控侵权产品为双阀一体式盘阀。双方当事人对于被控侵权产品的相应技术特征与涉案专利权利要求 1 中“所述阀杆组件由摇杆、固定阀轴、焊接在固定阀轴上的横轴以及和横轴焊接在一起的驱动件组成”（以下简称“争议技术特征一”）、“所述上阀的阀座内嵌于上阀体组件和中法兰内”（以下简称“争议技术特征二”）两项技术特征的比对存在争议，对于其余技术特征双方一致确认两者相同。

对于有争议的技术特征，原告认为：1. 关于争议技术特征一，该技术特征涉及的“焊接”并非涉案专利的技术特征，其仅用来说明固定阀轴、横轴及驱动件等部件间的连接关系和空间相互位置，是对部件加工工艺的描述。2. 关于争议技术特征二，该技术特征用以说明上阀的阀座在专利产品结构中的空间位置和状态，即阀座放在上阀体组件和中法兰之间，该技术特征并未对阀座数量作出限定，被控侵权产品上阀阀座所处的空间位置和状态与涉案专利上阀阀座相同。

两被告则认为两者既不相同也不等同，主要理由为：1. 关于争议技术特征一，涉案专利横轴与固定阀轴、横轴与驱动件的连接方式均为焊接，而被控侵权产品采用了键连接、套接等可拆卸的连接方式，原告在勘验时自称焊接比其他连接方式更好，故被控侵权产品的连接方式与涉案专利的连接方式所达到的效果不相同；此外，涉案专利说明书记载的花键、销钉等连接方式在涉案专利权利要求 1 中均未记载，根据《专利法》的捐献原则，被控侵权产品采用的连接方式不应被判定落入涉案专利权的保护范围。2. 关于争议技术特征二，涉案专利上阀阀座有两个，而被控侵权产品的上阀阀座只有一个，两者不相同也不等同。

◆法院裁决

一审法院认为：凡是写入权利要求的技术特征，均应理解为专利技术方案不可缺少的必要技术特征，对专利权的保护范围具有限定作用，在确定专利权保护范围时必须加以考虑。争议技术特征一除限定阀杆组件的各个部件外，还对横轴与固定阀轴、横轴与驱动件之间的连接方式作了限定，原告认为“焊接”并非涉案专利权利要求限定的技术特征，缺乏依据。被控侵权产品和专利技术方案相比，在横轴与固定阀轴、驱动件与横轴的连接方式上不相同也不等同。鉴于被控侵权产品上阀的阀座内嵌于上阀体组件，其位于上阀体组件和中法兰形成的空间中，故被控侵权产品的技术特征与争议技术特征二相同。被控侵权产品未落入原告涉案专利权利要求1的保护范围，两被告的行为未构成对原告涉案专利权的侵犯，无须承担相应的民事责任。

二审法院认为：在专利侵权判定时，权利要求中的技术特征并不存在必要与非必要之区分。鉴于每一项技术特征均对专利技术方案产生影响，在界定权利要求保护范围时，所有被写入权利要求的技术特征均应予以考虑。因上诉人已将“焊接”这一连接方式明确写入涉案专利权利要求文字并获得专利授权，该技术特征理应作为侵权判定时涉案专利技术方案之技术特征。被控侵权产品“平键加紧固螺钉”之连接方式与涉案专利之“焊接”技术特征不构成等同。一审判决据此作出相应判定系认定事实清楚，适用法律正确，应予维持。

◆案例评析及法律风险提示

本案涉及对专利权利要求保护范围的界定，从这个案件中，我们可以看到专利申请阶段的撰写质量对后续维权产生的重大影响。如果不重视专利申请的撰写质量，极有可能在后续维权中陷入困境。

发明专利权的保护范围是以权利要求书为基础来界定的，说明书及附图可以用于解释权利要求的内容。凡是写入权利要求书中的技术特征，在后续维权过程中，都会被法院认定为实现技术方案的必要技术特征。根据《最高人民法院关于审理侵犯专利权纠纷案件应用法律若干问题的解释（二）》第五条规定，在人民法院确定专利权的保护范围时，独立权利要求的前序部分、特征部分以及从属权利要求的引用部分、限定部分记载的技术特征均有限定作用。故凡是写入权利要求的技术特征，均应理解为专利技术方案不可缺少的必要技术特征，对专利权的保护范围具有限定作用，在确定专利权保护范围时必须加以考虑。

原告在庭审过程中为扩大专利权保护范围，将争议技术特征一中的“焊接”归为非必要技术特征，认为其仅用来说明固定阀轴、横轴及驱动件等部件间的连接关系和空间相互位置，是对部件加工工艺的描述。此外，焊接与其他连接方式都是为了固定连接，其实现的功能基本相同，故这些连接方式构成等同。显然，这与上述司法解释的规定相违背，也与专利制度设立的初衷相违背。专利权人不能在申请专利过程中为获得授权而增加不必要的技术特征，在专利授权后维权过程中，又将该增加的技术特征进行扩张解释，扩大专利的保护范围。

如何在专利申请阶段保证授权的前提下尽可能地扩大专利权保护范围，对于每一位专利权人来说，都是必须考虑的问题。本案二审法院也指出：发明和实用新型专利的申请人在撰写权利要求时，理应对我国专利制度和相关法律进行了解，并审慎斟酌写入权利要求之文字，以便正确界定专利技术方案的保护范围并确保其创新之技术方案得到法律的充分保护，同时在获得专利授权后亦应依据其被授予之权利要求严格依法行使其权利。

本案还有一点值得我们在申请专利过程中多加注意，即“捐献原则”。所谓“捐献原则”是指如果专利权人在专利说明书中公开了某个实施方案，但在专利申请的过程中没有将其纳入或试图将其纳入权利要求的保护范围，则该实施方案被视为捐献给了公众，当专利申请被授权后，专利权人在主张专利权时不得试图通过等同原则等将其重新纳入权利要求的保护范围。根据《最高人民法院关于审理侵犯专利权纠纷案件应用法律若干问题的解释》第五条规定：“对于仅在说明书或者附图中描述而在权利要求中未记载的技术方案，权利人在侵犯专利权纠纷案件中将其纳入专利权保护范围的，人民法院不予支持。”可见，捐献原则的适用将直接导致专利权人将未写入权利要求中的技术方案贡献给社会。如果企业投入大量资金产生的科技成果因不熟悉专利制度和撰写规则而丧失专利法保护，将是十分可惜的事情。

本案也很好地诠释了司法裁判对社会规则的指引作用，以判决的方式引导专利文件的撰写人在今后撰写权利要求文字时，审慎推敲被写入的技术特征以严格界定专利权利范围，从而提高我国专利申请文件的撰写水准以及专利权利人的法律保护意识和维权能力。

案例 3：汪某洪与电子公司专利权权属纠纷案[①]

◆案情简介

2011 年 6 月 27 日，电子公司向杭州市中级人民法院提起诉讼称：汪某洪在离开电子公司不满一年的时间里，将与其在电子公司承担的本职工作有关的发明创造以个人名义申请了专利，该专利属于职务发明创造，应归电子公司所有。请求法院判决：确认名为“组合式锚杆”的发明专利（以下简称“诉争专利”）为职务发明创造，电子公司为该发明专利的专利权人。

汪某洪辩称：其于 2000 年八九月离开电子公司，诉争专利是其退职 1 年后作出的，并且，诉争专利与其在电子公司承担的本职工作无关，不属于职务发明创造；电子公司从诉争专利公开日（2003 年 7 月 2 日）起即应知道专利权人是汪某洪，电子公司提起本案诉讼已超过诉讼时效。

一审法院查明：1998 年 4 月 18 日，汪某洪与项某珍签字确认《电子公司章程》，约定：电子公司由汪某洪、项某珍两人共同投资组建，公司执行董事为公司的法定代表人，兼任公司经理。1998 年 8 月 3 日，电子公司注册成立，法定代表人为汪某洪，经营范围为：隧道工程材料、建筑材料、装饰材料、普通机械、化工原料、五金、交电、电子计算机及配件、金属材料、百货的批发、零售、代购代销。汪某洪在一审庭审中确认，其自电子公司成立后开始担任总经理，之后没有开过股东会，也没有变更过职务，直至离职。

1998 年 12 月 9 日，汪某洪参加电子公司中空锚杆企业标准审定会。15 日，电子公司发布、实施《电子公司企业标准　中空锚杆》，汪某洪在一审庭审中确认参与了上述企业标准的起草。

2001 年 3 月 15 日，汪某洪、项某珍、朱某火签订《电子公司有形资产分割协议》，约定：自 2001 年 1 月 1 日起，汪某洪将公司无形资产股权转让

---

① 案号：（2014）民提字第 90 号。

给项某珍与朱某火。同日，汪某洪、项某珍、朱某火签订《股份转让协议书》，约定：无形资产包括公司名称、品牌、形象、商标、汪某洪的一种先锚后灌型锚杆锚头装置专利、客户信息、全部的技术资料等，上述无形资产总价200万元，汪某洪部分的73.34万元转让给项某珍、朱某火；从2001年1月1日起电子公司归项某珍、朱某火所有，汪某洪不对电子公司负任何责任，但若有涉及电子公司2000年12月底前的有关事项，汪某洪负法律规定的相应责任；股份转让后汪某洪不得从事锚杆系列产品的生产和销售，也不得帮助他人从事锚杆系列产品的生产和销售。2001年8月15日，电子公司股东会决议：审议、通过原法定代表人汪某洪提出的退股要求；审议、通过原法定代表人汪某洪提出的股权转让日为2001年1月1日。

汪某洪领取电子公司发放的1998年12月、1999年4月至12月的工资。2000年1月至2001年8月，电子公司为汪某洪缴纳企业基本养老保险。2002年2月21日，汪某洪签字确认领取金额为19000元、用途标注为“2001年工资款”的款项一笔，并在领款凭证上签字。

2001年12月15日，汪某洪向国家知识产权局申请了名为“组合式锚杆”的发明专利（即本案诉争专利），授权公告日为2008年2月20日。其独立权利要求为：一种组合式锚杆，其特征在于中空锚杆杆体经连接段与实心锚杆杆体连接构成整体，中空锚杆杆体的中空内孔即为注浆通道，连接段的强度是在中空锚杆杆体原有强度的5倍以内，出浆通孔在连接段上，出浆通孔分别与注浆通道和锚孔相通，排气通道一端与大气相通、另一端与锚孔相通并在锚孔内侧。

◆法院裁决

一审法院认为：汪某洪的离职时间为2001年8月14日之后，距离诉争专利的申请日2001年12月15日不足1年。汪某洪长期在电子公司从事高级管理工作，代表电子公司对锚杆系列产品的经营负责，且在汪某洪与项某珍、朱某火签订的股份转让协议书中有涉及保密和择业限制的条款。汪某洪作为电子公司的法定代表人，其职责范围自然包括负责电子公司的技术改进，并承担相应的责任。因此，根据上述规定，诉争专利为汪某洪离职后1

年内作出的职务发明创造，该专利权应当归电子公司所有。

二审法院认为：汪某洪、项某珍、朱某火签订的《股份转让协议书》明确约定从 2001 年 1 月 1 日起电子公司归项某珍、朱某火所有，汪某洪不对电子公司负任何责任，但若有涉及电子公司 2000 年 12 月底前的有关事项，汪某洪负法律规定的相应责任。据此，汪某洪离开电子公司的时间应确定为 2000 年 12 月 31 日，该时间距诉争专利申请日 2001 年 12 月 15 日不足 1 年。诉争专利与电子公司的主营业务均属锚杆领域，具有直接的市场竞争关系，且汪某洪作为电子公司的总经理，仅在退职后 1 年内就提出诉争专利申请，在这种情形下，应认定诉争专利与汪某洪在电子公司从事的工作具有关联性，属于职务发明。汪某洪就此提出的上诉理由不能成立。

再审法院认为：从《股份转让协议书》的约定来看，自 2001 年 1 月 1 日起，汪某洪不再是电子公司的员工，汪某洪的离职时间为 2000 年 12 月 31 日。结合电子公司在本案提审阶段提交的证据，汪某洪亲笔填写、确认其于 1998 年 8 月至 2000 年 12 月期间就职于电子公司，其与汪某洪申请本案诉争专利的时间 2001 年 12 月 15 日未超出 1 年。汪某洪在电子公司的工作职责与工作内容不仅仅是宏观上的领导与管理，还包括负责具体的技术工作。电子公司的经营范围为锚杆产品的生产与销售，故对锚杆产品的质量改进和技术研发属于汪某洪的本职工作范畴。诉争专利与汪某洪在电子公司承担的本职工作具有关联性，故依法维持二审判决。

◆案例评析及法律风险提示

本案是一起有关职务发明创造专利权权属纠纷的案件，案件的争议焦点主要是汪某洪的离职时间，以及诉争专利是否与汪某洪在电子公司任职期间承担的本职工作有关，即是否属于职务发明创造。

职务发明创造是执行本单位的任务或者主要是利用本单位的物质技术条件所完成的发明创造。职务发明创造申请专利的权利属于该单位，申请被批准后，该单位为专利权人。此处的“本单位”包括临时工作单位，此处的“执行本单位的任务所完成的职务发明创造”是指：（一）在本职工作中作出的发明创造；（二）履行本单位交付的本职工作之外的任务所作出的发明创造；

（三）退职、退休或者调动工作后 1 年内作出的，与其在原单位承担的本职工作或者原单位分配的任务有关的发明创造。

本案中，由于诉争专利是在再审申请人汪某洪离职之后申请的，因此确定其真正的离职时间及判断诉争专利技术与其在原单位的本职工作是否有关联，成为判断诉争专利是否为职务发明创造的关键。法院主要是根据汪某洪与其他股东签订的《股份转让协议书》及汪某洪成立新公司时亲笔填写的相关信息来综合考虑确定的。判断诉争专利是否与汪某洪在前单位任职期间承担的本职工作相关，主要是从该单位的经营范围、汪某洪在该单位的本职工作、诉争专利与汪某洪本职工作的关联性来逐步确定的。最终，法院认为诉争专利系汪某洪离开电子公司后 1 年内作出的与在电子公司的本职工作相关的发明创造，应依法认定为职务发明创造，专利权应当归属于原单位电子公司。

职务发明创造的权属纠纷是企业日常经营中常常遇到的一类问题。如果处理不好，很可能使企业投入人力、物力研发的成果成为别人的知识产权。职务发明创造可以是员工在职期间完成，也可以是员工退职、退休或者调动工作后 1 年内完成。但是，后者还需要证明该发明创造与员工在原单位承担的本职工作或者原单位分配的任务“有关”。这里的“有关”，是指职务发明创造的技术特征与发明人在原单位承担的本职工作或执行任务时所接触的技术方案有关联性，但并不需要一一对应的关系。司法解释中对如何判断是否“有关”未作具体规定，笔者认为应着重从以下几个方面考察：（1）是否属于相同技术领域；（2）是否解决相同或相似的技术问题；（3）是否属于对原技术的进一步改进；（4）是否属于对原技术的变劣；（5）是否采用相同或相似的技术工艺、路线、方法。

在证明某项发明创造是职务发明创造时，应注重采用能够证明本职工作内容或本单位交付的任务内容的相关证据。实践中，常见的此类证据有：劳动合同、保密协议、立项报告、实验记录、工作日志、会议记录、验收报告、年终总结、离职交接手续等文件。这些文件与员工的日常工作有密切关联，从中可以获取与职务发明创造有关的线索。相应地，这就需要企业在日常经营过程中做好此类证据材料的制作、保管工作，应当建立规范的科研文档管理制度，将研发过程中的工艺、步骤、设备、人员、工作任务等落实到书面文件中，做到有据可查。

案例 4：美 × 家居公司与深圳 ×× 公司、佛山 ×× 公司等侵害外观设计专利权纠纷上诉案①

◆案情简介

2015 年 1 月 13 日，美 × 家居公司向国家知识产权局申请名称为“三人沙发（B5501-2）”的外观设计专利，于 2015 年 6 月 10 日获得授权，专利号为 ZL201530009283.1。在天猫网站美 × 家居公司开设的“美 × 美家官方旗舰店”中，涉案外观设计专利产品有“美 × 美家复兴映像大三人沙发”“美 × 美家复兴映像三人沙发”“美 × 美家复兴映像单人沙发”三款，为“复兴映像”系列。根据美 × 家居公司提供的客户订单及送货单显示，其专利产品根据尺寸不同有三种售价：105599 元、79999 元、61599 元，美 × 家居公司认为其大三人、三人、单人沙发产品的最低毛利率分别为 65.7%、66.4%、67.9%。

深圳 ×× 公司成立于 2011 年 11 月 30 日，经营范围为家居销售。2017 年 3 月 20 日，美 × 家居公司申请网页保全证据公证，进入“×× 公司”网站。官网显示：“×× 公司是一家逾十年沉淀的电商家具企业，集研发、生产、企划、销售于一体的规范化家具企业，数十家行业内供应合作伙伴为知名大厂家。旗下拥有卫 × 理等四大电商品牌，并分别在天猫开设了旗舰店，主营高端欧式家具，其中卫 × 理连续五年高端家具销量领跑，整体家具类目 TOP9，客单价高达 2.1 万，是行业均值的 7.6 倍。”“卫 × 理主营高端欧式实木家具，连续五年线上高端欧式实木家具销量第一，也是 ×× 公司的主打品牌。”

点击“在线商城”中的“卫 × 理旗舰店”，即进入天猫网站的“卫 ×

① 案号：（2019）苏民终 144 号。

理旗舰店”，其经营者营业执照信息显示为佛山××公司，该店铺内的沙发产品中有“卫×理欧式家具TJ美式实木真皮沙发简美客厅橡木沙发组合铆钉H3”商品（商品ID531354093354），总销量116，评价25。点击进入该产品，显示预售价7288—29100元，预订件数11件，累计评价31。商品详情显示，“产地：广东省，地市：深圳市，品牌：卫×理，型号：19331H3”。店铺首页的“线下体验”部分显示，其有东莞、南京、杭州等线下体验店，点击进入“卫×理·南京”，显示“卫×理A类南京卫共店”，地址为某家居中心的经营场所地址。2017年3月27日，美×家居公司委托代理人申请对被告某家居中心的经营场所进行侵权产品购买公证，订购了三位沙发一件（型号19331H3），并刷卡支付货款10278元，2017年6月2日完成收货。2017年6月23日，美×家居公司登录天猫网站“卫×理旗舰店”查看涉案“卫×理美式家具ON美式实木真皮沙发简美客厅橡木沙发123组合H3”商品的总销量为214，评价37。

美×家居公司向一审法院起诉请求：深圳××公司立即停止生产、销售侵犯涉案外观设计专利权的沙发产品，佛山××公司、某家居中心立即停止销售、许诺销售侵犯涉案外观设计专利权“三人沙发（B5501-2）”的沙发产品，并赔偿损失及合理费用。被告主要的抗辩观点是：被控侵权产品使用的是现有设计；被控侵权产品与涉案专利不同，未落入保护范围；被控侵权产品有合法来源，不应当承担侵权责任；被告获利有限，不应承担高额赔偿等。

◆法院裁决

一审法院认为：被诉侵权产品与涉案外观设计均为沙发产品。涉案外观设计的要点为其形状，即产品外部的点、线、面的移动、变化、组合而呈现的外表轮廓。将公证购买的被诉侵权三人位沙发产品与涉案外观设计进行比对，两者区别点对外观设计整体视觉效果没有显著影响，两者实质性相同。深圳××公司未经许可，制造、销售被诉侵权产品，佛山××公司许诺销售、销售被诉侵权产品，某家居中心销售被诉侵权产品，均侵犯了涉案专利权。从保护专利权人的合法权利、维护正常的市场经济秩序、制止侵害专利权违法行为的角度综合考虑，确定深圳 ×× 公司、佛山 ×× 公司共同赔偿美 × 家居公司经济损失 150 万元，合理费用 172778 元。

二审法院认为：被诉侵权的四款沙发虽然存在沙发座位数目的增减变化，但属于将涉案外观设计作为设计单元按照该种类产品的常规排列方式作重复排列或者将其排列的数量作增减变化，系对涉案专利设计要素进行的简单变化，并未进行实质性改变，故均属于与涉案外观设计专利实质性相同的设计，落入了专利权的保护范围。深圳 ×× 公司、佛山 ×× 公司关于合法来源的抗辩，缺乏事实和法律依据，不能成立。将被诉侵权的四款沙发的销售数量与美 × 家居公司对应产品的最低零售价以及 10% 的合理利润率相乘，作为美 × 家居公司因涉案侵权行为所受到的损失是合理的，计算出的数额已高于 150 万元。故一审判决酌定的 150 万元损失赔偿额，是适当的。

◆案例评析及法律风险提示

本案涉及外观专利侵权纠纷，涉案产品是原告企业设计、制造的一款经典沙发，无论是销量还是知名度，都在行业内处于领先地位。被告一方面在自己的官网中声称其是集研发、生产、企划、销售于一体的规范化家具企业，另一方面在发生侵权后，又声称被控侵权产品并非自己设计、制造而是从第三方采购，并试图通过“合法来源抗辩”来免除赔偿责任。但一审和二审法院均未采纳被告这一抗辩理由，除了被告在这方面提交的证据不充分之外，法院也认为，即便被控侵权产品是第三方制造，但根据在案证据可以证明深圳 ×× 公司所谓的采购，实则是委托生产或贴牌加工，这也不符合“合法来源抗辩”的构成要件。本案两级法院虽然没有支持原告起诉的赔偿金额，但根据查明的事实及考量的因素，判决被告承担 150 万元的赔偿责任，这在此前的外观设计侵权领域是不多见的。被告在一审也提供了一份《案例引证报告》，该报告以沙发产品侵害外观设计专利权纠纷的二审判决作为检索条件，得到 96 份判决。其中，判决支持赔偿请求的单个案件最高赔偿额为 28 万元，最低为 1 万元，平均赔偿数额为 7.6543 万元 / 案。与本案类似的案例判决赔偿数额为 12 万元至 16 万元，平均赔偿数额为 14 万元 / 案。故结合以上分析，深圳 ×× 公司、佛山 ×× 公司认为，即便本案构成侵权，建议法院采取全国平均数 7.6 万元的赔偿数额。但法院并未支持这一金额，原因在于原告提交了大量与损害赔偿计算有关的证据，比如：被告在天猫店的销量数据、原告产品的毛利率、被告产品的毛利率、被告的侵权主观恶意、侵权时间、侵权规模，特别是其自认的生产、销售能力和业绩等，这些赔偿考量因素与其他类案有所不同。

此外，法院在确定本案赔偿金额时，还考虑了以下因素：（1）涉案专利系家具产品的外观设计，其所呈现出的整体美感对于促进消费者的购买欲望起着积极的引导作用，属于该类产品的主要价值体现部分，尤其是对于高档家具而言。（2）美 × 家居公司及其商标所具有的相应知名度势必将投射至其涉案外观设计专利产品，故可以据此考量并酌定损失赔偿数额。（3）美 × 家居公司涉案外观设计专利产品的销售价格，以及合理的产品利润率；被诉侵权产品较大的销售数量、不菲的销售价格以及同时存在线上及线下两种销售模式等，均影响对本案赔偿数额的酌定。

本案无论从原告角度还是被告角度，都给企业在知识产权管理和维权方面提供了非常好的经验启示。从专利权人角度来说，要积极整理、挖掘被告侵权赔偿证据，特别是侵权产品的销量、售价、销售规模、主观恶意、广告宣传等方面的证据，这些证据对法院确定赔偿额会起到至关重要的作用，切不可仅用一句“适用法定赔偿”而将赔偿金额的计算工作推给法院，让法院酌定。殊不知，即便是法定赔偿，赔偿金额的高低与原告的举证也存在密切关系，如果没有任何证据而仅仅让法院适用法定赔偿，那么赔偿金额怎么会高呢？从被告角度来看，应该在设计、生产、销售、委托加工、采购等环节，重视知识产权的侵权风险预防工作，不能存在侥幸心理。现阶段，国家对知识产权保护及侵权打击力度空前加大，作为市场经营主体，理应尽快适应这种外部环境变化，尊重原创，尊重他人知识产权，在产品上市前，可以自行或委托第三方专业机构进行侵权风险分析和规避，避免因自己的不当行为而产生侵权纠纷。

第五节　企业专利管理制度范本

一、总则

第一条　为促进企业技术创新能力，激发员工发明创造的积极性，积累专利无形资产，充分发挥专利制度在保护企业科技成果方面的重要作用，根据我国《专利法》《专利法实施细则》等相关法律、法规，结合本公司情况，制订本制度。

第二条　公司的专利管理目标：在公司内牢固树立专利意识；技术创新与专利管理紧密结合，专利管理贯穿研究开发、生产和经营的全过程。充分依靠和运用专利制度，使专利机制成为促进企业技术创新的主要动力机制和保护机制，鼓励和调动企业员工的积极性，为企业技术创新以及生产、经营全过程服务。

第三条　专利名词解释：本制度中所称的专利是指发明、实用新型和外观设计。发明，是指对产品、方法或者其改进所提出的新的技术方案。实用新型，是指对产品的形状、构造或者其结合所提出的适于实用的新的技术方案。外观设计，是指对产品的形状、图案或者其结合以及色彩与形状、图案的结合所作出的富有美感并适于工业应用的新设计。

本制度中所称的职务发明创造，是指执行本单位的任务或者主要是利用本单位的物质技术条件所完成的发明创造。职务发明创造申请专利的权利属于单位，申请被批准后，单位为专利权人。

二、专利管理部门

第四条　总经理主管和协调专利管理工作，对公司专利管理工作全面负责。

第五条　公司设立知识产权部，知识产权部在总经理领导下具体负责公司的专利管理工作，以及与专利有关的法律事务工作。具体职责如下：

（一）对公司各部门进行专利培训，培养员工的专利意识；

（二）协同研发部进行专利挖掘和布局的前期准备工作；

（三）对研发人员申报的专利申请方案进行评估、审核，确定申请方案；

（四）对外部专利代理机构撰写的申请文件进行审核、修改；

（五）监控公司专利各项时限，确保专利申请和维护工作有序进行；

（六）参与公司专利转让、许可谈判，拟定和审核相关合同文本；

（七）建立和有效管理公司专利档案，对公司专利进行分级管理，确保专利档案的完整性；

（八）对研发人员申报专利的数量和质量进行考核、评定，对职务发明创造的奖励和报酬进行前期审批并报送总经理批准；

（九）负责公司科研项目的前期检索分析和专利侵权预警工作；

（十）负责应对专利纠纷，协调与外部专利律师的案件代理工作，最大限度地维护公司合法利益；

（十一）其他与专利管理有关的事务。

三、技术项目研发工作机制

第六条　公司强调技术创新对公司发展的重大意义，并鼓励各部门和员工积极开展业务范围内的技术创新。技术创新工作应当与公司的专利管理紧密结合。

第七条　在技术研发项目立项之前，研发部应当先会同市场部对项目的市场前景进行分析，同时会同知识产权部对项目所涉技术领域进行初步的专利文献检索。其目的在于避免重复研究，向决策层提出预立项项目应采取引进、合作或自主研发的建议。

第八条　技术研发项目立项申请由研发部向决策层提出后，由知识产权部会同研发部对该技术项目涉及的技术领域进行国内外专利文献的详细检索，在分析国内外专利信息的基础上，出具专利检索报告，并会同市场部提出能获得最大市场效益的技术解决方案建议。以上专利检索报告和解决方案建议呈报决策层进行立项决策。

第九条　针对项目研发进展，知识产权部应当时刻与研发部保持沟通，在研发项目取得阶段性成果后，知识产权部应对该项目阶段性成果以及所涉及的技术领域进行必要的跟踪检索，及时向研发部和决策层提出该技术领域的研发动向及解决方案建议。

第十条　在研究开发完成后，知识产权部应对研发成果进行全面的分析评估，对技术成果进行专利挖掘，提出专利申请的方案，呈报总经理批准。专利申请方案应当包括拟申请专利的类型、级别、申请时间、申请地域、申请方式、申请费用、发明人、专利权人、授权的可能性等信息。

第十一条　对于开发完成的技术成果，经过分析评估后认为不适于申请专利的，要根据该成果对本公司的作用和意义，除从公司专利战略及实际经营出发需要公开的以外，应将其纳入公司商业秘密保护范围。具体保护措施由本公司发布的《企业商业秘密管理制度》来规范。

四、专利申请程序

第十二条　技术成果拟申请专利的，由技术项目负责人或发明人（设计人）向知识产权部提出专利申请报告，报告书中应列明技术方案的具体内容，相对于现有技术的创新之处，有益的效果等内容。

第十三条　知识产权部收到专利申请报告后，应当对拟申请专利的技术方案进行全面分析和评估，确定技术方案是否具有可专利性，并会同市场部根据该技术方案的经济价值、市场竞争价值大小，对专利申请进行分级。本公司专利分为三级：

一级专利是指具有一定的经济价值和竞争价值，一般是一些外围专利或创新性不是特别高的专利；

二级专利是指具有较高的经济价值和竞争价值，有较高创新性且能够为企业带来较高经济效益的专利；

三级专利是指具有重大的经济价值和竞争价值，系国内外首创或者符合该技术发展趋势的重要基础型专利或改进型专利。

知识产权部应当制定专利分级评价指标，对专利进行分级评估、管理。

第十四条 技术方案需要向国外申请专利的，知识产权部应当根据公司的运营战略，确定申请的国家或地区。

第十五条 知识产权部针对申报的技术方案进行分析、评估、分级后，根据本制度第十条之规定向总经理提出专利申请方案，经总经理审批后，开始专利申请的具体工作。

第十六条 针对特别重大的专利申请或布局工作，总经理认为有必要的，可提请公司董事会评议决定。

第十七条 知识产权部负责专利申请全流程的工作，发明人（设计人）负责专利技术交底书的撰写，知识产权部负责专利申请文件的撰写，研发部应当全力配合知识产权部完成专利申请的各项工作。

第十八条 经公司董事会批准后，公司可委托外部专利代理机构代为进行专利申请工作，但知识产权部应当对代理机构撰写的申请文件（包括权利要求书、说明书、说明书附图、说明书摘要等）或答复审查意见初稿进行仔细审核确认，并随时监控专利申请的流程、进度和质量。

第十九条 公司委托外部专利代理机构代为申请专利的，知识产权部应当与外部专利代理机构建立完善的沟通协调机制，确保外部专利代理机构能够完整地贯彻执行本公司的专利申请布局和申请质量。

第二十条 公司委托外部专利代理机构代为申请专利的，知识产权部应当定期对代理机构的撰写质量、委案数量、流程管理、服务态度、成本控制、时限管控等方面进行评分，对于评分不合格的代理人或代理机构，应当及时更换。

五、专利维护工作机制

第二十一条 对于已经提交的专利申请和已经授权的专利，由知识产权部负责跟踪监控，知识产权部应当每个季度向总经理汇报公司专利的维护情况。

第二十二条 知识产权部应当定期会同市场部评估专利申请和授权专利

的市场价值以及对公司经营战略的重要性，对拟在法定期限届满前放弃或终止的专利，予以充分论证确认，报请公司决策层批准后放弃或终止。

第二十三条　对于拟维持的专利申请和授权专利，知识产权部应当及时缴纳相关维持费或年费，以确保专利授权或继续有效。此部分工作委托外部专利代理机构办理的，知识产权部应当定期进行核查代理机构的缴费情况，确保没有遗漏。

第二十四条　针对他人提出宣告无效本公司专利的案件，知识产权部应当第一时间上报总经理，并提出解决方案。知识产权部负责应对专利无效案件的处理工作。

第二十五条　知识产权部应当建立专利档案，负责收集、整理专利技术方案从申请、答复审查意见、授权、无效、维权等全方位的资料，并确定相应人员进行管理。

六、专利运营工作机制

第二十六条　本公司专利许可和专利转让工作由知识产权部具体负责实施，知识产权部应做好专利许可或转让各项信息的收集、整理、统计工作。

第二十七条　知识产权部应当全程参与专利许可或转让的谈判工作，对许可或转让的价格应当进行前期评估，必要时，可以委托第三方无形资产评估机构对拟许可或转让的专利进行价值评估。

第二十八条　公司受让或被许可实施他人专利时，知识产权部应当做好拟受让或被许可专利的尽职调查工作，包括：权属调查、法律状态调查、专利稳定性调查、专利保护范围调查、侵权可能性调查等。调查完成后，形成书面报告上报公司决策层并做好风险预警工作。

第二十九条　知识产权部负责对专利许可或转让协议的起草、审核、修改工作，最大限度地维护公司利益，对于重大条款的确认，应当上报总经理，个别情况下由总经理上报董事会评议决定。

第三十条　公司定期对专利权及专利申请状况进行统计，由知识产权部会同公司财务部评估公司专利资产，评估结果纳入本公司财会核算管理体系。

第三十一条 知识产权部应每半年向董事会汇报公司专利运营情况、收支数据、专利资产评估情况，对于运营中出现的问题，应当及时提出解决方案。

七、职务发明创造奖励与报酬

第三十二条 公司鼓励员工在本职工作中或接受公司指派的任务，积极完成发明创造，公司将根据我国《专利法》的相关规定对完成发明创造的员工进行奖励，并根据发明创造推广应用的范围和取得的经济效益，给予发明人或设计人一定的报酬。

第三十三条 本制度规定的职务发明创造奖励与报酬的相关规定仅适用于在中国大陆完成的发明创造，且仅针对已经获得专利权的职务发明创造。

第三十四条 职务发明创造被授予专利权的，公司应当自专利权公告之日起 3 个月内发给发明人或者设计人奖金。一项发明专利的奖金不少于 3000 元，一项实用新型专利或者外观设计专利的奖金不少于 1000 元。

第三十五条 职务发明创造被授予专利权的，公司在专利权有效期限内，实施发明创造专利后，可在实施当年度针对一项发明专利一次性给予发明人不少于 1 万元的报酬，针对一项实用新型专利或外观设计专利一次性给予不少于 5000 元的报酬。

第三十六条 职务发明创造被授予专利权的，公司如果许可其他单位或者个人实施该专利，应当在许可实施当年度，作为报酬一次性支付给予发明人或者设计人不少于 2 万元的报酬。

八、专利保护工作机制

第三十七条 知识产权部负责公司专利保护的市场监视工作，及时掌握本行业专利申请及授权情况，对出现的侵权行为，由知识产权部进行综合分析后提出应对措施建议。采取措施的决定由公司决策层做出，具体工作由知识产权部落实。

第三十八条　知识产权部应当就涉及海关保护的专利进行筛选，按照我国《知识产权海关保护条例》，向海关总署申请办理知识产权海关保护备案手续。针对海关扣留的涉嫌侵权产品，应当及时确认是否构成侵权，并采取法律措施制止侵权行为。

第三十九条　知识产权部可以根据案件的具体情况，呈报总经理批准后，委托外部专利律师进行案件的代理工作。知识产权部应当仔细核查律师的资质和专业能力，应当要求律师提供执业证复印件、律师简介、类似案件办理经历、初步的解决方案等材料，以评估律师的专业性。

第四十条　委托外部律师办理案件的，知识产权部应当建立与外部律师的沟通机制，及时监控案件办理过程，审核律师提交的证据、法律文书、法律意见等材料，促使案件朝着有利于公司的方向发展。

第四十一条　知识产权部应当在案件办理过程中，寻求专利纠纷的多种解决方式，在不损害公司利益的前提下，可以通过和解等非诉讼方式解决专利纠纷。和解协议需报总经理批准，特别重大的专利纠纷和解协议需由总经理报董事会批准。

九、责任与处罚

第四十二条　公司员工不得就职务发明创造以自己的名义对外申请专利，违反者按严重违反公司规章制度处理，造成严重后果的，公司将依法追究员工的法律责任。

第四十三条　违反本制度的规定，造成专利资产损失的，公司有权要求其赔偿，并视具体情节，追究其相应的法律责任。

第四十四条　知识产权部工作人员玩忽职守、履行职责不当，造成公司损失的，按照严重违反公司规章制度处理，且公司有权要求其进行赔偿，情节严重的，公司依法追究其相应的法律责任。

十、附则

第四十五条 本制度在执行过程中如有与国家发布的法律、法规相抵触的，以国家法律、法规为准。

第四十六条 本制度由公司董事会负责解释和修订。

第四十七条 本制度自发布之日起正式实施。

第三章 企业商标管理

第一节 概述

商标是商品经济的产物，是随着商品生产和商品交换的发展而出现的。现代意义上的商标是指商品的生产者和经营者或者服务提供者，为了标明自己提供的商品或者服务与市场上其他生产者或经营者生产提供的类似商品或者服务的区别，在其商品或者服务上使用的一种标记。

商标日益成为企业重要的无形资产，在市场经济活动中发挥的作用也越来越大。以是否获得注册为标准，商标可以分为注册商标和未注册商标，注册商标是由国家商标行政管理机关根据我国《商标法》之规定依法核准注册的商业标识，而未注册商标则不需要由国家核准，企业可以自行使用，但未注册商标很难获得《商标法》的保护，除非具备一定的知名度。本书未作特别说明的，提及“商标”仅指注册商标。

一、商标的主要特点

显著性是商标最主要的特点。我国《商标法》第九条第一款规定：“申请注册的商标，应当有显著特征，便于识别，并不得与他人在先取得的合法权利相冲突。”缺乏显著特征的标志不得作为商标注册。众所周知，商标是区分商品或服务来源的标识，相关公众可以通过商标将不同主体之间的商品或服务区别开来。所以，商标的显著性是商标的本质特点和生命，缺乏显著性的标志无法发挥商标功能，也就不能作为商标注册。这类标志主要是：仅有本商品的通用名称、图形、型号的；仅直接表示商品的质量、主要原料、功能、用途、重量、数量及其他特点的。但这些标志经过使用取得显著特征，并便于识别的，就可以作为商标注册。

实践中，尽管有些标志一开始具备显著性，但由于权利人的不当使用也会导致逐渐丧失显著性，比如大家比较熟知的“阿司匹林”“优盘”等，一开始都是作为商标来使用，但由于使用不当淡化成了产品的通用名称，丧失了显著性，无法继续发挥商标的功能。

商标显著性的判定应当综合考虑构成商标的标志本身要素（含义、呼叫和外观构成）、商标指定使用商品、商标指定使用商品的相关公众的认知习惯、商标指定使用商品所属行业的实际使用情况等因素。

二、商标与品牌的关系

很多企业将商标和品牌混为一谈，在此，我们需要厘清商标与品牌的关系。品牌是一个商业概念，是从商业角度来解读企业商品或服务的标志，但它不是一个法律概念。而商标是一个法律概念，是经申请由国家核准而授予的一项知识产权。因此，两者不能等同。

但商标和品牌又有着千丝万缕的联系。可以说，品牌的外延更广，它是包含商标在内的企业综合实力的体现，包括商誉、企业名称、商号、具有一定影响的商品名称（包装、装潢）等能够体现企业市场或商业价值的所有标识都可以归入品牌的范畴。故我们可以将商标归为品牌的一个组成部分。

三、商标的分类

商标根据不同的标准可以划分为不同类别。比如，根据商标所包含的要素不同，可以将商标分为文字商标、字母商标、图形商标、数字商标、三维立体商标、颜色组合商标、声音商标或者以上要素的组合商标等。

根据商标的不同功能或用途来分，可以将商标分为商品商标、服务商标、集体商标、证明商标。商品商标是商标最基本的形式，主要用于区分不同生产者或销售者商品来源的标志。服务商标，是指用来区别不同服务提供者提供服务来源的标志。集体商标，是指以团体、协会或者其他组织名义注册，供该组织成员在商事活动中使用，以表明使用者在该组织中的成员资格的标志。证明商标，是指由对某种商品或者服务具有监督能力的组织所控制，而由该组织以外的单位或者个人使用于其商品或者服务上，用以证明该商品或者服务的原产地、原料、制造方法、质量或者其他特定品质的标志。

四、注册商标须由国家核准授予

自然人、法人或者其他组织在生产经营活动中，对其商品或者服务需要取得商标专用权的，应当向商标局申请商标注册。申请注册的商标，应当有显著特征，便于识别，并不得与他人在先取得的合法权利相冲突。注册商标的有效期为十年，自核准注册之日起计算。

商标注册申请人应当按规定的商品分类表填报使用商标的商品类别和商品名称，提出注册申请。商标注册申请人可以通过一份申请就多个类别的商品申请注册同一商标。

对于几种特殊商标的申请，《商标法实施条例》作了特别的规定：以三维标志申请商标注册的，应当在申请书中予以声明，说明商标的使用方式，并提交能够确定三维形状的图样，提交的商标图样应当至少包含三面视图。以颜色组合申请商标注册的，应当在申请书中予以声明，说明商标的使用方式。以声音标志申请商标注册的，应当在申请书中予以声明，提交符合要求的声音样本，对申请注册的声音商标进行描述，说明商标的使用方式。对声音商标进行描述，应当以五线谱或者简谱对申请用作商标的声音加以描述并附加文字说明。无法以五线谱或者简谱描述的，应当以文字加以描述。商标描述与声音样本应当一致。申请注册集体商标、证明商标的，应当在申请书中予以声明，并提交主体资格证明文件和使用管理规则。商标为外文或者包含外文的，应当说明含义。

商标局对受理的商标注册申请进行审查，且应当自收到商标注册申请文件之日起 9 个月内审查完毕，对符合规定或者在部分指定商品上使用商标的注册申请符合规定的，予以初步审定，并予以公告。对不符合规定或者在部分指定商品上使用商标的注册申请不符合规定的，予以驳回或者驳回在部分指定商品上使用商标的注册申请，书面通知申请人并说明理由。

五、不得作为商标使用的标志

前文已述，显著性是商标的主要特点，但并非所有具有显著性的标志都可以作为商标使用。因部分标志涉及公共利益或其他不良影响，故我国《商标法》将其列为“不得作为商标使用”的标志。这些标志主要有：

（一）同中华人民共和国的国家名称、国旗、国徽、国歌、军旗、军徽、军歌、勋章等相同或者近似的，以及同中央国家机关的名称、标志、所在地特定地点的名称或者标志性建筑物的名称、图形相同的；

（二）同外国的国家名称、国旗、国徽、军旗等相同或者近似的，但经该国政府同意的除外；

（三）同政府间国际组织的名称、旗帜、徽记等相同或者近似的，但经该组织同意或者不易误导公众的除外；

（四）与表明实施控制、予以保证的官方标志、检验印记相同或者近似的，但经授权的除外；

（五）同“红十字”“红新月”的名称、标志相同或者近似的；

（六）带有民族歧视性的；

（七）带有欺骗性，容易使公众对商品的质量等特点或者产地产生误认的；

（八）有害于社会主义道德风尚或者有其他不良影响的。

县级以上行政区划的地名或者公众知晓的外国地名，不得作为商标。但是，地名具有其他含义或者作为集体商标、证明商标组成部分的除外。已经注册的使用地名的商标继续有效。

六、商标国际注册

商标国际注册，是指根据《商标国际注册马德里协定》（以下简称马德里协定）、《商标国际注册马德里协定有关议定书》（以下简称马德里议定书）及《商标国际注册马德里协定及该协定有关议定书的共同实施细则》的规定办理的马德里商标国际注册。马德里商标国际注册申请包括以中国为原属国的商标国际注册申请、指定中国的领土延伸申请及其他有关的申请。

商标国际注册主要解决企业商标国际布局的问题，使企业的商标在中国之外的国家或地区得到保护。以中国为原属国申请商标国际注册的，应当在中国设有真实有效的营业场所，或者在中国有住所，或者拥有中国国籍。符合上述规定的申请人，其商标已在我国商标局获得注册的，可以根据马德里协定申请办理该商标的国际注册，或者已向商标局提出商标注册申请并被受理的，可以根据马德里议定书申请办理该商标的国际注册。

以中国为原属国申请商标国际注册的，应当通过商标局向世界知识产权组织国际局（以下简称国际局）申请办理。以中国为原属国的，与马德里协定有关的商标国际注册的后期指定、放弃、注销，应当通过商标局向国际局申请办理，与马德里协定有关的商标国际注册的转让、删减、变更、续展，可以通过商标局向国际局申请办理，也可以直接向国际局申请办理。以中国为原属国的，与马德里议定书有关的商标国际注册的后期指定、转让、删减、放弃、注销、变更、续展，可以通过商标局向国际局申请办理，也可以直接向国际局申请办理。

商标国际注册申请指定的商品或者服务不得超出国内基础申请或者基础注册的商品或者服务的范围。通过商标局向国际局申请商标国际注册及办理其他有关申请的，应当提交符合国际局和商标局要求的申请书和相关材料。在中国获得保护的国际注册商标，有效期自国际注册日或者后期指定日起算。在有效期届满前，注册人可以向国际局申请续展，在有效期内未申请续展的，可以给予6个月的宽展期。商标局收到国际局的续展通知后，依法进行审查。国际局通知未续展的，注销该国际注册商标。

七、著名商标与驰名商标

企业商标具备一定知名度后，将有机会被认定为著名商标或驰名商标。企业的商标如能够认定为著名商标或驰名商标，将产生积极意义。比如，在商标侵权纠纷中，判断商标是否近似，应当考虑请求保护注册商标的显著性和知名度。在商标申请注册过程中，就不相同或者不相类似商品申请注册的商标是复制、摹仿或者翻译他人已经在中国注册的驰名商标，误导公众，致使该驰名商标注册人的利益可能受到损害的，不予注册并禁止使用。可见，企业的商标被认定为著名商标或驰名商标后，可以获得更有力的保护。

按照《最高人民法院关于审理涉及驰名商标保护的民事纠纷案件应用法律若干问题的解释》之规定，驰名商标，是指在中国境内为相关公众广为知晓的商标。在我国，国家知识产权局可以依照《商标法》的规定，根据审查、处理案件的需要以及当事人提交的证据材料，依照申请对其商标驰名情况作出认定。同时，人民法院根据案件具体情况，认为确有必要的，也可以对所涉商标是否驰名作出认定。所以，驰名商标的认定是出于审查、处理具体案件的需要而对涉案商标进行的认定，属于个案认定、动态认定和事实认定，其会随着时间的推移而发生变化，故驰名商标绝不应看作一种一劳永逸的荣誉称号。生产、经营者不得将“驰名商标”字样用于商品、商品包装或容器上，或者用于广告宣传、展览以及其他商业活动中。

认定驰名商标应当考虑下列因素：（1）相关公众对该商标的知晓程度；（2）该商标使用的持续时间；（3）该商标的任何宣传工作的持续时间、程度和地理范围；（4）该商标作为驰名商标受保护的记录；（5）该商标驰名的其他因素。在涉及驰名商标保护的民事纠纷案件中，当事人主张认定商标驰名的，应当根据案件具体情况，提供下列证据，证明被诉侵犯商标权或者不正当竞争行为发生时，其商标已属驰名：（1）使用该商标的商品的市场份额、销售区域、利税等；（2）该商标的持续使用时间；（3）该商标的宣传或者促销活动的方式、持续时间、程度、资金投入和地域范围；（4）该商标曾被作为驰名商标受保护的记录；（5）该商标享有的市场声誉；（6）证明该商标已属驰名的其他事实。前述所涉及的商标使用的时间、范围、方式等，包括其核准注册前持续使用的情形。对于商标使用时间长短、行业排名、市场调查报告、市场价值评估报告、是否曾被认定为著名商标等证据，人民法院应当结合认定商标驰名的其他证据，客观、全面地进行审查。

我国《商标法》《商标法实施条例》及相关司法解释中并未对“著名商标”的概念和认定标准进行规定。通常来说，著名商标的认定由各地省级或较大的地级市的工商行政管理部门负责。笔者调查发现，我国几乎所有的省份都规定了各自的著名商标认定和保护办法。一般来说，著名商标是指在某一特定区域内为相关公众知晓、在该区域市场上享有较高声誉并依照当地著名商标认定办法的规定予以认定的商标。认定著名商标需要考虑商标核准注册的时间；使用该商标的商品市场覆盖面和占有率；使用该商标商品近几年的销售额、利税或者出口创汇额；使用该商标商品的质量稳定性；商标所有人有严格的商标印刷、使用、宣传、管理、保护制度和措施等因素。著名商标也非一劳永逸，一般来说，著名商标的有效期是三年，自公告之日起计算，期满前由该著名商标所有人重新提出认定申请。

与驰名商标禁止进行广告宣传所不同的是，现行法律和行政法规并未禁止著名商标所有人和使用人在商品包装、装潢和广告等载体上使用“著名商标”的字样和标识。但近年来，也有人提出：在现实中被广泛滥用于商业宣传的著名商标，根本没有上位法依据。实施二十多年的著名商标制度或将退出历史舞台。[①]不管怎样，即便未来著名商标制度被废止，作为企业来说，仍需要积极将自身商标打造成市场认可的知名品牌，这对企业商标的保护有重要意义。

八、商标的异议和无效宣告

对初步审定公告的商标，自公告之日起三个月内，任何人认为违反《商

---

① 《一百零八名在校研究生“撼动”地方立法，实施二十多年的著名商标制度将退出历史舞台》，载中国质量新闻网，http://www.cqn.com.cn/zgzlb/content/2017-11/20/content_5132169.htm，最后访问时间：2018 年 4 月 8 日。

标法》相关规定的，可以向商标局提出异议。公告期满无异议的，予以核准注册，发给商标注册证，并予公告。应当说明的是，上述违反《商标法》相关规定主要是指以下情形：

1. 不以使用为目的的恶意商标注册申请。

2. 将《商标法》中规定的不得作为商标使用的标志申请注册。

3. 将《商标法》中规定的不得作为商标注册的标志申请注册。

4. 以三维标志申请注册商标的，将仅由商品自身的性质产生的形状、为获得技术效果而需有的商品形状或者使商品具有实质性价值的形状注册成商标。

5. 商标代理机构除对其代理服务申请商标注册外，申请注册的其他商标。

除以上情形，任何人可以向商标局提出异议外，在先权利人、利害关系人认为违反我国《商标法》相关规定的，也可以向商标局提出异议。此处的“相关规定”主要是指以下情形：

1. 就相同或者类似商品申请注册的商标是复制、摹仿或者翻译他人未在中国注册的驰名商标，容易导致混淆的，不予注册并禁止使用。就不相同或者不相类似商品申请注册的商标是复制、摹仿或者翻译他人已经在中国注册的驰名商标，误导公众，致使该驰名商标注册人的利益可能受到损害的，不予注册并禁止使用。

2. 未经授权，代理人或者代表人以自己的名义将被代理人或者被代表人的商标进行注册，被代理人或者被代表人提出异议的，不予注册并禁止使用。就同一种商品或者类似商品申请注册的商标与他人在先使用的未注册商标相同或者近似，申请人与该他人具有前款规定以外的合同、业务往来关系或者其他关系而明知该他人商标存在，该他人提出异议的，不予注册。

3. 商标中有商品的地理标志，而该商品并非来源于该标志所标示的地区，误导公众的，不予注册并禁止使用；但是，已经善意取得注册的继续有效。

4. 申请注册的商标，凡不符合《商标法》有关规定或者同他人在同一种商品或者类似商品上已经注册的或者初步审定的商标相同或者近似的，由商标局驳回申请，不予公告。

5. 两个或者两个以上的商标注册申请人，在同一种商品或者类似商品上，以相同或者近似的商标申请注册的，初步审定并公告申请在先的商标；同一天申请的，初步审定并公告使用在先的商标，驳回其他人的申请，不予公告。

6. 申请商标注册不得损害他人现有的在先权利，也不得以不正当手段抢先注册他人已经使用并有一定影响的商标。

商标异议制度是在商标注册过程中，给公众一个提意见的机会，它使得商标注册程序处于公开状态，有利于保护在先权利人、利害关系人，维护社会公共利益和公序良俗，也有利于社会公众对商标审查工作进行监督。

如果异议没有被国家知识产权局采纳，则商标局将作出准予注册的决定，发给商标注册证，并予公告。此时，异议人不服的，可以向国家知识产权局请求宣告该注册商标无效。商标无效宣告程序中的申请人及无效理由与商标异议程序中的异议人及异议理由基本一致。当然，针对国家知识产权局的裁定，任何一方不服的还可以向人民法院起诉，寻求司法救济。经法定程序宣告无效的注册商标，由商标局予以公告，该注册商标专用权视为自始即不存在。

九、侵犯注册商标专用权的表现形式

我国《商标法》第五十七条对侵犯注册商标专用权的行为进行了列举：（1）未经商标注册人的许可，在同一种商品上使用与其注册商标相同的商标的；（2）未经商标注册人的许可，在同一种商品上使用与其注册商标近似的商标，或者在类似商品上使用与其注册商标相同或者近似的商标，容易导致混淆的；（3）销售侵犯注册商标专用权的商品的；（4）伪造、擅自制造他人注册商标标识或者销售伪造、擅自制造的注册商标标识的；（5）未经商标注册人同意，更换其注册商标并将该更换商标的商品又投入市场的；（6）故意为侵犯他人商标专用权行为提供便利条件，帮助他人实施侵犯商标专用权行为的；（7）给他人的注册商标专用权造成其他损害的。可见，《商标法》对侵犯注册商标专用权的行为并未采用封闭式列举，而是在列举了几类典型的商标侵权行为后，以“给他人的注册商标专用权造成其他损害”这一原则进行了开放式立法，以应对实践中尚未纳入前述具体商标侵权行为类型，但的确会对注册商标造成损害的其他情形。

在同一种商品或者类似商品上将与他人注册商标相同或者近似的标志作为商品名称或者商品装潢使用，误导公众的，属于《商标法》第五十七条第（二）项规定的侵犯注册商标专用权的行为。为侵犯他人商标专用权提供仓储、运输、邮寄、印制、隐匿、经营场所、网络商品交易平台等，属于《商标法》第五十七条第（六）项规定的提供便利条件。

根据《最高人民法院关于审理商标民事纠纷案件适用法律若干问题的解释》的相关规定，"给他人注册商标专用权造成其他损害的行为"主要有：（1）将与他人注册商标相同或者相近似的文字作为企业的字号在相同或者类似商品上突出使用，容易使相关公众产生误认的；（2）复制、摹仿、翻译他人注册的驰名商标或其主要部分在不相同或者不相类似商品上作为商标使用，误导公众，致使该驰名商标注册人的利益可能受到损害的；（3）将与他人注册商标相同或者相近似的文字注册为域名，并且通过该域名进行相关商品交易的电子商务，容易使相关公众产生误认的。

应当指出的是，并非所有未经许可使用注册商标的情形都视为商标侵权行为，为平衡商标权利人与社会公众的利益，商标法律制度中专门设计了商标"合理使用"制度，即被控侵权人如果是合理使用商标，商标权利人应当予以容忍，此种情形不视为侵犯注册商标专用权。例如：注册商标中含有的本商品的通用名称、图形、型号，或者直接表示商品的质量、主要原料、功能、用途、重量、数量及其他特点，或者含有的地名，注册商标专用权人无权禁止他人正当使用。三维标志注册商标中含有的商品自身的性质产生的形状、为获得技术效果而需有的商品形状或者使商品具有实质性价值的形状，注册商标专用权人无权禁止他人正当使用。商标注册人申请商标注册前，他人已经在同一种商品或者类似商品上先于商标注册人使用与注册商标相同或者近似并有一定影响的商标的，注册商标专用权人无权禁止该使用人在原使用范围内继续使用该商标，但可以要求其附加适当区别标识。

对于侵害注册商标专用权的行为，商标注册人或者利害关系人可以向人民法院起诉。所谓"利害关系人"，包括注册商标使用许可合同的被许可人、注册商标财产权利的合法继承人等。根据被许可方式的不同，商标使用许可合同的被许可人分为三种类型，即独占使用许可合同的被许可人、排他使用许可合同的被许可人、普通使用许可合同的被许可人，但他们的诉权有所区别。独占使用许可合同的被许可人可以单独向人民法院提起诉讼。排他使用许可合同的被许可人可以和商标注册人共同起诉，也可以在商标注册人不起诉的情况下，自行提起诉讼。普通使用许可合同的被许可人经商标注册人明确授权，可以提起诉讼。

因侵害注册商标专用权行为提起的民事诉讼，由侵权行为的实施地、侵权商品的储藏地或者查封扣押地、被告住所地人民法院管辖。侵权商品的储藏地，是指大量或者经常性储存、隐匿侵权商品所在地。查封扣押地，是指海关、工商等行政机关依法查封、扣押侵权商品所在地。对涉及不同侵权行为实施地的多个被告提起的共同诉讼，原告可以选择其中一个被告的侵权行为实施地人民法院管辖，仅对其中某一被告提起的诉讼，该被告侵权行为实施地的人民法院有管辖权。

根据《最高人民法院关于审理商标民事纠纷案件适用法律若干问题的解释》第十八条规定，侵犯注册商标专用权的诉讼时效为三年，自商标注册人或者利害权利人知道或者应当知道权利受到损害以及义务人之日起计算。商标注册人或者利害关系人超过三年起诉的，如果侵权行为在起诉时仍在持续，在该注册商标专用权有效期限内，人民法院应当判决被告停止侵权行为，侵权损害赔偿数额应当自权利人向人民法院起诉之日起向前推算三年计算。

侵犯注册商标专用权应当承担停止侵害、排除妨碍、消除危险、赔偿损失、消除影响等民事责任。但注册商标专用权人请求赔偿，被控侵权人以注册商标专用权人未使用注册商标提出抗辩的，人民法院可以要求注册商标专用权人提供此前三年内实际使用该注册商标的证据。注册商标专用权人不能证明此前三年内实际使用过该注册商标，也不能证明因侵权行为受到其他损失的，被控侵权人不承担赔偿责任。另外，销售不知道是侵犯注册商标专用权的商品，能证明该商品是自己合法取得并说明提供者的，不承担赔偿责任。

关于侵害商标专用权的赔偿数额，通常按照权利人因被侵权所受到的实际损失确定。实际损失难以确定的，可以按照侵权人因侵权所获得的利益确定。权利人的损失或者侵权人获得的利益难以确定的，参照该商标许可使用费的倍数合理确定。对恶意侵犯商标专用权，情节严重的，可以在按照上述方法确定数额的一倍以上五倍以下确定赔偿数额。赔偿数额应当包括权利人为制止侵权行为所支付的合理开支。人民法院为确定赔偿数额，在权利人已经尽力举证，而与侵权行为相关的账簿、资料主要由侵权人掌握的情况下，可以责令侵权人提供与侵权行为相关的账簿、资料。侵权人不提供或者提供虚假的账簿、资料的，人民法院可以参考权利人的主张和提供的证据判定赔偿数额。权利人因被侵权所受到的实际损失、侵权人因侵权所获得的利益、注册商标许可使用费难以确定的，由人民法院根据侵权行为的情节判决给予500万元以下的赔偿。

在确定侵权人的赔偿责任时，可以根据权利人选择的计算方法计算赔偿数额。上述因被侵权所受到的损失，可以根据权利人因侵权所造成商品销售减少量或者侵权商品销售量与该注册商标商品的单位利润乘积计算。侵权所获得的利益，可以根据侵权商品销售量与该商品单位利润乘积计算，该商品单位利润无法查明的，按照注册商标商品的单位利润计算。

司法实践中，由于权利人难以对实际损失或侵权获利进行有效举证，故大多数商标侵权纠纷案件，法院采用的是法定赔偿制度。人民法院在确定赔偿数额时，应当考虑侵权行为的性质、期间、后果，商标的声誉，商标使用许可费的数额，商标使用许可的种类、时间、范围及制止侵权行为的合理开支等因素综合确定。制止侵权行为所支付的合理开支，包括权利人或者委托代理人对侵权行为进行调查、取证的合理费用以及符合国家有关部门规定的律师费。

第二节　企业商标管理操作实务

企业商标管理操作，贯穿从商标申请注册到商标使用，再到商标运营和保护的整个过程。作为企业商标管理人员，应当掌握的实务技能主要有以下几个方面：

一、商标申请注册的基本常识

注册商标专用权依申请并被国家核准授予后产生。商标注册申请人应当按规定的商品分类表填报使用商标的商品类别和商品名称，提出注册申请。商标注册申请人可以通过一份申请就多个类别的商品申请注册同一商标。注册商标需要在核定使用范围之外的商品上取得商标专用权的，应当另行提出注册申请。注册商标需要改变其标志的，应当重新提出注册申请。

企业在申请商标之前，通常需要进行商标查询工作，当然，商标查询并非商标申请注册的必经程序，但商标查询有利于企业全面了解拟申请商标的注册情况，可以使企业更客观理性地判断拟申请商标的授权概率，减少盲目申请，降低企业成本。商标查询工作可以在国家知识产权局商标局官方网站（中国商标网）中的“商标查询”栏目进行。需要指出的是，该栏目仅为社会公众提供商标注册申请信息查询功能，但该系统的数据信息并非实时更新，有一定滞后性，仅供参考，不具有法律效力。该栏目可以进行商标近似查询、商标综合查询和商标状态查询。商标近似查询主要是按图形、文字等商标组成要素分别提供近似检索功能，用户可以自行检索在相同或类似商品上是否已有相同或近似的商标。商标综合查询主要是指用户可以按商标号、商标、申请人名称等方式，查询某一商标的有关信息。商标状态查询主要是指用户可以通过商标申请号或注册号查询有关商标在业务流程中的状态。通常在申请商标前的查询主要是商标近似查询，进行商标近似查询需要查询者输入拟查询商标所在的商品或服务国际分类号，该系统提供汉字、拼音、英语、数字、字头、图形六种查询方式。通过该种方式查询，企业可以对商标申请的成功率作出初步判断。

国内企业申请商标注册或者办理其他商标事宜，有两种途径：一是自行办理；二是委托依法设立的商标代理机构办理。自行办理的，直接到商标局注册大厅或地方商标审查协作中心和地方商标受理窗口办理。外国人或者外国企业在中国申请商标注册和办理其他商标事宜的，应当委托依法设立的商标代理机构办理，但在中国有经常居所或者营业所的外国人或外国企业除外。

申请商标注册，应当按照公布的商品和服务分类表填报。每一件商标注册申请应当向商标局提交《商标注册申请书》一份、商标图样一份；以颜色组合或者着色图样申请商标注册的，应当提交着色图样；不指定颜色的，应当提交黑白图样。商标注册申请人可以通过一份申请就多个类别的商品申请注册同一商标。每件商标每申请办理任何一项注册事宜都视为一件申请，应提交办理相应事宜的申请书件，并按规定缴纳费用。

二、企业商标申请策略

企业商标申请策略是指企业将商标申请注册工作运用于企业的经营活动之中，以带动和影响整个企业的经营活动，是企业知识产权战略的组成部分，并随企业经营战略的调整而调整。企业商标申请策略应立足长远，从宏观角度对商标工作作出规划和指导。实施企业商标申请策略可以全面提升企业创立自主品牌意识，加强商标运用和应对竞争的能力，以商标整合企业的技术、管理、营销等优势，形成自身的核心竞争力，可以引导企业改进竞争模式，加强技术创新，提高产品质量和服务质量，丰富商标内涵，增加商标附加值，提高商标知名度，创立知名品牌。

笔者认为，企业商标申请策略应当从以下几个方面谋划：

（一）制订适合企业长远发展的商标申请类别规划

商标申请须按照《类似商品和服务区分表》中规定的类别进行申请，除少数知名企业进行全类别注册外，大多数企业仅局限在与自身经营范围有关的类别进行注册。但随着企业的不断发展，知名度不断提高，经营范围不断扩大，如果企业此时想将已经有一定知名度的商标在其他类别上申请注册，往往发现已经被他人抢先注册，这就导致企业在此类别上丧失商标权，不利于企业品牌形象的保护。因此，企业应当根据自身发展规划来制订相应的商标申请布局策略，尽早规划在可能涉及的产业领域进行商标申请，以免未来陷入被动局面。

（二）制订适合企业长远发展的商标申请地域规划

商标权具有地域性，通过我国国家商标局审查并授权的商标，仅在中国大陆法域范围内有效并获得我国《商标法》的保护，但随着全球经济一体化的发展，国际合作和国际贸易的繁荣，中国企业的商品和服务正迅速走向海外。因此，企业在考虑商标申请注册时，还应根据自身战略发展目标，制订相应的海外注册规划。让商标在企业商品和服务所到之处都能获得当地《商标法》保护，防止他人在海外进行商标抢注。

（三）防御商标申请策略

防御商标是指商标所有人在该注册商标核定使用的商品（服务）或类似商品（服务）以外的其他不同类别的商品或服务上注册的若干相同商标，为防止他人在这些类别的商品或服务上注册使用相同的商标。原商标为主商标，其余为防御商标。防御商标的申请注重的是对主商标的保护，防止他人在与主商标核定使用的商品（服务）以外的其他不同类别上抢注与主商标相同或近似的商标。当然，如果企业在商标申请部分的预算有限，也可以在与自身主营业务相关或相近的几个类别申请防御商标，以阻却他人在该类别的申请。

（四）联合商标申请策略

联合商标是指同一商标所有人在同一种或类似商品上注册的若干近似商标。这些商标中首先注册的或者主要使用的为主商标，其余的则为联合商标。联合商标的功能在于防止他人在相同或类似商品上注册与商标所有人近似的商标，从而构成公众混淆。

三、商标的使用管理与维护

企业商标管理人员应当对自己企业申请的商标进行梳理，并建立商标档案，包括商标的注册号、注册人、核定使用的商品、注册有效期等信息，以便进行日常管理和维护。

（一）商标使用的管理

商标的使用，是指将商标用于商品、商品包装或者容器以及商品交易文书上，或者将商标用于广告宣传、展览以及其他商业活动中，用于识别商品来源的行为。企业应当正确、规范使用注册商标，若使用注册商标不规范，比如，在使用注册商标的过程中，自行改变注册商标、注册人名义、地址或者其他注册事项的，地方工商行政管理部门可以责令限期改正，期满不改正的，由商标局撤销其注册商标。使用注册商标，可以在商品、商品包装、说明书或者其他附着物上标明“注册商标”或者注册标记。注册标记包括“㊟”和“®”。使用注册标记，应当标注在商标的右上角或者右下角。

商标的使用行为是发挥商标基本功能的表现，国家鼓励积极使用商标的行为，但对于那些注册商标后闲置不用，甚至待价而沽的行为，将坚决予以规制。我国《商标法》第四十九条第二款规定：“注册商标成为其核定使用的商品的通用名称或者没有正当理由连续三年不使用的，任何单位或者个人可以向商标局申请撤销该注册商标。商标局应当自收到申请之日起九个月内做出决定。有特殊情况需要延长的，经国务院工商行政管理部门批准，可以延长三个月。”此处的正当理由主要是指：不可抗力；政府政策性限制；破产清算；其他不可归责于商标注册人的正当事由。

（二）商标的维护

注册商标的有效期为十年，自核准注册之日起计算。企业商标管理人员应当定期对企业注册商标进行清理，针对企业常用商标应当按时续展，以维持商标注册专用权的有效性，对于因企业经营战略调整而不打算继续使用的商标应当及时建议放弃，不再进行维护，以降低企业成本。

注册商标有效期满，需要继续使用的，商标注册人应当在期满前十二个月内按照规定办理续展手续。在此期间未能办理的，还可以有六个月的宽展期。每次续展注册的有效期为十年，自该商标上一届有效期满次日起计算。期满未办理续展手续的，商标局将注销其注册商标。商标局核准商标注册续展申请的，发给相应证明并予以公告。

针对不打算使用的注册商标，商标注册人也可以申请注销其商标或注销其商标在部分指定商品上的注册。商标注册人申请注销其注册商标或者注销其商标在部分指定商品上的注册的，应当向商标局提交商标注销申请书，并交回原《商标注册证》。商标注册人申请注销其注册商标或者注销其商标在部分指定商品上的注册，经商标局核准注销的，该注册商标专用权或者该注册商标专用权在该部分指定商品上的效力自商标局收到其注销申请之日起终止。

四、商标的许可与转让

企业注册商标除了自己使用之外，有时基于商务活动的需要也会对外进行许可或转让。商标的许可和转让是企业积极进行商标运营工作的体现，是实现商标价值的主要方式。

（一）商标许可

商标注册人可以通过签订商标使用许可合同，许可他人使用其商标。许可人应当监督被许可人使用其商标的商品质量。经许可使用他人注册商标的，必须在使用该注册商标的商品上标明被许可人的名称和商品产地。许可他人使用其注册商标的，许可人应当将其商标使用许可报商标局备案，由商标局公告。许可人应当在许可合同有效期内向商标局备案并报送备案材料。备案材料应当说明注册商标使用许可人、被许可人、许可期限、许可使用的商品或者服务范围等事项。商标使用许可未经备案不得对抗善意第三人。

商标许可合同应当包括的内容主要有：（1）许可人和被许可人的名称、地址；（2）许可使用的商标名称、注册证号；（3）许可使用注册商标的商品或者服务项目范围；（4）许可人监督商品或服务质量和被许可人保证商品或服务质量的措施；（5）许可使用注册商标的期限；（6）许可使用的形式；（7）许可使用费的数额及其支付方式；（8）许可使用商品的标识提供方式；（9）被许可人的名称和商品产地的标示方式；（10）违约责任。

商标使用许可合同按照许可的权限范围大小可以分为：商标独占使用许可合同、商标排他使用许可合同、商标普通使用许可合同。

商标独占使用许可合同，是指合同约定商标注册人在约定的期间、地域和以约定的方式，将该商标仅许可一个被许可人使用，商标注册人依约定不得使用该商标。

商标排他使用许可合同，是指合同约定商标注册人在约定的期间、地域和以约定的方式，将该商标仅许可一个被许可人使用，商标注册人依约定可以使用该商标但不得另行许可他人使用该商标。

商标普通使用许可合同，是指合同约定商标注册人在约定的期间、地域和以约定的方式，许可他人使用其商标，并可自行使用该商标和许可他人使用其商标。

需要注意的是，商标的转让不影响转让前已经生效的商标使用许可合同的效力，但商标使用许可合同另有约定的除外。

（二）商标转让

根据我国《商标法》的相关规定，转让注册商标的，转让人和受让人应当签订转让协议，并共同向商标局提出申请。商标局核准转让注册商标申请的，发给受让人相应证明，并予以公告。受让人自公告之日起享有商标专用权。也就是说，当事人双方仅签订商标转让合同并不产生商标专用权转移的法律后果，受让方在商标局核准转让并公告转让结果后才享有商标专用权。商标转让协议应当包含的内容主要有：（1）转让双方的名称、主体资格证明、地址、联络方式等；（2）被转让商标的详细资料（商标名称、注册号）；（3）商标的转让价格和付款方式；（4）商标转让人的权利与义务；（5）商标受让人的权利与义务；（6）违约责任；（7）纠纷的处理方式。

另外，为了防止相同或近似商标在使用过程中产生混淆或误认，转让注册商标的，商标注册人对其在同一种或者类似商品上注册的相同或者近似的商标，应当一并转让，未一并转让的，由商标局通知其限期改正。期满不改正的，视为放弃该移转注册商标的申请。

五、商标维权实务

企业注册商标被侵权后，可以通过行政和司法两种途径分别进行维权。笔者在此简要介绍一下这两种维权模式，供企业参考。

（一）行政保护

商标权的行政保护，主要是通过各地工商行政管理部门（市场监督管理部门）和海关进行保护。

根据我国《商标法》的相关规定，侵犯注册商标专用权行为，引起纠纷的，当事人不愿协商或者协商不成的，商标注册人或者利害关系人可以向人民法院起诉，也可以请求工商行政管理部门处理。工商行政管理部门处理时，认定侵权行为成立的，责令立即停止侵权行为，没收、销毁侵权商品和主要用于制造侵权商品、伪造注册商标标识的工具，违法经营额 5 万元以上的，可以处违法经营额五倍以下的罚款，没有违法经营额或者违法经营额不足 5 万元的，可以处 25 万元以下的罚款。对 5 年内实施两次以上商标侵权行为或者有其他严重情节的，应当从重处罚。销售不知道是侵犯注册商标专用权的商品，能证明该商品是自己合法取得并说明提供者的，由工商行政管理部门责令停止销售。对侵犯商标专用权的赔偿数额的争议，当事人可以请求进行处理的工商行政管理部门调解。

针对进出口货物中的商标侵权行为，企业也可以寻求海关保护。如要获得知识产权海关保护，首先应当将注册商标向海关总署申请备案。申请书应当包含以下内容：

1. 商标权利人的名称或者姓名、注册地或者国籍等；
2. 商标的名称、内容及其相关信息；
3. 商标许可行使状况；
4. 商标权利人合法行使商标权的货物的名称、产地、进出境地海关、进出口商、主要特征、价格等；
5. 已知的侵犯商标权货物的制造商、进出口商、进出境地海关、主要特征、价格等。

商标权海关保护备案自海关总署准予备案之日起生效，有效期为10年。商标有效的，商标权利人可以在商标权海关保护备案有效期届满前6个月内，向海关总署申请续展备案。每次续展备案的有效期为10年。商标权海关保护备案有效期届满而不申请续展或者商标权不再受法律、行政法规保护的，商标权海关保护备案随即失效。

权利人如发现侵权嫌疑货物即将进出口的，可以向货物进出境地海关提出扣留侵权嫌疑货物的申请。海关发现进出口货物有侵犯备案商标权嫌疑的，将立即书面通知商标权利人。商标权利人自通知送达之日起3个工作日内提出申请，并提供担保，海关将扣留侵权嫌疑货物。商标权利人逾期未提出申请或者未提供担保的，海关将不会扣留货物。被扣留的侵权嫌疑货物，经海关调查后认定侵犯商标权的，由海关予以没收。被没收的侵犯商标权的货物可以用于社会公益事业的，海关应当转交给有关公益机构用于社会公益事业。商标权利人有收购意愿的，海关可以有偿转让给商标权利人。被没收的侵犯商标权货物无法用于社会公益事业且商标权利人无收购意愿的，海关可以在消除侵权特征后依法拍卖，但对进口假冒商标货物，除特殊情况外，不能仅清除货物上的商标标识即允许其进入商业渠道，侵权特征无法消除的，海关应当予以销毁。

（二）司法保护

在司法保护商标权方面，主要是通过民事诉讼和刑事诉讼的方式进行。

侵害商标专用权的，商标注册人或利害关系人可以向有管辖权的人民法院提起诉讼，要求被控侵权者承担停止侵害、排除妨碍、消除危险、赔偿损失、消除影响等民事责任。因侵害注册商标专用权行为提起的民事诉讼，由侵权行为的实施地、侵权商品的储藏地或者查封扣押地、被告住所地人民法院管辖。前述“侵权商品的储藏地”，是指大量或者经常性储存、隐匿侵权商品所在地。“查封扣押地”，是指海关、市场监管等行政机关依法查封、扣押侵权商品所在地。

在商标侵权民事诉讼中，需要了解商标相同和商标近似的判定标准。商标相同，是指被控侵权的商标与原告的注册商标相比较，二者在视觉上基本无差别。商标近似，是指被控侵权的商标与原告的注册商标相比较，其文字的字形、读音、含义或者图形的构图及颜色，或者其各要素组合后的整体结构相似，或者其立体形状、颜色组合近似，易使相关公众对商品的来源产生误认或者认为其来源与原告注册商标的商品有特定的联系。《商标法》所称的“相关公众”，是指与商标所标识的某类商品或者服务有关的消费者和与前述商品或者服务的营销有密切关系的其他经营者。认定商标相同或者近似按照以下原则进行：以相关公众的一般注意力为标准；既要进行对商标的整体比对，又要进行对商标主要部分的比对，比对应当在比对对象隔离的状态下分别进行；判断商标是否近似，应当考虑请求保护注册商标的显著性和知名度。

在商标侵权民事诉讼中，还有一个比较复杂的问题，即对类似商品或服务的判断。类似商品，是指在功能、用途、生产部门、销售渠道、消费对象等方面相同，或者相关公众一般认为其存在特定联系、容易造成混淆的商品。类似服务，是指在服务的目的、内容、方式、对象等方面相同，或者相关公众一般认为存在特定联系、容易造成混淆的服务。商品与服务类似，是指商品和服务之间存在特定联系，容易使相关公众混淆。认定商品或者服务是否类似，应当以相关公众对商品或者服务的一般认识综合判断，《商标注册用商品和服务国际分类表》《类似商品和服务区分表》可以作为判断类似商品或者服务的参考。但需要注意的是，在进行商标或服务类似性判断时，对于商标的知名度或驰名度等因素，不应作为参考因素，而应仅仅针对商品或服务本身的特性予以比较。

严重侵害商标专用权的行为可以构成犯罪。我国现行《刑法》规定了三种与商标有关的刑事犯罪：假冒注册商标罪；销售假冒注册商标的商品罪；非法制造、销售非法制造的注册商标标识罪。

假冒注册商标罪规定为：未经注册商标所有人许可，在同一种商品、服务上使用与其注册商标相同的商标，情节严重的，处三年以下有期徒刑，并处或者单处罚金；情节特别严重的，处三年以上十年以下有期徒刑，并处罚金。前述“同一种商品、服务”主要是指名称相同的商品、服务以及名称不同但指同一事物的商品、服务。“名称”是指国家知识产权局商标局在商标注册工作中对商品使用的名称，通常即《商标注册用商品和服务国际分类》中规定的商品、服务名称。“名称不同但指同一事物的商品、服务”是指在功能、用途、主要原料、消费对象、销售渠道等方面相同或者基本相同，相关公众一般认为是同一种事物的商品、服务。认定“同一种商品、服务”，应当在权利人注册商标核定使用的商品、服务和行为人实际生产销售的商品和提供的服务之间进行比较。

销售假冒注册商标的商品罪规定为：销售明知是假冒注册商标的商品，违法所得数额较大或者有其他严重情节的，处三年以下有期徒刑，并处或者单处罚金；违法所得数额巨大或者有其他特别严重情节的，处三年以上十年以下有期徒刑，并处罚金。

非法制造、销售非法制造的注册商标标识罪规定为：伪造、擅自制造他人注册商标标识或者销售伪造、擅自制造的注册商标标识，情节严重的，处三年以下有期徒刑，并处或者单处罚金；情节特别严重的，处三年以上十年以下有期徒刑，并处罚金。

可见，通过刑事诉讼的方式维护商标权利，对被控侵权者的打击和震慑力更大。因此，针对一般的商标侵权行为，企业可以采用民事诉讼的方式制止侵权并获得相应赔偿。针对严重的商标侵权行为，特别是侵权产品数量巨大，给企业造成严重损失，对商标声誉造成重大损害的，企业可以向公安机关报案，通过刑事诉讼的途径依法维权。

第三节　常见法律风险与防范措施

商标在企业知识产权体系中占据重要位置，几乎每家企业都会遇到商标问题，实践中，因商标而产生的纠纷数量仅次于著作权纠纷，在知识产权纠纷案量中一直占据比较大的比重。商标合同纠纷、商标权属纠纷、商标侵权纠纷是企业常见的商标纠纷。作为企业商标管理工作者，我们需要了解与商标有关的法律风险及相应的防范措施。

一、因不重视申请前的查询检索而导致商标申请被驳回

在申请注册商标前，最好针对拟申请的商标文字、图案、颜色等要素及商品（服务）类别进行初步查询检索。尽管申请前的查询检索并非商标申请的必需步骤，但通过查询检索，可以了解拟申请商标的在先申请状况，规避不当或授权前景渺茫的申请，节约企业商标注册成本。

商标注册前的查询工作并非简单的检索在先申请的相同或近似商标，而且还需要针对检索的结果进行综合评判，以判断这些在先申请的商标是否构成对拟申请商标核准授权的法律障碍。检索人员在商标申请方面具有丰富的理论和实践经验，才能给出专业建议。

因此，笔者建议企业在申请注册商标前，应当自行或委托专业的商标代理机构进行检索查询，避免因盲目申请注册商标而被商标局驳回。

二、因忽视商标申请战略规划导致商标被他人抢注

近年来，商标被抢注的情形十分普遍。当然，商标被抢注的现象并非中国所独有，在世界其他国家和地区都会存在商标抢注现象，这种现象发生的深层次原因无疑是“傍名牌”的利益驱动。商标被抢注至少会对企业带来两种不利后果：一是企业产品不能直接以原有商标进入抢注地市场，如果要进入，只能另换其他商标，这对企业无形资产将造成无法估量的损失；二是抢注者可以把自己的产品冠以抢注的知名商标进入市场，挤压被抢注商标企业的市场空间，造成市场混淆。可见，商标被抢注直接影响企业正常经营活动，也直接影响市场竞争秩序。

商标抢注现象发生的法律原因在于商标申请制度本身。我们知道，商标申请具有地域性，不同国家之间针对相同或近似商标在相同或类似商品上可以进行商标注册。同时，在同一国家或地区，商标注册遵循“一标一类”的原则，允许相同或近似商标在不相同或不类似的商品类别上进行注册。以上均会导致商标抢注问题。但通过调查也可以发现，企业在商标申请策略上缺

乏战略规划，也是造成商标被抢注的重要原因。大多数企业对商标的作用和重要性没有足够的认识，在商标申请问题上没有做好规划，不论是在申请类别还是申请地域方面，都缺乏远见。

笔者建议，企业应当具备“商标先行”的理念，根据企业自身发展的战略规划，在未来商品可能进入的国家、地区及商品类别中预先申请注册核心商标，为商品的后续进入扫清商标壁垒。这种事先预防式的商标注册布阵策略，可以有效地防止他人恶意抢注，这也是成本支出最低的应对方式。同时，企业应通过各种方式对商标进行正确使用和宣传，将核心商标打造成知名商标，商标的知名度越高，在对抗抢注行为方面就越占优势。总之，商标被抢注并不可怕，通过正确的事前预防措施，可以在较大程度上规避。

三、外国企业因忽视中文商标的注册导致在中国市场开拓受阻

外国企业的商标中通常包含外文字样，该商标的主要使用地是该企业所在国家，但随着国际贸易的快速发展，中国市场已经成为全球许多企业争相进入的地区。为便于开拓中国市场，外国企业通常会以自身外文商标为基础，起一个中文名称，作为在中国推广、宣传的主要品牌。

然而，许多外国企业却忽视对其中文品牌的申请注册，导致中文品牌在国内被其经销商、合作者或其他人所抢注。这无疑会对外国企业在中国的品牌建设及市场开拓造成法律障碍。企业不得不寻求商标异议、无效、诉讼等手段来阻止抢注者的注册和使用行为，但这种事后补救的方式将消耗企业大量时间和物质成本。

因此，外国企业应当重视对其外文商标所对应的中文标识的法律保护，及时申请注册商标。相关公众耳熟能详的中文标识更应当做好商标申请规划，在相关类别上申请注册商标。另外，外国企业在与中国合作者签订的合作协议中，也应当约定外文商标相对应的中文标识的权利归属及使用规范，一旦发生中文标识被抢注的情形，也可以通过合作协议约定的条款确定中文标识的权利归属并要求对方承担违约责任。

四、因企业使用商标不当导致商标淡化而丧失显著性

商标的使用，是指将商标用于商品、商品包装或者容器以及商品交易文书上，或者将商标用于广告宣传、展览以及其他商业活动中，用于识别商品来源的行为。使用商标最重要的功能是识别商品来源，但如果不当使用商标，将会造成商标淡化，无法发挥商标的功能和作用。

商标淡化，是指未经权利人许可，将与注册商标相同或相似的文字、图形及其组合在其他不相同、不类似的商品（服务）上使用或其他不当使用，从而减少、削弱该注册商标的识别性和显著性的行为。美国 1996 年《联邦商标反淡化法》（*Federal Trademark Anti-Dilution Act*）将商标淡化定义为"减少、削弱驰名商标对其商品或服务的识别性和显著性能力的行为"。

实践中，商标淡化的案例很多，比如大家熟知的"优盘""阿司匹林""拍客"等，这些原本的注册商标都淡化成了通用名称。可以说，商标淡化成通用名称与权利人的商标使用方式有很大关系。权利人虽然注册了商标，但并未将这些注册商标作为商标来使用，而是作为商品的名称来使用，并且在使用过程中不自觉地用商标指代商品名称。久而久之，相关公众也就自然而然地将该注册商标当作该类商品的通用名称，不再认为是区分商品来源的商标，权利人也未就此加以制止或规范引导，从而造成商标淡化。

实际上，商标淡化后，注册商标就进入公有领域，任何人都可以使用，这对企业前期的商标申请和布局工作都会造成很大损失。所以，企业一定要清楚商标的本质特点并规范使用商标，防止商标淡化而使企业商标工作陷入被动局面。

五、因三年未使用注册商标而被撤销

根据我国《商标法》的规定：注册商标没有正当理由连续三年不使用的，任何单位或者个人可以向商标局申请撤销该注册商标。商标局应当自收到申请之日起九个月内做出决定。另外，注册商标专用权人请求赔偿，被控侵权

人以注册商标专用权人未使用注册商标提出抗辩的，人民法院可以要求注册商标专用权人提供此前三年内实际使用该注册商标的证据。注册商标专用权人不能证明此前三年内实际使用过该注册商标，也不能证明因侵权行为受到其他损失的，被控侵权人不承担赔偿责任。

商标的价值在于使用而不在于注册，所以，只有使用中的商标才会产生其应有的价值，才符合商标法律制度的立法目的。如果只是囤积注册商标而不使用，将破坏商标制度，阻碍经济发展。因此，企业应当积极、规范使用注册商标，发挥商标在经济活动中的重要作用，防止注册商标因三年未使用而被撤销。同时，企业还应保存好商标使用的证据材料。关于使用的证据材料，包括商标注册人使用注册商标的证据材料和商标注册人许可他人使用注册商标的证据材料。

六、因企业管理制度不规范而产生商标转让纠纷

实践中，因商标转让产生的纠纷主要涉及以下几个方面：

1. 非商标注册人真实意思表示而产生纠纷。即转让商标并未得到商标注册人的同意，而且商标转让的行为也侵害了商标注册人的合法权益。

2. 转让的具体商标客体不明确而产生纠纷。即由于商标转让合同中对转让客体未明确约定，当事人双方对转让的商标客体产生争议，对转让哪一款商标无法达成一致意见。

3. 转让的商标因侵犯他人在先权利而产生纠纷。即被转让的商标存在侵犯他人在先权利的情形，导致注册商标无法正常使用甚至被宣告无效，由此而产生纠纷。

4. 因忽视受让方的“优先转让权”而产生纠纷。即当事人双方存在对某个商标“优先转让权”的约定，商标权利人未遵守该约定，直接将商标转让给第三方，从而违反了“优先转让权”约定。

5. 因未履行转让过程中的付款、配合义务而产生纠纷。例如，未按时足额支付转让费、未依约向商标局提出转让申请、未将同一种或者类似商品上注册的相同或者近似的商标一并转让等。

以上这些商标转让纠纷的产生大多是企业在商标管理工作方面的不规范所造成。因为商标转让需要转让人和受让人向商标局提交转让注册商标申请书，转让注册商标申请手续应当由转让人和受让人共同办理，所以转让人在转让注册商标申请书上的签字或盖章十分重要，应当体现其真实意思表示。实践中，当商标注册人是企业法人时，如何判断商标转让行为系公司真实意思表示？一般来说，公司在商标转让协议或商标转让申请书上盖章即可以认为同意该商标转让，但如果该商标转让违背公司利益，未按照公司章程由股东会议或董事会决议进行处分，则该转让行为系无权处分行为，在得到追认前，该商标转让关系不成立，商标权权属不发生变化。如国家商标局已经核准该商标转让，则利益受损的股东或公司可以要求人民法院确认商标权利归属，并以此生效判决为基础，向国家商标局申请变更商标注册人。

可见，规范的企业管理制度是商标管理工作得以顺利进行的基础和保障，企业应当建立现代化的管理制度，规范运营、交易的各个环节，以减少人为因素造成的纠纷和损失。

七、因商标许可合同未备案导致商标多重许可

我们知道，商标独占许可、排他许可制度将限制商标在某一时间、地域范围内的许可对象，但商标权利人为一己之私，存在对外多重独占许可的可能，加之知识产权本身所具备的特殊性和市场信息不对称，往往会引发被许可人之间激烈的利益冲突。当企业作为商标独占使用人发现商标注册人又将该商标独占许可给其他人使用，该如何应对?

根据我国《商标法》的相关规定：商标注册人可以通过签订商标使用许可合同，许可他人使用其注册商标。许可他人使用其注册商标的，许可人应当将其商标使用许可报商标局备案，由商标局公告。商标使用许可未经备案不得对抗善意第三人。可见，商标许可合同备案并非该合同生效的要件，但未备案的合同不能对抗善意第三人，即如果商标注册人再次将商标许可给第三人，该第三人是善意的，原商标许可合同不能阻止该第三人获得商标许可使用权。因此，在商标存在多重许可的风险下，商标被许可方应尽量对商标

许可合同进行备案，以对抗在后的商标许可行为，保护自己的商标许可使用权不受影响。

八、因未明确商标许可的类型而引发纠纷

商标许可类型包括独占实施许可、排他实施许可、普通实施许可三种，三种许可类型所隐含的权利范围各不相同。笔者发现，企业在签订商标许可合同时，大多对许可类型并未进行明确约定，这将导致在后续履行许可协议的过程中对许可方式产生纠纷。因此，在签订商标许可协议时，应当在协议中明确许可类型，且许可类型也直接关系到许可费的高低，这在许可合同谈判时更加需要企业注意。

还需说明的是，商标许可合同的当事人双方在签订许可合同时，由于对法律的不了解，往往在合同文本中对合同条款的用词不规范，从而产生歧义。实践中，常见的是在商标许可使用合同中对“独家许可”的不同解读。由于在《商标法》及相关的法律、法规、司法解释中并未对“独家许可”进行明确规定，商标使用许可合同的双方对此有不同认识，这种不同认识直接影响了商标使用许可的权利范围。如果将“独家许可”解释成“独占许可”，则商标所有人在许可期限内不能使用该商标，如果将其解释成“排他许可”，则商标所有人在许可期限内可以继续使用该商标，这势必会对被许可方造成损害。笔者认为，“独家许可”，顾名思义，是指只有一家可以使用，应当解释为“独占许可”。这一观点也得到相关判例支持，比如上海市第一中级人民法院在一商标使用许可合同纠纷案民事判决书[①]中认为：被告出具给原告公司的授权书载明“权利内容：中华人民共和国独家制造与销售”，可以表明商标权利人授权原告使用涉案商标的授权方式符合我国商标法律规定的独占实施许可方式。

所以，为避免上述不必要的纷争，企业应当在签订商标许可合同时，规范许可使用类型条款，明确约定许可使用的类型。

---

① 案号：（2012）沪一中民五（知）初字第250号。

九、因忽视商标被许可人的商品质量而承担侵权责任

我国《商标法》规定，商标许可人应当监督被许可人使用其注册商标的商品质量，被许可人应当保证使用该注册商标的商品质量。这说明，商标许可人不是简单地将商标许可给他人后就万事大吉，其还需要针对被许可人的商品质量进行监督，保证商品质量符合要求。

通常认为，商标是区分商品来源最重要的标识，相关公众是通过商标的显著性区别特征来认定商品的生产者，商标许可人或许并未参与商品制造，但其将自己的注册商标许可他人放在商品上使用的行为，极易导致公众认为商标许可人与商品具有密切关联性，进而认定商标许可人参与了商品制造行为。企业作为商标许可人如果不注意此类风险，则极有可能在侵权纠纷中和被许可人一起作为共同被告而承担法律责任。

笔者建议，商标许可人在许可合同中除约定商标许可使用的若干事宜外，还应当针对被许可人的商品质量提出要求，并约定监督、控制和追偿等条款。一方面可以对被许可人的商品质量进行把控；另一方面一旦发生侵权纠纷，商标许可人承担相应责任后还可以向被许可人追偿。

十、销售者因未尽到合理的注意义务而承担赔偿责任

一般来说，销售不知道是侵犯注册商标专用权的商品，能证明该商品是自己合法取得并说明提供者的，不承担赔偿责任。这是商标法对侵权商品的销售者设定的免赔规定。但适用此规定的前提条件是销售者不知道销售的是侵权商品且能证明合法来源、说明提供者。所以，企业作为销售者一定要对自己销售的商品是否侵犯他人商标权进行必要核实，尽到合理的注意义务，并应当签订书面合同，保留相关进货凭证、付款凭证等以备未来产生纠纷时证明商品的合法来源。

销售者是否知道其销售的是侵犯注册商标专用权的商品，是否具有过错，应结合被控侵权商品的知名度、销售商的经营规模以及销售商应尽到的

合理注意义务等予以综合考量。对于注册商标知名度较高、销售商经营规模较大的情形，销售者对其经销的商品应当负有较高的审查义务。

第四节 典型案例评析

案例 1：环保公司与美 × 股份公司侵害商标权纠纷案[①]

◆案情简介

美 × 股份公司成立于 1996 年 11 月 18 日，系第 1085319 号商标、第 1085325 号商标、第 9489514 号商标、第 674556 号商标、第 1173323 号商标的权利人，上述商标均在有效期内。第 1085319 号商标、第 1085325 号商标核定使用商品均为第 11 类：热水器、微波炉、电冰柜、电风扇、电水壶等。第 9489514 号商标核定使用商品为第 11 类：空气加热器、空气再热器等。第 674556 号商标核定使用商品为第 11 类：空中飞行器用照明装置、电灯、空气调节装置、空调风扇等。第 1173323 号商标核定使用商品为第 11 类：冷冻设备、电冰箱、空调器、电风扇等。

环保公司成立于 2007 年 8 月 17 日。集团公司原系环保公司的股东之一，后于 2010 年 4 月 19 日将其股份转让给案外某公司。

2002 年 12 月 30 日，美 × 股份公司与集团公司签订商标使用许可合同一份，约定美 × 股份公司将使用在第 11 类电吹风、脱排油烟机商品上的第 582313 号图形商标许可集团公司使用在相同商品上，许可使用的期限自 2002 年 1 月 1 日起至 2012 年 2 月 8 日止。2003 年 1 月 16 日，双方又签订了商标使用许可补充协议一份，约定双方就第 11 类包括第 1085319 号、第 1085325 号、第 674556 号、第 1173323 号商标在内的共 9 个商标的使用许可已达成协议，美 × 股份公司承诺在上述商品商标注册期满，得以续展至

① 案号：（2016）浙 02 民终 2010 号。

2032 年 12 月 31 日，并继续许可集团公司使用。

2007 年 12 月 21 日，集团公司与环保公司签订商标使用权许可协议书一份，约定：集团公司许可环保公司在环保公司自身生产和销售的商品上使用集团公司的商标及标识，协议所指商品为加湿器、除湿器、制氧机、空气净化器、反渗透产品、果蔬解毒清洗机、护眼灯；集团公司授权环保公司许可使用的商标及标识，环保公司不得以任何形式许可第三方使用；集团公司许可环保公司使用的商标及标识仅限于协议约定的商品，前述商品系环保公司有权生产、销售的产品；许可期限自协议生效之日起 5 年止，期满后根据需要双方另行协商确定；环保公司保证仅按该协议的规定使用被集体公司许可使用的商标。

2012 年期间，环保公司与双某公司签订 OEM 产品供货合同书两份，约定：环保公司委托双某公司生产“美 ×”牌空调扇、电暖器（小太阳）等产品；双某公司不得私自销售、处理环保公司的产品；两份合同的期限分别为 2012 年 2 月 20 日至 2013 年 2 月 19 日、2012 年 9 月 6 日至 2013 年 9 月 5 日。双某公司受托生产的冷风扇、电暖器（小太阳）等产品及包装上标有“美 ×·雅美娜”（突出美 ×），“美 × 环保雅美娜”（突出美 × 环保），及“美 ×·雅典娜”“美 ×”等文字。

◆法院裁决

一审法院认为：尽管集团公司曾与环保公司签署《商标使用权许可协议书》，但根据该协议书的约定，环保公司被许可使用的产品范围并不包括空调扇（冷风扇）及电暖器，且约定集团公司许可环保公司使用的商标及标识仅限于协议约定的商品。环保公司未经美 × 股份公司许可，在同一种商品上使用与美 × 股份公司注册商标近似的商标，及在类似商品上使用与美 × 股份公司注册商标相同、近似的商标，容易导致混淆，并进行销售，均属侵害注册商标专用权的行为，环保公司应承担停止侵权、赔偿损失等法律责任。

二审法院认为：美 × 股份公司系涉案商标的权利人。虽然集团公司与环保公司是不同的法人主体，但不能认为其曾经是关联公司，就有权使用集团公司的其他商标。尽管集团公司曾与环保公司签署《商标使用权许可协议书》，但集团公司许可环保公司使用的商标及标识仅限于协议约定的商品，即加湿器等。环保公司认为其有权在除了空调、冰箱、洗衣机三大类之外的产品上使用美 × 商标，认为其使用集团公司商标的权利是理所应当的，于法无据。

◆案例评析及法律风险提示

本案是一起因使用商标而产生的商标侵权纠纷，与普通商标侵权案件不同的是，本案被告环保公司与原告美 × 股份公司的关联企业集团公司之间存在《商标使用权许可协议书》，即被告与原告之间存在间接的合作关系。但因为双方之间的《商标使用权许可协议书》对使用的商品进行了限制，即加湿器、除湿器、制氧机、空气净化器、反渗透产品、果蔬解毒清洗机、护眼灯等，并不包括本案侵权产品空调扇（冷风扇）及电暖器，所以被告超出许可协议约定的商品范围，未经许可擅自在空调扇、电暖气等产品上使用涉案商标或与涉案商标相近似的商标，显然构成侵权。

从本案查明的事实及法院认定的结论来看，我们需要注意以下几点：

一、注册商标专用权应当以核定使用的商品为限

商标的使用是指将商标用于商品、商品包装或者容器以及商品交易文书上，或者将商标用于广告宣传、展览以及其他商业活动中，用于识别商品来源的行为。注册商标的使用应当规范，即按照我国《商标法》的规定，须以核准注册的商标和核定使用的商品为限。

上述原则无论是对商标注册人还是商标被许可使用人都具有警示意义。擅自更改注册商标的图形、文字等信息或者超出注册商标核定使用的商品而使用注册商标，均有可能构成侵权并承担相应的民事、行政甚至刑事责任。如果企业需要在核准注册的商标或核定使用的商品之外使用相关商业标识，最好是重新向国家商标局申请注册。

二、不能逾越商标许可协议约定的边界

商标许可协议是商标注册人与商标被许可人之间关于商标使用的契约性文件，是约束双方权利义务的基础。商标注册人可以通过签订商标使用许可合同，许可他人使用其注册商标。

作为商标被许可人来说，签订商标许可使用协议并不意味着可以任意地、毫无约束地使用注册商标。这还需要看商标许可使用协议中针对许可商标的数量、名称（或注册号）、使用地域范围、使用商品范围、使用时间范围、使用方式等是否有限制性约定。例如本案，原告的关联企业集团公司就在《商标使用权许可协议书》中对使用商品的范围进行了限定，这就意味着，被许可人不得超出约定的商品范围使用注册商标，否则就违反了许可协议，构成商标侵权。

再引申一步，通过本案我们可以看出商标许可使用协议在商标规范使用中的重要作用，这足以提醒被许可人在签订商标许可使用协议时，应当对其中的限制性条款给予足够的重视，应当结合自身使用被许可商标的情况及未来发展规划，在商标许可协议谈判之初就应有所预见和准备，防止未来不当使用商标而给自己带来法律风险。

案例 2：米其林集团与超洁公司侵害商标权纠纷案①

◆案情简介

米其林集团是一家跨国轮胎生产企业，在五大洲设立 69 家工厂，6 个橡胶种植园；在欧洲、北美洲和亚洲分别设有研发中心；在超过 170 个国家和地区设立了市场与销售机构。每年，米其林集团在全球约生产 1.9 亿条轮胎。

米其林集团注册的第 519749 号“米其林”商标，该商标核定使用在第 12 类商品上，包括车轮、车轮轮缘、轮胎、内胎、轮胎防滑毛刺、车辆轮胎用充气阀、气泵；第 136402 号“MICHELIN”商标，该商标核定使用在第 12 类商品上，包括轮胎、内胎、打气阀、防滑钉、车轮、轮缘、打气筒。上述两商标在国内具有较高知名度，也曾在其他案件中被商标局和法院认定为驰名商标。

---

① 案号：（2016）最高法民再 408 号。

超洁公司成立于2006年12月1日，经营范围为制造不锈钢制品、五金杂件、电器配件。被申请人于2007年12月29日向商标局申请第6483552号“米奇琳MIQILIN”商标。该商标的核定使用商品类别为第11类洗涤用铜盆、水冲洗设备、冲水槽、浴室装置、清洁室（卫生装置）、洗涤槽、电炊具、冲水装置、盥洗盆（卫生设备部件），类似群为1104、1109，初审公告日期为2010年3月13日。2010年6月12日，商标局收到对该商标的异议申请，该商标现在异议复审阶段，商标局尚未作出复审裁定。

2011年8月16日，米其林集团委托代理人向广州公证处申请对超洁公司销售的水槽及配件进行证据保全并向该公司索取了《送货单》《收据》《名片》各一张及相关广告宣传资料。上述《送货单》和《收据》均盖有“超洁公司”的印章。宣传资料封面印有“超洁公司”的字样，内部有相关水槽产品的简介。

当庭拆封上述保全的封存物，内有水槽4个。水槽有“米奇琳MIQILIN”标识的钢印，标签上印有“米奇琳MIQILIN”的标识以及超洁公司的企业名称等信息。公证购买被诉侵权产品时获取的超洁公司广告宣传资料，系将被诉侵权产品作为厨房用具宣传。超洁公司确认被诉侵权商品水槽系其生产，但认为外包装没有“米其林”的商标，其商标所彰显的商品不容易令消费者混淆。

◆法院裁决

一审法院认为：超洁公司的行为不构成商标侵权。遂驳回米其林集团的全部诉讼请求。

二审法院认为：将被诉侵权商标与米其林集团本案商标比对，虽然两者汉字读音相同，但两者的三个汉字就有两个不同，而且均属于臆造词，两者并没有相同或者近似的含义；将两者的拼音部分进行比较，虽然两者均以“MI”开头，以“LIN”结束，但是其中间部分“CHE”“QI”的拼写完全不同，发音也不同。相比较之下，对于相关公众来说，汉字部分更容易吸引相关公众的注意、称呼、记忆。因此，整体对比、隔离对比来看，被诉侵权商标与本案商标不属于相同或近似商标。被诉侵权商标的使用不足以使相关公众认为被诉侵权商标与米其林集团本案商标具有相当程度的联系，未误导公众，不至于损害米其林集团本案商标权。此外，我国驰名商标的司法认定实行的是因需认定原则。鉴于超洁公司的侵权行为不成立，本案没有必要审查米其林集团的商标是否为驰名商标，对米其林集团的诉讼请求不予支持。

再审法院认为：被诉侵权商标中包含的“米奇琳”与权利商标“米其林”系具有相同结构的文字组合，并且读音完全相同，两者均没有特定的含义，相关公众在整体认知上易产生混淆误认。而被诉侵权商标中包含的“MIQILIN”字母组合在拼音上既可对应“米奇琳”，亦可对应“米其林”，而“米其林”又系“MICHELIN”的音译，“MIQILIN”与“MICHELIN”既有近似的读音，在字母组合上又有较多相同的元素，两者在整体辨识上同样易引起混淆误认。综上，应认定被诉侵权商标“米奇琳 MIQILIN”与涉案权利商标“米其林”“MICHELIN”构成近似。米其林集团于 20 世纪 80 年代进入中国市场，已在境内设立多个独资或合资企业，并持续、广泛地使用其涉案权利商标，通过开展多种形式的宣传，其涉案权利商标已达到驰名程度。被诉侵权商标指定使用的水槽等厨房用具商品与米其林集团涉案驰名商标核定使用的汽车轮胎等商品的消费群体存在交叉和重叠，超洁公司使用被诉侵权商标足以使相关公众产生混淆误认，从而减弱米其林集团涉案驰名商标的显著性，损害米其林集团的利益。故对米其林集团涉案权利商标的保护可以跨类到厨房用不锈钢水槽。综上，本院认定超洁公司使用“米奇琳 MIQILIN”被诉侵权商标的行为构成侵权，应承担相应的侵权责任。

◆案例评析及法律风险提示

本案是一起关于侵害驰名商标专用权的案件。驰名商标是一个国际上通用的法律概念。驰名商标概念首创于 1883 年的《保护工业产权巴黎公约》，但什么是驰名商标，《保护工业产权巴黎公约》并没有明确规定。然而，驰名商标作为法律上的一个概念，现已为世界上大多数国家所确认，尽管各国赋予它的法律含义和保护措施不相同，法学界对此也多有争论，但驰名商标这一用语已在世界范围的法律上被确定下来。

1996年8月14日，中国发布并施行的《驰名商标认定和管理暂行规定》第二条规定："……驰名商标是指在市场上享有较高声誉并为相关公众所熟知的注册商标。"这一含义表明，驰名商标所有人的信誉、该商标在市场竞争中所处的地位、它所代表的商品或服务的质量以及质量的长期稳定程度，一般来说，也会为这一范围内的公众所普遍了解。驰名商标可以向购买者传递大量的有关它所代表的商品或服务的信息：优良的质量、质量的长期稳定性、对购买者消费习惯的适应程度及心理享受的满足程度等。这些经过市场长期考验的信息既简化了购买者的购买行为，也简化了销售者的销售行为。因此可以说，驰名商标已经成为连续购买者与销售者稳定的纽带。

正是由于驰名商标在市场经济活动中具有如此重要的作用，我国对驰名商标的保护力度较一般注册商标要大。由此，他人对驰名商标的抢注或侵权，所应承担的法律责任也就越重。所以，任何单位或个人在市场经济活动中均应当遵守诚实信用的原则，不应侵害驰名商标的合法权益，损害商标权利人的利益和社会公共利益。

与此相对应的是，商标注册人应当加大对商标的宣传力度，努力打造商标的知名度，以便在发生商标纠纷时，寻求认定驰名商标的保护。这不仅是因为商标知名度越高，对市场主体的经营越有利，还因为认定驰名商标后，可以获得"跨类别"保护，即在驰名商标核准使用类别以外的商品或服务上获得保护。但须注意的是，认定驰名商标仅仅是行政机关或司法机关保护较高知名度商标的一种手段，驰名商标并非"荣誉称号"，企业不得将"驰名商标"字样用于商品、商品包装或者容器上，或者用于广告宣传、展览以及其他商业活动中。驰名商标的认定应遵循被动保护、个案认定、按需认定的原则。

行政机关和司法机关在认定驰名商标时主要考虑以下因素：（1）相关公众对该商标的知晓程度；（2）该商标使用的持续时间；（3）该商标的任何宣传工作的持续时间、程度和地理范围；（4）该商标作为驰名商标受保护的记录；（5）该商标驰名的其他因素。

针对企业具有较高知名度的商标或者曾经被认定为驰名商标的，企业应当加强对该类商标的保护，防止他人对驰名商标造成损害。本案原告米其林集团的做法值得我们学习。如果被诉侵权商标使用商品与驰名商标核定使用商品的消费群体存在交叉和重叠，被诉侵权商标的使用行为易使相关公众产生混淆误认，从而减弱驰名商标的显著性，损害驰名商标权利人利益，商标权利人应当及时拿起法律的武器进行维权，以防止侵权行为对驰名商标的损害或淡化。

案例 3：帕弗洛公司与毕加索公司、艺想公司商标许可合同纠纷案[①]

◆案情简介

毕加索公司申请的第 2001022 号图形商标，于 2003 年 5 月 21 日核准注册，核定使用商品为第 16 类：纸、桌上纸杯垫、纸餐巾、卡纸板制品、雪茄烟用套环、笔记本或绘图本、卡片、印刷品、贺卡、印刷出版物、图画、照片、纸牌、包装纸、书籍装订材料、文具、墨水、印章、书写工具、文具等。

2003 年 7 月 9 日，毕加索公司出具《授权证明书》，证明在 2003 年 7 月 9 日至 2008 年 12 月 31 日授权帕弗洛公司在中国大陆推广笔类产品，并使用系争商标。2008 年 9 月 8 日，毕加索公司再次出具《授权证明书》，授权帕弗洛公司在中国大陆商业使用涉案商标，权利内容：中国大陆独家制造与销售，授权期限自 2008 年 9 月 10 日起至 2013 年 12 月 31 日止。2010 年 2 月 11 日，毕加索公司与帕弗洛公司签订《授权契约书》，约定涉案商标授权期限为在原契约基础上延展十年，自 2014 年 1 月 1 日起至 2023 年 12 月 31 日止。

2012 年 2 月 16 日，毕加索公司与艺想公司在上海签订《商标使用许可合同书》。该合同约定，第二条：独占使用；第五条：许可期限为 2012 年 1 月 15 日至 2017 年 8 月 31 日。同日，毕加索公司出具授权书称艺想公司是中国大陆唯一独家授权。2012 年 2 月 28 日，毕加索公司、艺想公司签订《商标

① 案号：（2014）沪高民三（知）终字第 117 号。该案取自《中华人民共和国最高人民法院公报》2017 年第 2 期，载最高人民法院官网，http://gongbao.court.gov.cn/Details/227d5ca365d5833fa4063bdd31bb74.html，最后访问时间：2021 年 12 月 22 日。

使用许可合同》用于商标局备案，但由于本案诉讼未备案成功。

毕加索公司书面答辩称：毕加索公司在与艺想公司签约时，已将涉案商标授权情况告知艺想公司法定代表人，艺想公司对该商标前期授权尚未终止非常清楚，毕加索公司已经履行了相关告知义务。艺想公司在法院召集其及帕弗洛公司谈话时表示，其在与毕加索公司签订系争合同时，并不知晓帕弗洛公司与毕加索公司之间签订的合同的内容，但其知悉帕弗洛公司与毕加索公司之间就涉案商标存在使用许可关系；其在与毕加索公司签订系争合同时，毕加索公司称已与帕弗洛公司解除商标使用许可合同，因此其才敢与毕加索公司签订系争合同。

帕弗洛公司认为，艺想公司在明知帕弗洛公司享有系争商标独占许可使用权的情形下又与商标权利人毕加索公司就系争商标签订了商标独占使用许可合同，致使各方当事人之间产生纠纷。帕弗洛公司遂向法院起诉艺想公司与毕加索公司恶意串通，签订系争商标使用许可合同，非法剥夺帕弗洛公司的独占许可使用权，损害帕弗洛公司利益，请求判令两被告签订的商标许可使用合同无效并共同赔偿帕弗洛公司经济损失。

◆法院裁决

一审法院认为：帕弗洛公司获得涉案商标使用权的合同关系真实有效，可以表明商标权利人授权帕弗洛公司使用涉案商标的授权方式符合我国商标法律规定的独占实施许可方式。毕加索公司作为商标权人，在涉案商标已经授权帕弗洛公司独占实施期间内，擅自与艺想公司签订新的独占实施许可合同，致使帕弗洛公司作为独占许可使用权人无法正常使用涉案商标，帕弗洛公司可以按照其与毕加索公司之间的相关合同约定维护其合法权益。帕弗洛公司要求确认系争合同以及相应授权书无效的诉讼请求，不予支持。

二审法院认为：毕加索公司与艺想公司在签订系争商标使用许可合同时，均知晓帕弗洛公司与毕加索公司之间存在涉案商标独占使用许可关系，因而在重复授权情况下，艺想公司并不属于在后被授权之善意第三人。虽然系争商标使用许可合同已成立并生效，但并不等于该合同已被实际履行。由于艺想公司不属于善意第三人，帕弗洛公司对涉案商标享有的独占许可使用权可以对抗毕加索公司与艺想公司间的商标使用许可合同关系。虽然系争商标使用许可合同已成立并生效，但由于帕弗洛公司的独占许可使用权一直存续，毕加索公司已不能对涉案商标的使用权进行处分。帕弗洛公司依据在先的独占使用许可合同已经形成的商标使用的状态，应认定未被在后的商标独占使用许可合同关系所打破，否则将有悖公平诚信原则、扰乱商标使用秩序并最终有损相关消费者利益。

◆案例评析及法律风险提示

本案系一起较为复杂的商标许可合同纠纷，曾入选 2015 年度中国法院十大知识产权案件、2015 年度上海法院知识产权司法保护十大典型案例及 2017 年最高人民法院公报案例。商标权利人为一己之私，存在对外多重独占许可的可能，加之知识产权本身所具备的特殊性和市场信息不对称，往往会引发被许可人之间激烈的利益冲突。本案中，法院梳理当事人间纷繁复杂的商标许可合同关系，认定艺想公司明知毕加索公司和帕弗洛公司未解除在先商标独占使用许可合同，仍和毕加索公司签订了系争合同，导致先后两个独占许可期间存在重叠，其不属于“善意第三人”，不能依据在后合同获得涉案商标的使用权。判决亦明确帕弗洛公司在先取得的独占许可使用权可以对抗在后的商标使用许可合同关系。本案判决对明确商标许可交易市场规则、营造诚信透明的市场环境具有积极的示范意义。

本案涉及商标重复许可问题、恶意串通认定问题、商标许可合同效力问题、保护在先权利问题。二审法院虽在判决书中肯定了两被告签订的商标许可合同的效力，但并未支持被告艺想公司基于此有效商标许可合同而获得商标使用权。本案判决对国内大量存在的商标重复授权案件提供了重要参考。

从这个案件中，我们可以得到如下启示：

一、商标使用许可合同备案的必要性

我们知道，商标使用许可合同的成立生效并不以向国家商标局备案为前提，但商标使用许可未经备案不得对抗善意第三人。实践中，很少有企业将商标使用许可合同备案，这样就会存在隐患。一旦商标注册人将商标重复许可给其他人，如果在先的商标使用许可合同未备案的，就无法对抗在后的善意被许可人，在后的善意被许可人可以基于商标使用许可合同而获得商标使用权。所以，商标使用许可备案在保护在先商标使用许可关系方面发挥着独特的作用。

二、签订商标使用许可合同前的尽职调查

本案中，艺想公司作为在后的商标使用人本可以通过商标使用许可合同获得使用权，但由于自身主观上“非善意”，故而无法获得实际的使用权。法院认为，艺想公司之所以在主观上“非善意”，主要是因为其明知毕加索公司与帕弗洛公司之间在先的商标使用许可关系并未终止，仍积极与毕加索公司签订商标使用许可合同，其不属于善意第三人。实践中，企业在签订商标使用许可合同前应当进行缜密的尽职调查，以确定商标的使用许可关系，如若存在在先的商标使用许可关系，应进一步调查该许可关系的法律状态，切不可盲目签订许可合同，因为商标权利人很可能存在重复授权的问题，此时在后的商标被许可人将面临巨大的法律风险。

三、商标重复许可的法律风险

对于商标注册人来说，如果其已经将商标以独占或排他的方式授权给他人，则其不能再自由地对商标进行处分。此时，商标注册人对商标的处分将受到在先独占或排他许可使用关系的制约。如若商标注册人无视这种制约，随意重复许可多人使用商标，则不但这种许可关系得不到法律保护，还可能因此而承担违约责任。

案例 4：多米诺公司与杜高公司、心可公司侵害商标权纠纷再审案[①]

◆案情简介

多米诺公司系英国公司，于 1996 年在中国独资成立多米诺标识科技有

① 案号：（2019）最高法民申 4241 号。该案取自《最高人民法院知识产权案件年度报告（2020）》，参见最高人民法院民事审判第三庭编：《最高人民法院知识产权审判案例指导：最高人民法院知识产权案件年度报告及案例全文（第 13 辑）》，中国法制出版社 2021 年版，第 580~585 页。

限公司，多米诺公司出具《授权函》授权许可多米诺标识科技有限公司独占性使用多米诺公司所有商标。多米诺公司在本案中主张权利的商标包括第G709885号国际注册商标“DOMINO”。多米诺公司所提交的第G709885号国际注册商标的《注册证书》中记载，该商标核定使用商品包括第9类的喷墨打印装置、喷墨打印机、喷墨标识装置，均指通过墨汁喷出实现打印和标示功能，并认为被诉侵权商品喷码机属于喷墨标识装置。

2011年12月19日，商标局出具了第G709885号商标注册证明，核定使用商品包括第9类：喷墨打印器具；喷墨绘图装置；激光打印机、喷墨打印机；上述商品的电气电子控制部件；控制工业用喷墨打印机；工业用喷墨绘图及工业用激光绘图器具运行用计算机软件；喷墨打印机头；上述商品的零配件。2012年12月28日，商标局再次出具第G709885号商标注册证明，核定使用商品包括：喷墨打印器具；喷码机；激光打码器具；喷墨打印机；上述商品的电气电子控制部件；用于控制工业用喷墨打印机、工业用喷墨打码器具及工业用激光喷墨打码器具运转的计算机软件；喷墨打印机头；上述商品的零配件。

本案中，多米诺公司主张杜高公司于2008年3月—2012年3月期间生产、销售被诉A200喷码机及改装、销售E50喷码机，并主张心可公司于上述期间生产被诉A200喷码机的外壳。杜高公司及心可公司对上述主张予以确认，但杜高公司、心可公司认为被诉A200喷码机开机时显示多米诺公司的涉案商标只是说明主板的来源，并认为该主板购买于多米诺公司，故多米诺公司已实现其销售利润，属权利用尽；杜高公司确认被诉侵权商品中主板以外的机器设备均由其生产，但喷码机外壳与多米诺公司的商品有区别，被诉侵权A200喷码机商品上无标签；杜高公司主张其改装的E50喷码机是购买自多米诺公司，有合法来源，并认为其将多米诺公司E50喷码机商品中的一体化墨水箱进行改装是为迎合客户和环保的要求。多米诺公司则称其A200喷码机商品并无单独销售主板。

多米诺公司向法院起诉要求：确认杜高公司、心可公司生产、销售涉案喷码机的行为侵犯了多米诺公司第G709885号注册商标专用权；判令杜高公司、心可公司立即停止侵权行为，包括但不限于停止生产、销售侵权喷码机，销毁侵权商品；判令被告赔偿损失及合理费用并在《法制日报》刊登声明，消除影响等。

◆法院裁决

一审法院认为：被诉侵权的A200喷码机在开机时显示多米诺公司涉案注册商标图样极易导致相关公众产生该商品可能来源于多米诺公司的误认，属于对该标识进行商标性使用。杜高公司改装后的被诉侵权E50喷码机上除涉案商标外并无其他标识，故杜高公司将标有涉案注册商标的多米诺原装E50喷码机的一体式墨水箱更换改装后予以销售，属于对该标识进行商标性使用。被诉侵权喷码机与多米诺公司涉案注册商标所核定使用商品类别不同，但构成近似类别。杜高公司、心可公司关于多米诺公司对商标权利用尽的抗辩不能成立，被诉侵权商品上使用多米诺公司注册商标的行为构成商标侵权。

二审法院认为：如果商标未改变，但未经商标权人同意对商品进行了实质替换，商品品质发生了实质变化，则属于人为地将商品和商标进行了分离，阻碍了商标功能的发挥。被改装墨路系统的E50喷码机再销售，该产品上仍然标有多米诺公司的商标。无论杜高公司在销售时是否明确告知相关公众该产品的改装情况，多米诺公司的商标识别来源、对商品质量负责的功能都已遭到损害。因此杜高公司的行为构成对多米诺公司商标权的侵害。针对杜高公司、心可公司回收利用多米诺公司A200喷码机的二手主板，因组装而成的新产品包装上并未显示多米诺公司的商标，相关公众无法直接接触到多米诺公司的商标而发生混淆，又因为回收利用的是原产品中的一个部件，该组装行为并非对原有整个产品的改装，不是改变原产品质量的行为，也不是直接去除原产品上的商标后再次投入市场的行为，所以不属于阻碍多米诺公司商标对商品识别来源功能的发挥。这一点与前述涉案E50喷码机的改装行为及其行为定性上存在本质差别。在不直接发生混淆和损害商标功能发挥的情况下，应当合理地给予回收利用行为一定的自由空间，商标权人基于商标权对商品及其零部件的控制相应地受到一定限制，在此情形下宜认定商标权利用尽，不构成侵权。

再审法院认为：从商标标示特定商品与特定来源之间联系的功能出发，通常可以根据改装程度是否足以实质性影响商品性质以及消费者的选择来判断该种改装后再次出售的行为是否构成商标侵权。本案中，杜高公司改装E50喷码机的墨路系统，是喷码机产品正常运行的重要部件，该改装行为实质性改变了商品的原有品质，在对消费者选择产生显著影响的同时，对商标与商品之间的对应关系产生了实质性影响。杜高公司在出售经过实质性改变的商品上继续使用涉案商标且未通过明显方式告知消费者改装的情况，容易造成相关消费者对商品来源产生混淆或者混淆的可能。二审判决认定E50喷码机改装行为构成商标侵权并无不当。

◆案例评析及法律风险提示

本案涉及的商标侵权行为较为特殊，主要涉及核心部件回收利用及产品改装后销售产品的行为是否构成商标侵权的问题，讨论此问题，不可避免地会用到商标“权利用尽”理论。此前，我们已经论述，知识产权法律体系属于权利人与公共利益博弈和平衡的体系，即任何知识产权的行使都应该有其边界，而不是无限制扩张，挤占公共利益。“权利用尽”主要是指经知识产权人或其授权人许可而生产的知识产权产品，在第一次投放市场后，权利人即丧失了对它的控制权，其权利被认为用尽。凡合法地取得该产品的人，只要不将其用于侵犯知识产权人的专用权，即可以自由地使用、转卖、处置该知识产权产品。

本案涉及的两款被控侵权产品，被告均提出了权利用尽抗辩，但针对该两款产品是否构成侵权，一审法院与二审法院有不同意见。针对涉案E50喷码机的改装行为（将标有涉案注册商标的多米诺原装E50喷码机的一体式墨水箱更换改装后予以销售），各级法院均认为，这种行为未经商标权人同意对商品进行了实质替换，商品品质发生了实质变化，人为地将商品和商标进行了分离，阻碍了商标功能的发挥，构成商标侵权。而针对另一型号A200喷码机的改装行为（确切地说是回收利用多米诺公司A200喷码机的二手主板，并安装在自己生产的机器中），一审法院认为也构成商标侵权，但二审法院却认为不构成侵权，主要理由是，组装而成的新产品包装上并未显示多米诺公司的商标，相关公众无法直接接触到多米诺公司的商标而发生混淆，又因为回收利用的是原产品中的一个部件，该组装行为并非对原有整个产品的改装，不是改变原产品质量的行为，也不是直接去除原产品上的商标后再次投入市场的行为，所以不属于阻碍多米诺公司商标对商品识别来源功能的发挥。

这个案件作为典型案例被写入《最高人民法院知识产权案件年度报告（2020）》，可以说，此案是最高人民法院对实践中多发的旧物回收利用、产品改装中是否存在商标侵权，进行的有针对性的回应。最高人民法院指出，商品通过正常合法的商业渠道售出后，再行转售的，通常不构成侵权。但是，如果商品在转售过程中进行了实质性改变，导致商品与来源之间的联系发生改变，在该商品上继续使用涉案商标且未对消费者履行合理告知义务的情况下，容易导致混淆并损害商标权人的利益，构成商标侵权。作为企业来说，我们需要时刻针对新类型的商标侵权问题进行梳理和研究，除了典型、常见的商标侵权行为之外，针对非典型、新类型的商标侵权行为也应该保持一定的敏感性。企业应该牢记，商标的根本功能是区分商品来源，只要是对该功能造成不利影响的行为，都可能会被认定为商标侵权。所以，对该类特定行为的事前预防或侵权评估就显得尤为重要。

第五节　企业商标管理制度范本

一、总则

第一条　为规范本公司商标管理工作，保护公司商标无形资产，打造行业知名品牌，充分发挥商标制度在企业经营管理中的重要作用，根据我国《商标法》《商标法实施条例》等相关法律法规的规定，结合本公司具体情况，制定本制度。

第二条　商标管理的目标：通过正确运用商标战略和策略，进行商标注册布局，保护好本企业的商标无形资产，规范使用商标，不断提高商标的信誉度，利用商标推动产品开拓市场，参与竞争，提高企业效益。

第三条　商标管理的策略：建立规范的商标管理制度；确保本公司商标的显著性，防止商标淡化；确保商标国际、国内注册的及时性；确保商标依法正确规范使用；确保商标所核准使用的产品质量；确保商标在相关公众中的信誉；确保对公司重要商标的合理宣传投入；确保对商标被许可人产品质量的有效监控；确保商标专用权不受侵犯与价值的不断增值；及时保护公司的商标专用权。

第四条　商标名词解释：

注册商标，是指经我国商标局核准注册的商标，包括文字、图形、字母、数字、三维标志、颜色组合和声音等，以及上述要素的组合，均可以作为商标申请注册。

商标的使用，是指将商标用于商品、商品包装或者容器以及商品交易文书上，或者将商标用于广告宣传、展览以及其他商业活动中，用于识别商品来源的行为。

商标国际注册，是指根据《商标国际注册马德里协定》《商标国际注册马德里协定有关议定书》及《商标国际注册马德里协定及该协定有关议定书的共同实施细则》的规定办理的马德里商标国际注册。马德里商标国际注册申请包括以中国为原属国的商标国际注册申请、指定中国的领土延伸申请及其他有关的申请。

二、商标管理部门

第五条　公司总经理主管和协调商标管理工作，对公司商标管理工作全面负责。

第六条　知识产权部是本公司商标管理的具体主管和执行部门，其职责包括：

（一）负责制定本公司商标管理的规章制度；

（二）负责监督、执行公司发布的商标管理规章制度；

（三）负责本公司商标的申请注册、续展、转让、评估、许可使用的审核及具体事务办理；

（四）负责监督、执行公司注册商标的使用规范，对不规范使用商标的行为提出整改意见；

（五）负责公司商标档案的建立和管理工作，熟悉公司商标整体状况，并能够及时提供公司各部门所需要的商标档案材料；

（六）负责对公司各部门员工的商标培训和咨询工作，培养员工对商标规范使用和保护的意识，解答各部门或决策层提出的与商标有关的各种问题；

（七）负责公司商标的保护工作，做好商标监控，对他人申请注册的、可能会对本公司注册商标、字号或其他商业标识产生不利影响的商标，及时提出异议或宣告无效；

（八）负责商标纠纷具体事务的处理，对于公司委托外部律师事务所或代理机构代为处理商标纠纷案件的，做好案件的时限和质量监控工作；

（九）其他与商标管理有关的事务。

三、商标注册工作机制

第七条 对于公司拟申请注册的商标，由知识产权部负责具体商标文字、图形、字母、颜色等要素的前期征集、设计、筛选、定稿工作。

第八条 知识产权部应对拟申请商标进行前期检索查询，以确定该商标被授权的可能性，如授权概率较小，应提出解决方案。

第九条 知识产权部将商标申请方案以书面形式呈报公司董事会，申请方案应当包括商标名称（或图案）、申请类别、申请理由、是否需要国际注册、商标查询报告、授权概率评估分析、注册费用等内容，董事会批准后，知识产权部着手进行下一步的商标申请注册工作。

第十条 知识产权部应当按照董事会的决策，整理相关商标申请注册材料，并及时向国家商标局提出申请。申请商标国际注册的，应当通过我国商标局向世界知识产权组织国际局申请办理。公司委托外部商标代理机构办理的，知识产权部应做好案件的材料审核及流程、时限监控，确保申请工作正常有序进行。

四、商标维护工作机制

第十一条　对于已经提交的商标申请和已经核准注册的商标，由知识产权部负责跟踪监控，知识产权部应当每个季度向总经理汇报公司商标的维护情况。

第十二条　知识产权部应当定期会同市场部评估商标申请和公司注册商标的市场价值、对公司经营战略的重要性以及商标的使用情况，对拟在法定期限届满前放弃或不予续展的商标，予以充分论证确认，报请公司决策层批准后放弃或不再续展。

第十三条　对于正在使用的注册商标，知识产权部应当在期满前十二个月内按照规定办理续展手续，以确保注册商标专用权继续有效。此部分工作委托外部商标代理机构办理的，知识产权部应当定期进行核查代理机构的续展工作，确保没有遗漏。

第十四条　针对他人提出针对本公司商标的异议、撤销三年不使用或无效宣告等案件，知识产权部应当第一时间上报总经理，并提出解决方案。知识产权部负责处理商标异议、撤销三年不使用、无效宣告等案件的具体事务。

第十五条　知识产权部应当建立商标档案，应遵循维护档案资料的完整性、真实性、安全性的原则，负责收集、整理商标从设计、申请、异议、授权、使用、无效、维权等全方位的资料，并确定相应人员进行管理。

五、商标的使用规范

第十六条　注册商标的专用权，以核准注册的商标和核定使用的商品为限。在使用本公司注册商标的过程中，任何人不得自行改变注册商标、注册人名义、地址或者其他注册事项。不得将未注册商标冒充注册商标使用。

第十七条　使用注册商标，可以在商品、商品包装、说明书或者其他附着物上标明“注册商标”或者注册标记，注册标记包括“㊟”和“®”。使用注册标记，应当标注在商标的右上角或者右下角。

第十八条　《商标注册证》遗失或者破损的，应当向商标局提交补发《商标注册证》申请书。《商标注册证》遗失的，应当在《商标公告》上刊登遗失声明。破损的《商标注册证》，应当在提交补发申请时交回商标局。

第十九条　知识产权部负责监督、管理本公司日常商标的使用情况，任何标有本公司注册商标的文件、广告、包装装潢、交易文书、宣传材料等，都须由知识产权部审核后才能使用或发布。知识产权部针对公司各部门不规范使用商标的行为，有权要求其整改。

六、商标运营工作机制

第二十条　本公司商标许可和商标转让工作由知识产权部具体负责实施，知识产权部应做好商标许可或转让各项信息的收集、整理、统计工作。

第二十一条　知识产权部应当全程参与商标许可或转让的谈判工作，对许可或转让的价格应当进行前期评估，必要时，可以委托第三方无形资产评估机构对拟许可或转让的商标进行价值评估。

第二十二条　公司受让或被许可使用他人商标时，知识产权部应当做好拟受让或被许可商标的尽职调查工作，包括：权属调查、法律状态调查、商标稳定性调查、商标侵权可能性调查等。调查完成后，形成书面报告上报公司决策层并做好风险预警工作。

第二十三条　知识产权部负责对商标许可和转让协议的起草、审核、修改工作，最大限度地维护公司利益，对于重大条款的确认，应当上报总经理决定，个别情况下由总经理上报董事会评议决定。

第二十四条　对于签署的商标转让协议，知识产权部应及时向商标局提交商标转让申请材料。对于签署的商标许可使用协议，知识产权部可以视具体情况向商标局申请备案。

第二十五条　公司定期对商标及商标申请状况进行统计，由知识产权部会同公司财务部评估公司商标资产，评估结果纳入本公司财会核算管理体系。

第二十六条　知识产权部应每半年向董事会汇报公司商标运营情况、收支数据、商标资产评估情况，对于运营中出现的问题，应当及时提出解决方案。

七、商标保护工作机制

第二十七条　知识产权部负责公司商标保护的市场监视工作，及时掌握市场上出现的商标侵权行为，对出现的侵权行为，由知识产权部进行综合分析后提出应对措施建议。采取措施的决定由公司决策层做出，具体工作由知识产权部落实。

第二十八条　知识产权部应当就涉及海关保护的商标进行筛选，按照我国《知识产权海关保护条例》，向海关总署申请办理知识产权海关保护备案手续。针对海关扣留的涉嫌侵权产品，应当及时确认是否构成侵权，并采取法律措施制止侵权行为。

第二十九条　知识产权部可以根据案件的具体情况，呈报总经理批准后，委托外部商标律师进行案件的代理工作。知识产权部应当仔细核查律师的资质和专业能力，应当要求律师提供执业证复印件、律师简介、类似案件办理经历、初步的解决方案等材料，以评估律师的专业性。

第三十条　委托外部律师办理案件的，知识产权部应当建立与外部律师的沟通机制，及时监控案件办理过程，审核律师提交的证据、法律文书、法律意见等材料，促使案件朝有利于公司的方向发展。

第三十一条　知识产权部应当在案件办理过程中，寻求商标纠纷的多种解决方式，在不损害公司利益的前提下，可以通过和解等非诉讼方式解决各类商标纠纷。和解协议需报总经理批准，特别重大的商标纠纷和解协议需由总经理报董事会批准。

八、责任与处罚

第三十二条　公司员工不得就公司正在使用的字号、未注册商标、商品名称、包装、装潢等商业标识抢注商标，违反者按严重违反公司规章制度处理，造成严重后果的，公司将依法追究员工的法律责任。

第三十三条　违反本制度的规定，造成公司商标资产损失的，公司有权要求其赔偿，并视具体情节，追究其相应的法律责任。

第三十四条 知识产权部工作人员玩忽职守、履行职责不当，造成公司损失的，按照严重违反公司规章制度处理，且公司有权要求其进行赔偿，情节严重的，公司依法追究其相应的法律责任。

九、附则

第三十五条 本制度在执行过程中如有与国家发布的法律、法规相抵触的，以国家法律、法规为准。

第三十六条 本制度由公司董事会负责解释和修订。

第三十七条 本制度自发布之日起正式实施。

第四章 企业著作权管理

第一节　概述

著作权，亦称版权，是指作者或其他权利人依法对文学、艺术和科学作品所享有的民事权利的总称。广义上的著作权还包括邻接权，即作品传播者的权利，我国《著作权法》称之为“与著作权有关的权利”。

一、作品的概念和形式

《著作权法》保护的对象是作品，具体而言是指文学、艺术和科学领域内具有独创性并能以一定形式表现的智力成果。我国《著作权法》明确规定的作品形式主要有：文字作品；口述作品；音乐、戏剧、曲艺、舞蹈、杂技艺术作品；美术、建筑作品；摄影作品；视听作品；工程设计图、产品设计图、地图、示意图等图形作品和模型作品；计算机软件。当然，《著作权法》对上述作品形式的列举并不意味着除上述作品外的其他作品形式不受著作权法保护。只要符合《著作权法》规定的作品特征的，都应当依法受到保护。

我国公民、法人或者其他组织的作品，不论是否发表，均可依照我国《著作权法》享有著作权。外国人、无国籍人的作品根据其作者所属国或者经常居住地国同中国签订的协议或者共同参加的国际条约享有著作权。未与中国签订协议或者共同参加国际条约的国家的作者以及无国籍人的作品首次在中国参加的国际条约的成员国出版，或者在成员国和非成员国同时出版的，可以受我国《著作权法》保护。

我国《著作权法》不保护以下对象：（一）法律、法规，国家机关的决议、决定、命令和其他具有立法、行政、司法性质的文件，及其官方正式译文；（二）单纯事实消息；（三）历法、通用数表、通用表格和公式。

二、对作品“独创性”的理解

“独创性”是作品的主要法律属性，也是某项智力成果是否能够获得我国《著作权法》保护的重要判断标准。但我国在立法上对“独创性”的概念和判断标准并无具体详细规定。对此，可以从以下几点加以理解：

（一）就“独”而言，要求作品完全是由作者独自完成的，只要是作者通过自己的独立构思、运用自己的知识和技巧创作完成，而非抄袭、剽窃、篡改他人的已有作品而产生，就符合独创性中“独”的要求。

（二）就“创”而言，要求对作品有一定的智力投入，相对于现有作品而言有一定的创作高度，能体现作者的个性和智慧。该种创作性应该是适度的，不能太高，否则一些事实性作品，如手绘地图、示意图等作品有可能被排除在外。

对作品“独创性”的判断首先应当遵循立法原则，严格按照“独”和“创”的判断标准进行，但也要体现裁判的经济效果和社会效果，在国家进行社会经济转型、鼓励创新、加强知识产权保护的大环境下，不应对作品“独创性”设置过高的门槛。只要作者在作品中投入了自己的智力劳动，不是对其他作品的抄袭或剽窃，不应苛求其作品必须达到较高的创作水平。同时，作品形式的多样性使得对各种作品的独创性要求并不一样。因此，想在所有作品中寻找一个统一的“独创性”标准是不切实际的。在认定某一作品的独创性时，应当贯彻“区别对待不同作品”原则，坚持具体问题具体分析，不能搞“一刀切”。

三、著作权人及其权利

著作权人是指享有我国《著作权法》第十条规定的人身权和财产权的自

然人、法人或者非法人组织。我国《著作权法》规定的著作权人主要包括作者和其他依照《著作权法》享有著作权的自然人、法人或者非法人组织。创作作品的自然人是作者。由法人或者非法人组织主持，代表法人或者非法人组织意志创作，并由法人或者非法人组织承担责任的作品，法人或者非法人组织视为作者。如无相反证明，在作品上署名的自然人、法人或者非法人组织为作者。

根据权利是否具有人身依附性，我们将著作权分为著作人身权和著作财产权。前者主要包括：发表权、署名权、修改权、保护作品完整权；后者主要包括：复制权、发行权、出租权、展览权、表演权、放映权、广播权、信息网络传播权、摄制权、改编权、翻译权、汇编权等，著作权人可以许可他人使用著作财产权并依法获取报酬。

著作人身权与作者本人密不可分，体现作者的人格和精神权利，绝大多数情况下只能由作者本人享有和行使。其中，发表权是指决定作品是否公之于众的权利，署名权是指表明作者身份、在作品上署名的权利，修改权是指修改或者授权他人修改作品的权利，保护作品完整权是指保护作品不受歪曲、篡改的权利。

对于上述著作财产权，我国《著作权法》中均有明确定义：

（一）复制权，即以印刷、复印、拓印、录音、录像、翻录、翻拍、数字化等方式将作品制作一份或者多份的权利；

（二）发行权，即以出售或者赠与方式向公众提供作品的原件或者复制件的权利；

（三）出租权，即有偿许可他人临时使用视听作品、计算机软件的原件或者复制件的权利，计算机软件不是出租的主要标的的除外；

（四）展览权，即公开陈列美术作品、摄影作品的原件或者复制件的权利；

（五）表演权，即公开表演作品，以及用各种手段公开播送作品的表演的权利；

（六）放映权，即通过放映机、幻灯机等技术设备公开再现美术、摄影、视听作品等的权利；

（七）广播权，即以有线或者无线方式公开传播或者转播作品，以及通过扩音器或者其他传送符号、声音、图像的类似工具向公众传播广播的作品的权利，但不包括《著作权法》第十条第一款第十二项规定的权利；

（八）信息网络传播权，即以有线或者无线方式向公众提供，使公众可以在其选定的时间和地点获得作品的权利；

（九）摄制权，即以摄制视听作品的方法将作品固定在载体上的权利；

（十）改编权，即改变作品，创作出具有独创性的新作品的权利；

（十一）翻译权，即将作品从一种语言文字转换成另一种语言文字的权利；

（十二）汇编权，即将作品或者作品的片段通过选择或者编排，汇集成新作品的权利。

四、著作权的保护期限

从保护期限上来说，作者的署名权、修改权、保护作品完整权的保护期不受限制。自然人的作品，其发表权、著作财产权的保护期为作者终生及其死亡后 50 年，截止于作者死亡后第 50 年的 12 月 31 日；如果是合作作品，截止于最后死亡的作者死亡后第 50 年的 12 月 31 日。

法人或者非法人组织的作品、著作权（署名权除外）由法人或者非法人组织享有的职务作品，其发表权为 50 年，截止于作品创作完成后第 50 年的 12 月 31 日；其著作财产权利的保护期为 50 年，截止于作品首次发表后第 50 年的 12 月 31 日，但作品自创作完成后 50 年内未发表的，不再保护。视听作品，其发表权为 50 年，截止于作品创作完成后第 50 年的 12 月 31 日。视听作品的著作财产权利的保护期为 50 年，截止于作品首次发表后第 50 年的 12 月 31 日，但作品自创作完成后 50 年内未发表的，不再保护。

五、对著作权的限制

任何知识产权法律的制定都是权利人与社会公共利益平衡的结果，立法者需要在激励权利人创新和维护社会公共利益之间找到一个平衡点。因此，对知识产权的限制在知识产权立法中常常有所体现，《著作权法》也不例外。

我国《著作权法》规定：在下列情况下使用作品，可以不经著作权人（包括邻接权人）许可，不向其支付报酬，但应当指明作者姓名、作品名称，并且不得影响该作品的正常使用，也不得不合理地损害著作权人的合法权益：

（一）为个人学习、研究或者欣赏，使用他人已经发表的作品；

（二）为介绍、评论某一作品或者说明某一问题，在作品中适当引用他人已经发表的作品；

（三）为报道新闻，在报纸、期刊、广播电台、电视台等媒体中不可避免地再现或者引用已经发表的作品；

（四）报纸、期刊、广播电台、电视台等媒体刊登或者播放其他报纸、期刊、广播电台、电视台等媒体已经发表的关于政治、经济、宗教问题的时事性文章，但著作权人声明不许刊登、播放的除外；

（五）报纸、期刊、广播电台、电视台等媒体刊登或者播放在公众集会上发表的讲话，但作者声明不许刊登、播放的除外；

（六）为学校课堂教学或者科学研究，翻译、改编、汇编、播放或者少量复制已经发表的作品，供教学或者科研人员使用，但不得出版发行；

（七）国家机关为执行公务在合理范围内使用已经发表的作品；

（八）图书馆、档案馆、纪念馆、博物馆、美术馆、文化馆等为陈列或者保存版本的需要，复制本馆收藏的作品；

（九）免费表演已经发表的作品，该表演未向公众收取费用，也未向表演者支付报酬，且不以营利为目的；

（十）对设置或者陈列在公共场所的艺术作品进行临摹、绘画、摄影、录像；

（十一）将中国公民、法人或者非法人组织已经发表的以国家通用语言文字创作的作品翻译成少数民族语言文字作品在国内出版发行；

（十二）以阅读障碍者能够感知的无障碍方式向其提供已经发表的作品。

为实施义务教育和国家教育规划而编写出版教科书，可以不经著作权人许可，在教科书中汇编已经发表的作品片段或者短小的文字作品、音乐作品或者单幅的美术作品、摄影作品、图形作品，但应当按照规定向著作权人支付报酬，指明作者姓名或者名称、作品名称，并且不得侵犯著作权人依法享有的其他权利。

六、著作邻接权

邻接权是与著作权有关的权利，它是在作品传播过程中产生的权利，《著作权法》规定邻接权的目的是保护作品传播者的合法权益，促进作品的广泛传播，一方面提高作者的创作积极性，另一方面也是让公众更广泛地接触作品，促进社会主义文化和科学事业的发展与繁荣。

邻接权人主要是作品的出版者、表演者、录音录像制作者、广播组织等。他们享有的权利具体是指，出版者对其出版的图书和期刊的版式设计享有的权利，表演者对其表演享有的权利，录音录像制作者对其制作的录音录像制品享有的权利，广播电台、电视台对其播放的广播、电视节目享有的权利。各类邻接权的具体内容如下：

图书出版者对著作权人交付出版的作品，按照合同约定享有的专有出版权受法律保护，他人不得出版该作品。出版者有权许可或者禁止他人使用其出版的图书、期刊的版式设计。

根据《著作权法》第三十九条，表演者对其表演享有下列权利：（1）表明表演者身份；（2）保护表演形象不受歪曲；（3）许可他人从现场直播和公开传送其现场表演，并获得报酬；（4）许可他人录音录像，并获得报酬；（5）许可他人复制、发行、出租录有其表演的录音录像制品，并获得报酬；（6）许可他人通过信息网络向公众传播其表演，并获得报酬。

录音录像制作者对其制作的录音录像制品，享有许可他人复制、发行、出租、通过信息网络向公众传播并获得报酬的权利。权利的保护期为 50 年，截止于该制品首次制作完成后第 50 年的 12 月 31 日。

广播电台、电视台有权禁止未经其许可的下列行为：（1）将其播放的广播、电视以有线或者无线方式转播；（2）将其播放的广播、电视录制以及复制；（3）将其播放的广播、电视通过信息网络向公众传播。

需要注意的是，广播电台、电视台行使上述权利，不得影响、限制或者侵害他人行使著作权或者与著作权有关的权利。

七、计算机软件著作权保护

计算机软件（以下简称软件），是指计算机程序及其有关文档。在我国《著作权法》保护的作品中，软件是一类较为特殊和重要的作品类型。为了保护软件著作权人的权益，调整软件在开发、传播和使用中发生的利益关系，鼓励软件的开发与应用，促进软件产业和国民经济信息化的发展，国务院专门制定了《计算机软件保护条例》。

中国公民、法人或者其他组织对其所开发的软件，不论是否发表，均享有著作权。外国人、无国籍人的软件首先在中国境内发行的，享有著作权。外国人、无国籍人的软件，依照其开发者所属国或者经常居住地国同中国签订的协议或者依照中国参加的国际条约享有的著作权，也可以受我国《计算机保护条例》的保护。软件著作权属于软件开发者，如无相反证明，在软件上署名的自然人、法人或者其他组织为开发者。

软件著作权自软件开发完成之日起产生。自然人的软件著作权，保护期为自然人终生及其死亡后 50 年，截止于自然人死亡后第 50 年的 12 月 31 日；软件是合作开发的，截止于最后死亡的自然人死亡后第 50 年的 12 月 31 日。法人或者其他组织的软件著作权，保护期为 50 年，截止于软件首次发表后第 50 年的 12 月 31 日，但软件自开发完成之日起 50 年内未发表的，不再保护。

《计算机软件保护条例》对软件著作权行使也有限制，即为了学习和研究软件内含的设计思想和原理，通过安装、显示、传输或者存储软件等方式使用软件的，可以不经软件著作权人许可，不向其支付报酬。

根据《计算机软件保护条例》第二十三条和第二十四条，常见的侵害软件著作权的行为主要有：（1）未经软件著作权人许可，发表或者登记其软件；（2）将他人软件作为自己的软件发表或者登记；（3）未经合作者许可，将与他人合作开发的软件作为自己单独完成的软件发表或者登记；（4）在他人软件上署名或者更改他人软件上的署名；（5）未经软件著作权人许可，修改、翻译其软件；（6）复制或者部分复制著作权人的软件；（7）向公众发行、出租、通过信息网络传播著作权人的软件；（8）故意避开或者破坏著作权人为保护其软件著作权而采取的技术措施；（9）故意删除或者改变软件权利管理电子信息；（10）转让或者许可他人行使著作权人的软件著作权。

针对软件侵权行为，我们还需要了解的是：软件开发者开发的软件，由于可供选用的表达方式有限而与已经存在的软件相似的，不构成对已经存在的软件的著作权的侵犯。软件的复制品持有人不知道也没有合理理由应当知道该软件是侵权复制品的，不承担赔偿责任。但是，应当停止使用、销毁该侵权复制品。如果停止使用并销毁该侵权复制品将给复制品使用人造成重大损失的，复制品使用人可以在向软件著作权人支付合理费用后继续使用。

八、著作权集体管理

著作权集体管理，是指著作权集体管理组织经权利人授权，集中行使权利人的有关权利并以自己的名义进行的著作权管理活动。此处的“著作权集体管理组织”，是指为权利人的利益依法设立，根据权利人授权、对权利人的著作权或者与著作权有关的权利进行集体管理的社会团体。为了便于著作权人和与著作权有关的权利人行使权利和使用者使用作品，我国制定了《著作权集体管理条例》。

《著作权法》第八条第一款规定：“著作权人和与著作权有关的权利人可以授权著作权集体管理组织行使著作权或者与著作权有关的权利。依法设立的著作权集体管理组织是非营利法人，被授权后可以以自己的名义为著作权人和与著作权有关的权利人主张权利，并可以作为当事人进行涉及著作权或者与著作权有关的权利的诉讼、仲裁、调解活动。”

《著作权集体管理条例》规定的著作权集体管理活动主要有：（1）与使用者订立著作权或者与著作权有关的权利许可使用合同；（2）向使用者收取使用费；（3）向权利人转付使用费；（4）进行涉及著作权或者与著作权有关

的权利的诉讼、仲裁等。

九、著作权侵权判定原则

对侵害著作权行为的判定应严格按照“接触 + 实质相似”的原则进行，即被控侵权人有机会接触到权利人的作品，并且被控侵权作品与权利人的作品构成实质相似（或完全相同），则可以认定侵权成立。

这里需要注意的是，权利人只需证明被控侵权人有机会接触到其作品即可，无须证明被控侵权人实际上已经接触过其作品。这主要是基于对举证难易程度的考量和举证责任的分配，让权利人证明被控侵权人实际上接触过其作品较为困难，也不切实际。因此，司法实践中，权利人只需证明其作品在先公开发表（包括：广告宣传、公开销售、公开使用、公开展览等）就可以认定权利人的作品处于公众可以接触的范围内，进而推定被控侵权人有机会接触到该作品。被控侵权人如认为自己不可能接触权利人的作品，则允许其提交反证。

对于作品是否构成“实质相似”的判断，应从以下几个方面进行考虑：

1. 应当剔除不受著作权法保护的思想观念本身。著作权法仅保护思想的表达形式，而不保护思想，这是一个基本原则。故应当剔除例如作品的创作背景、精神思想、设计理念、设计风格等抽象的思想观念，仅将作品外在的具体表现形式进行对比。

2. 应当过滤已进入公有领域的元素。在对比作品的具体表现形式是否实质相似时，应当将已经进入公有领域的元素过滤出去，仅将权利人作品中具有独创性的元素与被控侵权作品进行对比，来判断是否构成实质相似。

3. 应当以相关公众的一般注意力为标准进行对比。相关公众主要是指对作品有一定了解，具备一定基础知识的人，其判断标准较为客观。对比时应当抛弃专业知识的影响，以一般理性人的认知能力和理解能力对作品是否构成实质相似进行判断。

4. 应当将“整体比对”和“局部比对”相结合。在进行实质性相似的比对过程中，既要对作品的整体表达方式进行比对，也要对作品主要组成部分的表达方式进行比对，特别是权利人作品中具有极强独创性的部分，应当重点进行比对来判断两者作品是否构成实质性相似。

第二节 企业著作权管理操作实务

著作权管理在企业知识产权管理体系中占据重要位置，可以说，每家企业都会拥有自己的作品，企业网站、产品照片、宣传材料、产品设计图、产品效果图等都可能产生著作权。企业著作权管理主要围绕著作权的产生、运用、管理和保护来展开。

一、著作权的产生及企业常见作品种类

著作权自创作完成之日起自动产生，而不论该作品是否发表，也不需要像专利、商标那样由国家进行核准授权。但这并不代表著作权的取得是轻而易举的。著作权法中规定的作品，是指文学、艺术和科学领域内具有独创性并能以一定形式表现的智力成果。所以，只有达到独创性标准并且可以以一定形式表现出来的作品才能获得著作权。

由于著作权系自动产生，企业往往忽视它的存在。事实上，企业日常运营过程中产生的作品比比皆是。比如：企业自行或委托他人设计的官方网站；企业产品宣传照片；产品说明书；企业宣传资料（包括视频和文字）；包含图形要素的商标图案；等等。只要符合独创性的标准，都可以获得著作权。另外，针对一些特殊行业，其作品类型就更加丰富，比如：音乐作品、视听作品、舞蹈作品、戏剧作品、建筑作品、计算机软件等。企业应当在著作权的日常管理中，善于发现和挖掘这些作品，及时进行梳理和分类，并视情况采用各种保护措施。

二、作品自愿登记的作用

企业可以将自己享有著作权的作品向各自所在的省、自治区、直辖市版

权部门进行自愿登记。实行作品自愿登记制度主要是为了维护作者或其他著作权人和作品使用者的合法权益，有助于解决因著作权归属造成的著作权纠纷，并为解决著作权纠纷提供初步证据。

前已提及，著作权自作品创作完成之日自动产生，不需要国家的核准授权。因此，著作权并不像专利、商标那样拥有一张授权证书。一旦发生权属或侵权纠纷，当事人要举证证明作品是自己创作完成，这对证据的要求比较高，而且很多企业不注意保存作品创作过程方面的证据，也就较难举证。此时，如果有作品自愿登记证书，则可以起到初步举证的作用，如果对方没有相反证据推翻，则可以认定一方享有著作权。可见，作品自愿登记在解决著作权权属和侵权纠纷方面还是有很大作用和优势的。笔者建议，针对较为重要的作品，企业应当尽可能进行作品登记，作为享有著作权的初步证据。

因审核作品登记的机关对作品登记材料仅限于形式审查，并不会针对作品的创作来源、作品的独创性等进行深入的实质性审查，而且各个地区的版权主管机关都有受理作品登记的权限，故实践中会存在同一作品在不同的版权主管机关进行登记的情况。此时，作品著作权的归属认定需要结合作品登记先后时间顺序并辅之以作品创作过程的其他证据来综合认定。

三、著作权的梳理及建档

著作权没有国家授予的权利证书，且是作品创作完成后自动产生，很容易被企业所忽视，很多企业其实并不清楚哪些智力成果可以通过著作权法保护，也不清楚自身拥有多少作品的著作权。因此，企业有必要对自身享有著作权的作品进行分类和整理，这不但有利于企业对自身著作权状况的了解，也有助于准确评估企业所拥有的无形资产价值。

企业可以按照我国《著作权法》中规定的作品形式对本企业的作品进行分类整理，并对每一部作品建立完整的档案，档案内容包括：作者信息；创作过程材料；是否进行作品登记；是否转让；是否许可使用；是否质押等与该作品有关的信息，而且需要定期对这些档案进行更新，以确保档案的完整性。这项工作起初也许比较繁杂，但一旦整理好，并养成工作习惯，就会发现它的优势，这些档案材料会为企业后续的著作权管理及运营、保护工作奠定坚实的基础。

四、法人作品与职务作品的区别

企业著作权管理者在日常工作中经常遇到法人作品与职务作品的区分问题。法人作品与职务作品表面上看似较为接近，但却是完全不同的两个概念。法人作品，是指由法人或者非法人组织主持，代表法人或者非法人组织意志创作，并由法人或者非法人组织承担责任的作品，法人作品的作者是法人或者非法人组织，相应的著作权人也是法人或者非法人组织。职务作品，是指自然人为完成法人或者非法人组织工作任务所创作的作品。除《著作权法》有特殊规定的外，著作权由作者享有，但法人或者非法人组织有权在其业务范围内优先使用。上述“特殊规定”主要是指：（1）主要是利用法人或者非法人组织的物质技术条件创作，并由法人或者非法人组织承担责任的工程设计图、产品设计图、地图、示意图、计算机软件等职务作品；（2）报社、期刊社、通讯社、广播电台、电视台的工作人员创作的职务作品；（3）法律、行政法规规定或者合同约定著作权由法人或者非法人组织享有的职务作品。这些“特殊”的职务作品，作者仅享有署名权，著作权的其他权利由法人或者非法人组织享有。

可见，法人作品的创作是由法人或非法人组织的意志决定的，而非自然人个人意志决定，其著作权也归属于法人或非法人组织。职务作品的创作由自然人个人意志决定，但其著作权归属要区分是一般职务作品还是特殊职务作品来具体决定。企业需要对法人作品和职务作品的特点和构成要件有清楚的认识，因为这涉及作品的署名及著作权中其他权利的归属，对企业有较大影响。

五、著作权转让

著作权转让是企业进行著作权运营的重要手段，著作权作为一类无形资产，有其自身的商业价值。特别是现阶段知识产权交易呈现快速增长的趋势，著作权的交易也活跃在各个领域，特别是文化创意产业领域。著作权转让是权利主体之间的变更，可以进行转让的著作权种类仅限于著作财产权，发表权、署名权、修改权、保护作品完整权等人身权利和作者人格紧密关联，是不能进行转让的。

广义的著作权转让还应当包括邻接权的转让，即图书、报刊的出版者对其权利的转让，表演者对其权利的转让，录音录像制作者对其权利的转让，广播组织者（广播电台、电视台）对其权利的转让。

企业进行著作权转让应当订立书面转让合同，该转让合同可以向著作权行政管理部门备案，但是否进行备案并非转让合同的生效要件。根据《著作权法》第二十七条第二款，转让合同应当包括下列主要内容：

（一）作品的名称，主要是明确拟转让著作权的作品客体，便于当事人双方区分。

（二）转让的权利种类、地域范围，主要明确转让的是著作财产权中的哪些权利、是转让部分权利还是全部权利、转让后权利行使的地域范围等信息。

（三）转让价金，该部分主要明确一方转让权利后，另一方应当支付的对价。如果一方是外国人或外国企业，则应当明确价金对应的币种。

（四）交付转让价金的日期和方式，主要约定价金的支付时间和方式、是一次性支付还是分批次支付、支付的时间节点。

（五）违约责任，主要约定一方违反转让协议所应承担的违约责任。违约责任尽量具体而明确，具有可操作性。

（六）双方认为需要约定的其他内容，此部分主要约定双方在履行协议过程中可能发生的其他问题的解决方式，比如纠纷的解决机制；适用的法律；合同生效要件；等等。

关于合作作品的转让问题，我国《著作权法》第十四条规定："两人以上合作创作的作品，著作权由合作作者共同享有。没有参加创作的人，不能成为合作作者……合作作品可以分割使用的，作者对各自创作的部分可以单独享有著作权，但行使著作权时不得侵犯合作作品整体的著作权。"这说明如果合作作品可以分割使用的，作者可以对各自创作的部分单独进行转让。

《著作权法》第十四条第二款还同时规定："合作作品的著作权由合作作者通过协商一致行使；不能协商一致，又无正当理由的，任何一方不得阻止他方行使除转让、许可他人专有使用、出质以外的其他权利，但是所得收益应当合理分配给所有合作作者。"这说明，合作作品不可以分割使用的，其著作权转让、许可他人专有使用、出质的权利应当由各合作作者共同行使，其他权利可以由一方单独行使。

六、著作权许可使用

著作权许可使用是著作权运营的另一主要模式，使用他人作品应当同著作权人订立许可使用合同。许可使用合同包括下列主要内容：

（一）许可使用的权利种类，即许可使用的是著作财产权中的哪些权利，这部分内容需要在许可合同中加以明确。

（二）许可使用的权利是专有使用权或者非专有使用权，这主要涉及许可使用的类型。许可使用的类型主要分为独占许可使用、排他许可使用、普通许可使用三种。独占许可使用，是指权利人在约定的期间、地域和以约定的方式，将权利仅许可一个被许可人使用，权利人依约定不得使用该权利。排他许可使用，是指权利人在约定的期间、地域和以约定的方式，将该权利仅许可一个被许可人使用，权利人依约定可以使用该权利但不得另行许可他人使用该权利。普通许可使用，是指权利人在约定的期间、地域和以约定的方式，许可他人使用其权利，并可自行使用该权利和许可他人使用其权利。

（三）许可使用的地域范围、期间，即著作权许可使用的空间和时间范围，此部分为许可合同的关键，决定了许可使用费的计算。

（四）付酬标准和办法，即许可使用费的金额及支付方式、支付时间节点。

（五）违约责任，即一方违反许可使用协议所应承担的违约责任。违约责任尽量具体而明确，具有可操作性。

（六）双方认为需要约定的其他内容，即双方在履行协议过程中可能发生的其他问题的解决方式，比如纠纷的解决机制；适用的法律；合同生效要件；等等。

关于合作作品的许可使用问题，根据我国《著作权法》和《著作权法实施条例》的相关规定，分为两种情况，即如果合作作品可以分割使用，作者可以对各自创作的部分单独进行许可使用；如果合作作品不可以分割使用，其著作权许可使用应当由各合作作者协商行使，在协商不一致的情况下，任何一方无正当理由不得干涉其他方行使除专有许可使用权（即许可他人专有使用）外的许可使用方式。

七、著作权出质

著作权以及与著作权有关的权利中的财产权可以出质。著作权出质是出质人将著作权作为债权担保的一种方式，也是著作权运营的一种形式。尽管现阶段，进行著作权出质的案例还不多见，但企业有必要了解这种著作权运用的形式，以提升企业著作权的资产价值和使用效率。

以著作权出质的，出质人和质权人应当订立书面质权合同，并由双方共同向登记机构办理著作权质权登记。国家版权局负责著作权质权登记工作。著作权质权的设立、变更、转让和消灭，自记载于《著作权质权登记簿》时发生效力。著作权出质期间，未经质权人同意，出质人不得转让或者许可他人使用已经出质的权利。出质人转让或者许可他人使用已经出质的权利所得的价款，应当向质权人提前清偿债务或者提存。

根据《著作权质权登记办法》第七条，著作权质权合同一般包括以下内容：（1）出质人和质权人的基本信息；（2）被担保债权的种类和数额；（3）债务人履行债务的期限；（4）出质著作权的内容和保护期；（5）质权担保的范围和期限；（6）当事人约定的其他事项。

但并非任何形式的著作权出质都能被接受并给予登记，《著作权质权登记办法》第十二条规定："有下列情形之一的，登记机构不予登记：（一）出质人不是著作权人的；（二）合同违反法律法规强制性规定的；（三）出质著作权的保护期届满的；（四）债务人履行债务的期限超过著作权保护期的；（五）出质著作权存在权属争议的；（六）其他不符合出质条件的。"

八、侵害著作权的常见行为表现

根据著作权内容的人身属性或财产属性，著作权的具体权利类型可以分为著作人身权和著作财产权两大类。因此，侵害著作权纠纷类型也可以分为侵害著作人身权和侵害著作财产权两大类。

侵害著作人身权纠纷，是指因侵犯著作权人的发表权、署名权、修改权、保护作品完整权等而发生的争议。著作人身权与作者本人密不可分，体现作者的人格和精神权利，绝大多数情况下只能由作者本人享有和行使。其中，发表权是指决定作品是否公之于众的权利，署名权是指表明作者身份，在作品上署名的权利，修改权是指修改或者授权他人修改作品的权利，保护作品完整权是指保护作品不受歪曲、篡改的权利。较为典型的侵害著作人身权的行为有：（1）未经著作权人许可，发表其作品的；（2）未经合作作者许可，将与他人合作创作的作品当作自己单独创作的作品发表的；（3）没有参加创作，为谋取个人名利，在他人作品上署名的；（4）歪曲、篡改他人作品的。侵犯著作人身权应当承担的民事责任主要是：停止侵害、消除影响、赔礼道歉、赔偿损失等。

侵害著作财产权纠纷，是指因侵犯著作权人的复制权、发行权、出租权、展览权、表演权、放映权、广播权、信息网络传播权、摄制权、改编权、翻译权、汇编权，以及应当由著作权人享有的其他权利而发生的争议。较为典型的侵害著作财产权的行为有：（1）剽窃他人作品；（2）未经著作权人许可，复制、发行、表演、放映、广播、汇编、通过信息网络向公众传播其作品；（3）未经著作权人许可，以展览、摄制视听作品的方法使用作品，或者以改编、翻译、注释等方式使用作品；（4）使用他人作品，应当支付报酬而未支付。

因广义的著作权还包括与著作权有关的权利（邻接权），故实践中，侵害著作权的行为还包括侵害邻接权纠纷，包括：侵害出版者权纠纷、侵害表演者权纠纷、侵害录音录像制作者权纠纷、侵害广播组织者权纠纷。较为典型的侵害邻接权的行为有：（1）未经出版者许可，使用其出版的图书、期刊的版式设计；（2）出版他人享有专有出版权的图书；（3）未经表演者许可，从现场直播或者公开传送其现场表演，或者录制其表演；（4）未经表演者许可，复制、发行录有其表演的录音录像制品，或者通过信息网络向公众传播其表演；（5）未经录音录像制作者许可，复制、发行、通过信息网络向公众传播其制作的录音录像制品；（6）未经许可，播放或者复制广播、电视等。

九、著作权保护的途径

与专利、商标类似，著作权也可以通过行政和司法两条途径加以保护。其中行政保护主要是通过版权执法机关、海关来实施，司法保护主要是通过向法院提起民事诉讼、刑事诉讼来实施。

（一）著作权的行政保护

提到著作权的行政保护，主要是指国家版权局及地方人民政府享有著作权行政执法权的有关部门，在法律职权范围内对版权违法行为进行处罚。国家版权局可以查处在全国有重大影响的违法行为，以及认为应当由其查处的其他违法行为。地方著作权行政管理部门负责查处本辖区发生的违法行为。此处所指的版权违法行为主要包括：《著作权法》第五十三条列举的侵权行为，同时损害公共利益的；《计算机软件保护条例》第二十四条列举的侵权行为，同时损害公共利益的；《信息网络传播权保护条例》第十八条列举的侵权行为，同时损害公共利益的，第十九条、第二十五条列举的侵权行为；《著作权集体管理条例》第四十一条、第四十四条规定的应予以行政处罚的行为；其他有关著作权法律、法规、规章规定的应给予行政处罚的违法行为。所以，企业如遇到自身著作权受到侵害的情形，可以通过向著作权行政执法机关进行投诉，要求执法机关针对侵权行为予以处理。

通过海关进行著作权保护主要是针对进出口货物中存在的侵权行为。海关可以对与进出口货物有关并受中国法律、行政法规保护的著作权和与著作权有关的权利实施保护。当然，如要获得海关的主动保护，著作权人需要将享有著作权的相关证明文件提交海关总署进行备案。各地海关发现进出口货物有侵犯备案著作权嫌疑的，会书面通知著作权人。被扣留的侵权嫌疑货物，经海关调查后认定侵犯著作权的，由海关予以没收。被没收的侵权货物可以用于社会公益事业的，海关将转交给有关公益机构用于社会公益事业。著作权人有收购意愿的，海关可以有偿转让给著作权人。被没收的侵权货物无法用于社会公益事业且著作权人无收购意愿的，海关可以在消除侵权特征后依法拍卖，侵权特征无法消除的，海关予以销毁。

通过行政途径保护著作权，有其高效、主动、威慑力大的特点，对于企业来说，应该善于利用行政机关的执法权来保护自身著作权。对于侵权范围广、侵权产品数量多、取证较为困难的案件，建议通过行政投诉的方式来维权。

（二）著作权的司法保护

通过司法保护著作权主要是通过民事诉讼和刑事诉讼的方式进行。民事诉讼主要集中在著作权的合同纠纷、权属纠纷和侵权纠纷方面。特别是著作权侵权纠纷占据了很大比例，是著作权纠纷案件的主要类型。前面我们已经阐述了侵害著作权的各种行为，这些侵权行为都可以被诉至法院要求被告承担相应的法律责任。同时，严重的侵犯著作权的行为也会构成犯罪。我国《刑法》规定的八类知识产权犯罪中有两类与著作权有关，即侵犯著作权罪和销售侵权复制品罪。

侵犯著作权罪，是指以营利为目的，有下列侵犯著作权或者与著作权有关的权利的情形之一，违法所得数额较大或者有其他严重情节的，处三年以下有期徒刑，并处或者单处罚金；违法所得数额巨大或者有其他特别严重情节的，处三年以上十年以下有期徒刑，并处罚金：（1）未经著作权人许可，复制发行、通过信息网络向公众传播其文字作品、音乐、美术、视听作品、计算机软件及法律、行政法规规定的其他作品的；（2）出版他人享有专有出版权的图书的；（3）未经录音录像制作者许可，复制发行、通过信息网络向公众传播其制作的录音录像的；（4）未经表演者许可，复制发行录有其表演的录音录像制品，或者通过信息网络向公众传播其表演的；（5）制作、出售假冒他人署名的美术作品的；（6）未经著作权人或者与著作权有关的权利人许可，故意避开或者破坏权利人为其作品、录音录像制品等采取的保护著作权或者与著作权有关的权利的技术措施的。

销售侵权复制品罪，是指以营利为目的，销售明知是《刑法》第二百一十七条规定的侵权复制品，违法所得数额巨大或者有其他严重情节的，处五年以下有期徒刑，并处或者单处罚金。

根据最高人民法院、最高人民检察院、公安部制定的《关于办理侵犯知识产权刑事案件适用法律若干问题的意见》，侵犯著作权犯罪案件中“以营利为目的”除销售外，具有下列情形之一的，也可以认定为“以营利为目的”：以在他人作品中刊登收费广告、捆绑第三方作品等方式直接或者间接收取费用的；通过信息网络传播他人作品，或者利用他人上传的侵权作品，在网站或者网页上提供刊登收费广告服务，直接或者间接收取费用的；以会员制方式通过信息网络传播他人作品，收取会员注册费或者其他费用的；其他利用他人作品牟利的情形。

关于对“未经著作权人许可”的理解，该意见指出，一般应当依据著作权人或者其授权的代理人、著作权集体管理组织、国家著作权行政管理部门指定的著作权认证机构出具的涉案作品版权认证文书，或者证明出版者、复制发行者伪造、涂改授权许可文件或者超出授权许可范围的证据，结合其他证据综合予以认定。在涉案作品种类众多且权利人分散的案件中，上述证据确实难以一一取得，但有证据证明涉案复制品系非法出版、复制发行的，且出版者、复制发行者不能提供获得著作权人许可的相关证明材料的，可以认定为“未经著作权人许可”。但是，有证据证明权利人放弃权利、涉案作品的著作权不受我国著作权法保护，或者著作权保护期限已经届满的除外。

著作权司法保护，通常会耗费较长的时间，但其在解决著作权纠纷方面也起到了非常重要的作用。民事诉讼在定分止争的同时，可以使权利人获得相应的赔偿，以减少权利人的损失。刑事诉讼以更加严厉的惩罚震慑侵权者，其效果是其他保护方式所不能给予的。总之，企业采取何种方式来保护著作权，需要根据案件的具体情况具体分析。

十、互联网环境对著作权管理和保护的影响

随着互联网技术的不断发展，互联网对著作权管理和保护的影响也逐步显现。因此，我们有必要熟悉和了解互联网环境对著作权管理和保护的影响。这种影响主要体现在如下几个方面：

（一）互联网信息具有隐蔽性，难以确定侵权人身份。部分侵权人通过互联网实施侵权行为，但并未披露真实身份信息，一旦发生纠纷，权利人难以通过网上信息确定侵权人的具体身份，给著作权的管理和维权带来困难。

（二）互联网信息易改动和灭失。互联网信息较其他书面信息容易改动，也容易删除，导致无法恢复，这都给著作权管理和保护带来困难。显然，通过正常手段无法对互联网信息进行固定，此时最好的方式是通过公证取证来对互联网信息进行固定。

（三）管辖法院难以确定。涉互联网案件一旦进入诉讼，不可避免的一个问题是如何确定管辖权。一般侵权案件可以由侵权行为地或被告住所地法院管辖，而具体到互联网领域，则需要通过侵权行为的网络服务器、计算机终端等设备所在地来确定。如果上述管辖地无法确定的，则可以按照发现侵权内容的计算机终端等设备所在地来确定。可见，一旦发生网络侵权行为，权利人需要首先对网络侵权行为的网络服务器、计算机终端等设备所在地进行调查，以便确定管辖法院，但某些侵权人为规避法律责任，往往将网络服务器和计算机终端设置在国外或通过正常途径使其无法获知，这会给确定管辖法院造成一定障碍。

（四）计算侵权赔偿数额一般可以提供参考依据。通常，侵害著作权案件中，被告判赔的金额主要是适用法定赔偿标准，法院很难明确权利人因侵权行为而造成的具体损失或侵权人因侵权行为而产生的利润。但在涉互联网的著作权案件中，我们可以根据涉案作品的上传时间、网络点击量、阅读次数、播放次数、下载次数等因素，来对赔偿数额进行相对客观的计算。

总之，我们应注意总结互联网技术发展给著作权管理和保护带来的新问题，及时更新传统的著作权法保护理念，以适应不断发展的互联网技术。同

时，在执法和司法过程中，还应当加大对网络侵权的监督和惩罚力度，以更好地维护权利人的合法利益。

第三节　常见法律风险与防范措施

著作权是作品创作完成后自动产生的，无需像专利或商标那样由国家有关机构审核授权。故企业在管理著作权过程中，相较于专利或商标而言有更多值得注意和防范的风险，笔者认为企业著作权管理中常见的法律风险主要有如下几个方面：

一、因忽视对作品创作过程材料的保存而无法证明著作权权属

确定作品创作的过程及完成的时间节点对考察著作权的权利归属至关重要。如果双方对著作权权属产生争议，则对作品创作过程方面的细节考察就十分必要，各方均需举证证明自己创作作品的经过及完成时间，以体现作品的实际作者，从而对抗另一方的主张。作品创作过程方面的证据主要是指作品的立项报告、创作思路、创作手稿、修改意见、作品定稿、公开发表等方面的材料，这些材料越完备，越能证明作品产生的时间和过程，从而证明作品的归属情况。

为了避免企业在著作权归属问题上产生不必要的纠纷和困扰，笔者建议，企业无论是自行创作还是委托创作、合作创作都应当建立完整的作品创作档案。这些档案不仅要收集整理作品的最终定稿文件，还要有意识地整理归入一些创作过程方面的证据材料，以备将来出现权属纠纷时用以证明著作权归属情况；有条件的或针对一些比较重要的作品，还可以通过公证的方式来固定这些创作过程材料。如果企业认为通过公证的方式成本较高，也可以选用第三方电子存证的方式进行，比如可信时间戳等。目前，第三方电子存证因其便捷、成本低、具有一定公信力等特点而广泛应用于取证，且越来越被司法机关所接受，因此，采用第三方电子存证的方式固定作品创作证据不

失为一种较为经济、有效的手段。

二、因委托创作或合作创作过程中对权属约定不明确而发生纠纷

企业除在自行创作作品过程中注意防范权属纠纷风险外，在委托创作或合作创作过程中，更应当提高警惕。实践中，因委托创作或合作创作引发的著作权权属纠纷呈上升趋势。通常，企业委托他人创作或与他人合作创作作品，应当签订书面合同，并在合同中对作品著作权归属进行明确约定，如果约定不明确，则极易产生纠纷。

我国《著作权法》第十九条规定："受委托创作的作品，著作权的归属由委托人和受托人通过合同约定。合同未作明确约定或者没有订立合同的，著作权属于受托人。"可见，倘若委托创作合同中未明确约定著作权的归属，著作权依法归于受托人，对受托人更加有利。

我国《著作权法》第十四条规定："两人以上合作创作的作品，著作权由合作作者共同享有。没有参加创作的人，不能成为合作作者……合作作品可以分割使用的，作者对各自创作的部分可以单独享有著作权，但行使著作权时不得侵犯合作作品整体的著作权。"所以，合作作品的著作权原则上由合作作者共同享有，但如果双方在创作合同中约定归一方所有的，法律并不禁止。

实践中，某些作品的创作过程比较特殊，例如：由执笔人记录的他人在公开场合发表的报告、讲话或由执笔人根据他人的讲述整理、撰写的自传体作品等，如何界定这些作品著作权的归属？根据《最高人民法院关于审理著作权民事纠纷案件适用法律若干问题的解释》，除《著作权法》第十一条第三款规定的情形外，由他人执笔，本人审阅定稿并以本人名义发表的报告、讲话等作品，著作权归报告人或者讲话人享有，著作权人可以支付执笔人适当的报酬。当事人合意以特定人物经历为题材完成的自传体作品，当事人对著作权权属有约定的，依其约定，没有约定的，著作权归该特定人物享有，执笔人或整理人对作品完成付出劳动的，著作权人可以向其支付适当的报酬。由此可见，上述两种情况的执笔人在作品创作过程中的作用主要是记录

和整理，其本身并未参与作品的实际创作，所以，此类作品的执笔人并非作者，其对作品不享有著作权。

总之，双方当事人的合同约定将是确定著作权归属的首要考虑因素，故企业应当重视在这类合同中对权属问题加以明确。

三、著作权合同因用语不规范而产生纠纷

著作权合同使用法律术语，避免口语化或不规范的用词，因此，著作权合同应当由法律专业人士起草或审核，以免因用语不规范而产生歧义和纠纷。

我国《著作权法》第二十六条第一款规定，使用他人作品应当同著作权人订立许可使用合同。许可使用的权利包括专有使用权和非专有使用权。实践中，往往对“专有使用权”的内容有较大争议。对于“专有使用权”的范围可以在合同中明确约定，但如果合同中没有约定或者约定不明的，可以理解为被许可人有权排除包括著作权人在内的任何人以同样的方式使用作品，类似于被许可人获得了“独占许可使用权”。但是，被许可人获得“专有使用权”不代表其可以许可第三人行使同一权利，除合同另有约定外，被许可人许可第三人行使同一权利，必须获得著作权人的许可。

另外，笔者常常看到，双方在合同中使用“独家许可使用”的字样，应当说，“独家许可使用”并非正式的法律术语，将“独家”理解成“独占”还是“排他”，这对著作权人的权利限制是有很大影响的。所以，如果在著作权合同中，企业无法使用准确的法律术语，将会给未来的著作权纠纷埋下伏笔。

四、因未明确著作权合同中的“验收条款”而产生纠纷

无论是著作权创作、开发合同还是著作权、邻接权的转让、许可使用合同，都有可能因涉及对作品交付成果是否符合约定而产生争议。特别是在著作权委托创作、开发和著作权合作创作、开发过程中，双方应当对各自成果的交付设定标准。这里验收标准越详细越具体越好，但验收标准应当符合客

观事实，应当具有可操作性，同时还应当设定双方因对验收标准的理解产生分歧的解决方式。

如果合同中有明确的“验收条款”，则可以依据该条款约定的标准对作品进行验收。如果合同没有该类条款，或者约定不明确，则需要从合同签订的目的、合同条款的前后逻辑关系、作品是否能够正常使用等方面对作品是否符合合同约定进行论证，但这样显然增大了解决分歧的成本且效果并不一定好。所以，事前预防是解决纠纷的最好方式。

五、因对职务作品和非职务作品的区分不清晰而产生纠纷

职务作品和非职务作品是企业在著作权管理过程中经常遇到的问题，企业员工进行作品创作，哪些属于职务作品，哪些属于非职务作品，如果不进行区分显然会影响到企业和员工各自的合法权益并极易产生纠纷。因此，企业著作权管理者有必要对这个问题加以重视。

职务作品，是指自然人为完成法人或者非法人组织工作任务所创作的作品。职务作品的创作者是依照自己的意志进行创作，只不过这种创作是为了完成法人或非法人组织交给的工作任务。职务作品的著作权一般由实际创作的作者享有，但法人或者非法人组织有权在其业务范围内优先使用。作品完成两年内，未经单位同意，作者不得许可第三人以与单位使用的相同方式使用该作品。职务作品的著作权归属也有例外，有下列情形之一的职务作品（又称“特殊职务作品”），作者仅享有署名权，著作权的其他权利由法人或者非法人组织享有，法人或者非法人组织可以给予作者奖励：（1）主要是利用法人或者非法人组织的物质技术条件创作，并由法人或者非法人组织承担责任的工程设计图、产品设计图、地图、示意图、计算机软件等职务作品；（2）报社、期刊社、通讯社、广播电台、电视台的工作人员创作的职务作品；（3）法律、行政法规规定或者合同约定著作权由法人或者非法人组织享有的职务作品。

要正确界定职务作品与非职务作品，需要首先查明作者创作该作品是否属于完成法人或非法人组织的“工作任务”。这里的“工作任务”，是指自然

人在该法人或者非法人组织中应当履行的职责，包括自然人在该法人或非法人组织中所处工作岗位的固有职责，也包括该法人或非法人组织安排的与其岗位无关的创作任务。那么，自然人在其岗位上创作的任何作品是否都属于职务作品呢？答案是否定的，自然人只有在其工作职责范围内创作的作品才能归类为职务作品，自然人创作的与其工作职责无关的作品，系自然人的个人作品，其著作权由自然人个人享有，不属于职务作品范畴。

在考察特殊职务作品时，需要了解利用法人或非法人组织的“物质技术条件”创作作品的事实。这里所谓的“物质技术条件”主要是指，该法人或者非法人组织为自然人完成创作专门提供的资金、设备或者资料，比如立项报告、领款凭证、设备使用记录、资料借阅记录、项目结案报告、会议记录、年终总结等，这些证据会对作品创作过程中是否利用了法人或非法人组织的物质技术条件进行记载，从而为判断该作品是否属于职务作品提供帮助。

六、因对合作作品的著作权行使协商不一致而产生纠纷

两人以上合作创作的作品，著作权由合作作者共同享有，其著作权通过协商一致行使。不能协商一致，又无正当理由的，任何一方不得阻止他方行使除转让、许可他人专有使用、出质以外的其他权利，但是所得收益应当合理分配给所有合作作者。

针对合作作品的著作权行使，通常是协商一致来共同行使。但有时候也会存在协商不一致的情形，特别是合作作者很多或存在合作作者继承人的情况。因此，笔者建议最好能够在合作作品创作之初就对著作权行使的权限、方式进行明确约定，以便未来共同行使著作权时有所依据。

从权利处分的角度来看，除了转让、许可他人专有使用、出质以外的其他权利，合作作者无正当理由，一般不能阻止其他方行使。尤其是在涉及第三方侵害合作作品著作权的情况下，任何一方都有权通过法律手段来维护合作作品的合法权益，但由此产生的收益需要合理分配给其他作者。

七、演绎作品因未取得原著作权人同意而产生纠纷

演绎作品是指通过改编、翻译、注释、整理已有作品而产生的作品，是作者在已有作品的基础上经过独创性的劳动而派生出来的作品，例如，就已有文学作品而改编完成的电影作品、戏剧作品，就外文作品翻译成中文的翻译作品，对古籍进行整理、注释而形成的注释作品等。演绎作品的著作权由改编、翻译、注释、整理人享有，但行使著作权时不得侵犯原作品的著作权。

因为演绎作品是在原作品基础上进行再加工而形成的，所以创作演绎作品必须获得原作品著作权人的同意，如果原著作权人有多人的，应当尽量获得每一位著作权人同意。未经原作品著作权人许可，而对原作品进行演绎的，显然侵犯了原作品的著作权。当然，如果原作品的著作财产权已经过了保护期限，进入公有领域则不在此限，无须经过原作品著作权人的许可就可以进行演绎，但仍需注意原作品作者的署名权、修改权、保护作品完整权的保护期不受限制，即原作品的著作人身权依然存在，不得侵犯。

八、因疏于事前审查导致侵犯他人著作权

企业在经营过程中常常会与著作权打交道，无论是使用的软件、图片、字体、音乐等都有可能侵犯他人的著作权。其中既有未经许可直接复制使用，也有未经许可进行修改、改编、汇编他人作品，这些都是侵害著作权常见的行为。大多数企业，特别是中小企业对著作权缺乏事前审查机制，导致侵权纠纷发生。

笔者建议，企业任何对外的宣传材料、文件、图片、字体、装潢、产品等，只要涉及使用作品的，均应该由熟悉著作权法的专业人士进行事前审核，以确保将侵权风险降至最低。这类审核工作主要包括：使用的作品是否属于企业原创、权属是否清晰、演绎作品是否获得原著作权人的许可、是否签订许可合同、是否支付报酬等方面。针对审核后确有侵权风险的，应当及时通

过书面方式汇报给企业相关部门或企业负责人，并告知相应的法律风险和解决措施，供参考决策。

九、因不清楚模仿和抄袭的界限而引发侵权

我们常说，著作权保护作品的表达形式而非创意思想，思想范畴的内容不是著作权法保护的范围。这很好地解释了模仿和抄袭之间的区别。抄袭是对作品具体表达形式（创作元素）的复制，而模仿是对作品创作思路和风格的借鉴。我国《著作权法》并不规制模仿行为，即如果两部作品在思想或创意上近似，但两者是通过不同的表达方式来诠释这种创意思想，则不能认为是抄袭行为，不构成侵权。如果这种模仿超出了合理界限，已经涉嫌对具体表达形式（创作元素）的模仿，则很可能会构成侵权。

比如，同样是创作中国风格的山水画，一幅画的是春天的重峦叠嶂，一幅画的是冬日的北国风光，尽管两幅画在思想创意上近似（均属于中国风作品），但表达形式完全不同，就不构成侵犯著作权。所以，企业应当了解模仿和抄袭之间的区别和界限，注重对作品表达形式的审查，避免因表达形式上的相同或近似而被认定侵权。

十、在诉讼中，因对作品类型的选择错误而导致维权失败

在著作权侵权案件中，原告通常需要向法院明确在案件中主张享有著作权的作品类型，以便确定作品的独创性标准并判断是否构成著作权法意义上的作品。此时，如果原告对作品类型选择错误则有可能导致维权失败。通常来说，大多数案件中的作品类型比较好判断，可以直接根据《著作权法实施条例》中各类作品的定义进行认定。但近年来，也出现了各种新类型作品，这在原有的《著作权法》和《著作权法实施条例》中并未有明确规定。比如：互联网网页属于何种作品类型？网络游戏属于何种作品类型？体育赛事直播属于何种作品类型？这些都需要原告企业在诉讼之初就做好充分的研究和准备。

当然，随着新技术和新商业模式的发展，现行《著作权法》也已经进行了与时俱进的修改，但实践中层出不穷的新类型作品仍亟待法律或司法解释进行明确。令人欣慰的是，我们的司法机关在具体案件中并未拘泥于现行法的规定，而是根据具体案情结合立法精神，发挥司法能动性，创造性地审理了一批新类型著作权案件，这些案件无疑会对后续著作权立法产生推动作用。但我们也要时刻警惕作品类型泛化或作品类型开放所带来的风险。应当遵循著作权法的立法本意及国际公约的普遍共识来确定具体案件中的作品类型以及是否应当给予保护。笔者建议，企业应当及时关注著作权案件的司法审理动态，这样有助于了解国家对著作权司法保护的最新动向，也有助于企业自身著作权的维权活动。

第四节 典型案例评析

案例 1：绘画公司与首饰公司、网购公司著作权侵权纠纷案[①]

◆案情简介

美术作品《×× 花神》的作者为林某，著作权人为绘画公司，作品完成日期为 2009 年 1 月，由福建省版权局于 2010 年 8 月 6 日予以著作权登记。2010 年 7 月 30 日，林某与绘画公司签订职务作品版权归属确认书，约定：美术作品《×× 花神》系职务作品，该作品除署名权外的著作权在作品完成之日起 50 年内归绘画公司所有。

2012 年 8 月 7 日，绘画公司的委托代理人向上海市徐汇公证处申请办理保全证据公证。当日，绘画公司代理人在公证处使用该处的电脑，打开相应页面，进入由首饰公司运营的名称为“×× 旗舰店”的网购店铺，与该店铺客服人员沟通，客服人员提供的链接进入店铺中的 ×× 花神手镯

① 案号：（2012）杭余知初字第 317 号。

商品页面显示：× × 花神手镯银手镯 999 纯银女纯银手镯 999 千足银，价格：427 元，促销：256.20 元，月销量：357 件，库存：25 件，点击购买该银手镯及其他 × × 花神银手镯计十二个，共付款 3074.40 元；进入店铺首页，显示：× × 旗舰店，品牌直销，百年 × × 纯银，纯银手镯第一品牌。

8 月 13 日，上海市徐汇公证处对绘画公司代理人签收顺丰快递包裹、拆开快递包裹和重新封存包裹的全过程进行拍照记录。快递包裹内有：小方盒十二个，盒内均为银手镯一只，盒盖侧面注明：百年 × × 纯银，× × 纯银 · 百年传承，盒盖正面斜拉红色绸带，上有“百年 × × 纯银”文字；小盒一个，内为耳钉二枚；擦银布十六片，布的正中有“百年 × ×”文字；小包装袋十二个，袋的两面正中均有“百年 × × 纯银”文字。查看银手镯，每只银手镯正面均刻有花的图形。将银手镯上花的图形与绘画公司享有著作权的《× × 花神》美术作品比对，每只银手镯花的图形各对应《× × 花神》美术作品中一种花的图形，两者的图案、构思等表现形式均相同，线条的粗细有细微差别。首饰公司出具销售发票。

2012 年 12 月 31 日，绘画公司向网购公司发律师函，要求删除侵权产品信息，附两条侵权链接。网购公司于 2013 年 1 月 15 日回复称：于 2012 年 1 月 7 日收到函件，并已删除链接。但此后不久，侵权产品再次在首饰公司网购店铺恢复销售。

原告认为，两被告的行为严重侵害了原告的著作权，并造成原告的经济损失。原告诉至法院要求：首饰公司立即停止生产、销售侵害绘画公司《× × 花神》美术作品著作权的产品；网购公司立即删除侵害绘画公司《× × 花神》美术作品著作权的产品信息、图片，并禁止首饰公司在其网店销售侵权产品；首饰公司、网购公司共同赔偿经济损失 5 万元（含合理费用）。

◆法院裁决

绘画公司系涉案作品的著作权人，其合法权益受国家法律保护。涉案产品由首饰公司生产、销售。将涉案手镯中花的图形与绘画公司享有著作权的美术作品比对，两者图案、构思的表现形式均相同，线条的粗细等细微处略有差别。因此，涉案产品侵害了绘画公司的著作权，首饰公司应承担侵权的民事责任。网购公司对首饰公司销售侵权产品并无明知、应知的情形，其对绘画公司的投诉也及时答复，并作出积极、有效的处置。故网购公司对首饰公司的侵权行为无须承担责任。遂判决被告首饰公司立即停止生产、销售侵害原告美术作品著作权的银手镯；被告首饰公司赔偿原告经济损失（含合理费用）8000 元。

◆案例评析及法律风险提示

本案系一起涉互联网著作权侵权案件，也是司法实践中较为典型的著作权侵权案件。案件的被告一方网购公司系国内知名电子商务交易平台。本案原告基于《××花神》系列美术作品，分别起诉被告生产、销售的十二款手镯侵犯其著作权。法院最终判决被告停止侵权并赔偿原告经济损失。

本案的争议焦点在于：原告所主张的《××花神》系列美术作品是否应当享有著作权；两被告是否存在侵犯原告著作权的行为；两被告应该如何承担侵权责任。

关于第一个争议焦点，原告为证明自己系《××花神》美术作品的著作权人，向法庭提交了作品登记证书、作品登记表、作品说明书、职务作品版权归属确认书、印刷合同及宣传单、产品供货合同等证据。这些证据共同证明早在 2009 年初，原告就已经创作完成涉案《××花神》美术作品，并公开发表。本案中，两被告均未提交反证来否定原告的著作权。故原告应被依法认定为系涉案《××花神》美术作品的著作权人。需要指出的是，被告一首饰公司成立于 2010 年 4 月 21 日，晚于原告对涉案作品的公开发表日，且被告一与原告属于同一行业，故被告一完全可以接触到原告创作的美术作品。

关于第二个争议焦点，庭审中，对于被告一首饰公司销售涉案产品的事实，各方均未否认，但对于被告一是否实施了生产行为，各方存在不同意见，被告一陈述其是从第三方处购得，并没有生产涉案产品。但法院并未采信被告一观点，法院认为：第一，首饰公司在网购网开设的是“××旗舰店”，其出售的产品名称为“××花神手镯”。第二，手镯的包装盒盖侧面注明“百年××纯银，××纯银·百年传承”文字，盒盖正面斜拉红色绸带上有“百

年 ×× 纯银”文字，包装盒未标注生产者信息。第三，首饰公司开具的发票项目内容载明“百年 ×× 银首饰”。第四，国家商标局已受理首饰公司提出的“×× 及拼音组合”为注册商标的申请。首饰公司的上述行为表明其以“××”对外销售涉案产品，故可认定涉案产品由首饰公司生产，首饰公司存在著作权侵权行为。

关于第三个争议焦点，首饰公司显然应当承担停止侵害、赔偿损失的法律责任。法院根据行为人侵权行为的性质、主观过错程度、涉案产品的知名度以及作品的类型、绘画公司为制止侵权所产生的合理费用等因素，酌情确定赔偿损失 8000 元。对于网购公司是否应当承担相应的法律责任。法院认为网购公司是网络交易平台的提供者，网购公司在收到绘画公司的起诉状的合理期限内，检查网购网上涉案的侵权链接，经搜索无涉案侵权商品的信息，履行了网络服务提供者的注意义务。本案诉讼过程中，绘画公司再次向网购公司发律师函，要求删除侵权信息。对此，网购公司及时删除侵权信息。所以，网购公司对首饰公司的侵权行为无须承担责任。

本案被告在电商平台上销售侵权产品，对于原告来说，准确获取侵权产品是案件胜诉的关键。原告在本案中通过公证取证的方式，在公证处的监督下完成了取证过程，购买到了侵权产品。同时，为证明被告是生产商而非单纯的销售商，原告还列举了公证产品的包装盒及发票等直接证明首饰公司参与产品制造的证据。这些证据无疑对认定被告构成侵权起到了非常重要的作用。可见，针对涉互联网著作权侵权行为的取证，最好采用公证的方式，以免证据灭失。

笔者还注意到，本案原告在证明自己是涉案美术作品著作权人的时候，向法院提交了“作品自愿登记证书”以及与该证书相对应的作品自愿登记申请材料。这部分证据对法院认定原告享有著作权也起到了非常关键的作用。我们知道，著作权自作品创作完成之日起自动产生，不以向相关机构进行登记核准为要件。那么，著作权人是否还有必要申请“作品自愿登记证书”？答案是肯定的。实践中，如若要证明自己是著作权人，通常需要提交作品的创作、修改、发表等一系列证据，但很多著作权人并未实际保留这些证据，或者虽有这些证据，但很难证明证据形成的时间，这就给证明自己是著作权人带来了较大困难。“作品自愿登记证书”可以作为享有著作权的初步证据，而将举证责任转移给被告，如果被告没有有效的证据足以推翻的话，那么法院可以据此认定“作品自愿登记证书”上记载的著作权人即为涉案作品的著作权人。所以，作品自愿登记在实践中还是有它存在的意义，笔者建议对于较为重要的作品，尽量申请自愿登记，获取登记证书，这样在后续维权过程中，对著作权人更加有利。

案例 2：甲家具公司与乙家具公司、家具销售中心侵害著作权纠纷再审案[①]

◆案情简介

2009 年 1 月，甲家具公司设计了一款名称为“唐韵衣帽间”的家具。2009 年 7 月，甲家具公司委托摄影设计公司对其制作的系列家具拍摄照片（其中含 016 唐韵系列）。2011 年 9 月 14 日、2011 年 10 月 10 日，甲家具公司先后在多个网站进行企业及产品介绍与宣传，同时展示了其生产的“唐韵衣帽间”产品照片。2013 年 12 月 10 日，甲家具公司向上海市版权局申请对“唐韵衣帽间组合柜立体图案”进行登记。

2012 年 11 月 14 日，甲家具公司向国家知识产权局申请了名为“衣帽间组合柜（唐韵）”的外观设计专利，该专利授权公告日为 2013 年 3 月 27 日。2014 年 4 月 3 日，乙家具公司就该专利权提出无效宣告请求。2014 年 9 月 12 日，专利复审委员会经审查，认为涉案专利不符合专利法的规定，宣告涉案外观设计专利权全部无效。

2013 年 11 月，甲家具公司向公证处申请对被告的网站进行保全证据并公证购买了由被告乙家具公司生产、被告家具销售中心销售的“唐韵红木”衣帽间一套。

一审审理中，将被控侵权产品与甲家具公司主张著作权的涉案作品进行

---

① 案号：（2018）最高法民申 6061 号。该案系最高人民法院 157 号指导案例。

对比。甲家具公司认为，其作品独创点体现在：板材花色、铜配件设计、中式对称性，被控侵权产品与涉案作品构成实质性相似。乙家具公司、家具销售中心认为，涉案作品与被控侵权产品整体结构存在较大差异，被控侵权产品花色及铜配件均从第三方处订购，为行业通用材料。乙家具公司同时认为其产品系其独立创作。

另查明，乙家具公司拥有“越界”品牌。2011 年 7 月，乙家具公司设计人员设计了名称为“越界新中式”系列家具草图（含被控侵权产品图样）。2012 年 4 月 27 日，《现代快报》在 B89 版对“越界家具南京专卖店”开业作了广告宣传，并展示其衣帽间产品。

◆法院裁决

一审法院认为：甲家具公司主张的“唐韵衣帽间组合柜立体图案”融合了西式风格与中式元素，整体富有美感，其享有的涉案美术作品著作权应受法律保护。但乙家具公司生产的“唐韵红木”衣帽间产品为实用工业产品，该产品不是著作权法意义上的作品，其生产行为不是著作权法意义上的复制行为，因此不构成侵权。遂驳回甲家具公司的全部诉讼请求。

二审法院认为：“唐韵衣帽间家具”的整体形状，以及通过板材花色纹路，金属配件搭配，中式对称等设计的组合，融合中式、西式多种元素，整体富有美感，具备一定审美意义，满足作品的独创性要求，并可用于工业化大批量生产，具备可复制性和实用性特点，据此认为上诉人主张的“唐韵衣帽间家具”构成具有实用价值的艺术作品，应当受到我国著作权法保护，乙家具公司侵犯了上诉人涉案“唐韵衣帽间家具”作品著作权，应当承担相应侵权责任。遂撤销一审判决，直接改判停止侵权并赔偿经济损失。

再审法院认为：作为受著作权法保护的实用艺术作品，除同时满足关于作品的一般构成要件及其美术作品的特殊构成条件外，还应满足其实用性与艺术性可以相互分离的条件。“唐韵衣帽间家具”具有审美意义，具备美术作品的艺术创作高度。改动“唐韵衣帽间家具”的板材花色纹路、金属配件搭配、中式对称等造型设计，其作为衣帽间家具放置、陈列衣物的实用功能并不会受到影响。因此，“唐韵衣帽间家具”的实用功能与艺术美感能够进行分离并独立存在。甲家具公司的“唐韵衣帽间家具”作为兼具实用功能和审美意义的立体造型艺术作品，属于受著作权法保护的美术作品。二审法院认定乙家具公司的被诉侵权产品与甲家具公司的“唐韵衣帽间家具”作品构成实质性相似、乙家具公司侵害了甲家具公司涉案作品的著作权并无不当，遂驳回乙家具公司的再审申请。

◆案例评析及法律风险提示

本案涉及高端定制家具的知识产权纠纷，是国内首例定制家具著作权侵权纠纷案，也被最高人民法院作为第157号指导性案例予以发布。案件从一开始就引起行业内的极大关注。本案的难点在于定制家具在未申请外观设计专利或者外观设计专利申请期间或者外观设计专利被无效后，如何保护家具创作者的知识产权。专利法保护家具有其优势，但也存在明显的滞后性。本案另辟蹊径，适用著作权法，将家具作为具有实用价值的艺术作品来进行保护，使得家具作品在创作完成之日起即享有著作权，有力地维护了作者的合法权益，净化了家具市场的竞争环境。

《保护文学和艺术作品伯尔尼公约》中提及了“实用艺术作品”，但并未明确其概念含义。通常来说，实用艺术作品主要是指玩具、家具、饰品等具有实用功能并有审美意义的平面或者立体的造型艺术作品。现行《著作权法》尚未明确“实用艺术作品”概念，实践中对该类作品的保护也标准不一。此案无疑为实用艺术作品的认定及保护标准提供了极有价值的参考，也为同类案件的代理提供了极有价值的借鉴。

本案原告一开始曾想通过外观设计专利来维权，因为原告在创作完成涉案家具作品后，曾向国家知识产权局申请了该款家具的外观设计专利并获得授权。应当说，本案通过外观设计专利来维权，对原告的举证要求更低，效果会更好。但非常遗憾的是，原告在申请该外观设计专利前，已经通过广告宣传、参加展览等方式公开了该款设计，因此，被告非常轻易地通过收集这些公开的证据使原告专利被宣告无效。原告因此丧失了通过专利进行维权的基础。实践中，很多企业由于不了解专利制度，往往将自己研发的成果通过公开销售、公开使用、展览、广告等方式公之于众，然后再申请专利，殊不知这样做将导致拟申请的专利丧失新颖性而不被授权，或者虽然被授权，但权利基础十分不稳定，极易被竞争对手宣告无效。所以，企业应当将研发成果及时申请为专利，在获取申请号后再公开技术方案，以免专利因自己在先的不当行为而处于权利不稳定的状态中。

本案给权利人的另一个启示在于，知识产权法对于研发成果的保护是全方位的，例如本案的家具设计，既可以通过专利法保护，也可以通过著作权法保护。所以，企业在维权过程中应当拓展思维，不能因为某一项权利被宣告无效，就认为失去了权利基础，无法打击侵权行为。我们应当认真分析研发成果所具有的本质特征，积极寻求其他可行的维权途径，以达到目的。当然，熟悉我国知识产权法律制度，做好事前法律风险预防和研发成果的知识产权规划保护工作，对我们的企业来说更为重要。

案例 3：蒋某男与影视公司委托创作合同纠纷上诉案[①]

◆案情简介

2012 年 8 月 28 日，影视公司作为甲方与蒋某男签订《创作合同》(一)，约定影视公司聘任蒋某男担任电视剧《×× 传》编剧，《×× 传》剧本著作权归影视公司所有，蒋某男作为编剧享有编剧的署名权；该剧每集编剧的稿酬为人民币 35000 元。

2013 年 7 月 15 日。演艺公司作为甲方与蒋某男签订《创作合同》(二)。该合同除签订主体的一方由影视公司变为演艺公司外，主要内容与《创作合同》(一) 一致，合同落款日期为 2012 年 8 月 28 日。同时，双方还签署了《补充协议》及蒋某男单方签署的《授权书》。《授权书》中声明“演艺公司无须征得本人同意即可将本授权书内容部分或全部转授权或转让给第三方行使”。《补充协议》约定，蒋某男“承诺在电视剧《×× 传》播出的

---

① 案号：(2016) 京 73 民终 18 号，载北京知识产权法院官方微信公众号“知产北京”，https://mp.weixin.qq.com/s/PiDuXGZxB1gFR2retA7dDQ，最后访问时间：2022 年 2 月 17 日。

同期，才会将此原著创意出版小说并发行，在此之前不会出版此原著相关内容以及在网络发布”；蒋某男同意演艺公司有权将《创作合同》(二)、《补充协议》、《授权书》中的权利义务一并转让给第三方；蒋某男许可演艺公司将原著创意及电视剧《××传》改编为游戏、漫画、动画片，演艺公司为获得改编作品向蒋某男支付许可使用费共计50万元，于合同签署之日起十日内支付。蒋某男认可于2013年7月17日收到上述50万元许可使用费。《授权书》及《补充协议》的落款日期存在倒签，分别为2012年8月28日及2012年11月18日。

2013年8月，影视公司与演艺公司签署《转让协议》及《转让补充协议》。通过上述二协议，演艺公司将与蒋某男签订的《创作合同》(二)、《授权书》、《补充协议》中的权利义务转让给影视公司，合同权利方面仅保留了《××传》电视剧中国大陆以外其他地区和国家的发行收益，改编游戏收益的30%分成权；合同义务方面约定由演艺公司负担支付给蒋某男的报酬，并另行据实结算影视公司已向蒋某男支付的报酬。《转让协议》及《转让补充协议》约定了转让价格为350万元，应分两笔结清。就上述协议的签订，演艺公司认可已与影视公司和蒋某男协商一致。

基于电视剧《××传》的编剧创作，蒋某男已收到约定的53集的全部编剧费用共计185.5万元，共分12笔。其中影视公司直接支付七笔共计56.7万元。蒋某男所著小说《××传》全六册已于2015年8月至11月由浙江文艺出版社出版发行，此时，电视剧《××传》尚未播出。电视剧《××传》于2015年11月30日在东方卫视和北京卫视开播。

影视公司诉称，电视剧《××传》尚未播出，但蒋某男却出版、发行了小说《××传》，违反了合同约定，严重影响了我公司对电视剧《××传》的发行、宣传计划。请求法院判令蒋某男立即停止小说《××传》的出版、发行，在全国性主流媒体显著位置发表道歉声明。

◆法院裁决

一审法院认为：影视公司受让《创作合同》(二)及《补充协议》《授权书》的合同权利义务后，其与蒋某男成为《创作合同》(二)及《补充协议》

的合同双方当事人。影视公司依据《创作合同》(二)、《补充协议》及《授权书》约定作为本案原告起诉要求蒋某男承担相应违约责任，符合法律规定。根据《创作合同》(二)及《补充协议》《授权书》，蒋某男负有“在电视剧《××传》播出的同期，才会将此原著创意出版小说发行，在此之前不会出版此原著相关内容以及在网络发布”的义务。现蒋某男已将《××传》小说出版、发行，且未就其提出的已经制片方同意的抗辩提供直接有效的证据，又未举证证明出版、发行得到影视公司的许可，故上述行为明显违反了合同的约定，应承担相应的法律责任。遂判决蒋某男立即停止小说《××传》的出版、发行。

二审法院认为:《补充协议》明确约定在电视剧版《××传》播出前蒋某男不得出版、发行小说版《××传》。因此，蒋某男于电视剧版《××传》播出前出版、发行小说版《××传》违反了合同约定，应当承担违约责任。但在《补充协议》中，如果违反了协议，相应地承担何种违约责任并未作出约定。本案的情形是合同约定了蒋某男不得在电视剧版《××传》播出前出版、发行小说版《××传》，即蒋某男负有在一定期间内的不作为义务。但是，法律针对强制继续履行的情形作了例外性的规定，即法律上或者事实上有可执行性，而判决的可执行性直接影响着判决的权威性。为此，二审不能予以维持。但是，本案纠纷系因蒋某男违约行为引发，故二审诉讼费由蒋某男负担。

◆案例评析及法律风险提示

本案是关于作品委托创作合同履行过程中发生的纠纷。通常来说，作品委托创作常见的纠纷是关于作品著作权权属之间的争议，但本案针对作品权属，双方没有争议，只是在合同义务履行方面，双方发生了纠纷。

具体而言，本案争议焦点在于蒋某男的小说版《××传》在影视公司的电视剧版《××传》播放之前出版发行，蒋某男是否构成违约。两审法院在这个问题上的观点一致，即认为蒋某男负有“在电视剧《××传》播出的同期，才会将此原著创意出版小说发行，在此之前不会出版此原著相关内容以及在网络发布”的义务。但蒋某男违反约定，将所著小说《××传》全六册于 2015 年 8 月至 11 月由浙江文艺出版社出版发行，此时，电视剧《××传》尚未播出。这显然已经违反了《补充协议》约定的相关义务，构成违约。关于蒋某男承担何种法律责任的问题，一审法院判决蒋某男立即停止小说《××传》的出版、发行，但二审法院撤销了一审判决，仅要求蒋某男承担二审诉讼费用。

对比一审和二审判决，二审法院之所以改判，其主要理由是：1. 蒋某男所承担的义务仅限于在电视剧《××传》播出前不得出版、发行小说版《××传》，一旦电视剧播出后，小说版就可以出版、发行，一审法院判决蒋某男停止出版、发行小说显然未考虑此时间节点因素；2. 在双方未明确违约责任具体承担方式的前提下，法院判决违约责任承担方式还应考虑判决的可执行性，因为这直接影响着法院判决的权威性。

显然，从法院判决结果上看，蒋某男虽然败诉了，但并未按照原告的预期承担相应的法律责任，这主要是和原告在本案中提出的诉讼请求有关，原告提出的诉讼请求仅限于请求法院判令蒋某男立即停止小说《××传》的出版、发行，并在全国性主流媒体显著位置发表道歉声明。法院当然只能根据诉讼请求的范围进行裁判。倘若原告还主张针对蒋某男违反约定的赔偿责任，那么蒋某男在本案中可能还需要担负金钱赔偿责任。所以，原告在此类合同维权中，需要多方面考虑自己的诉求范围，尽量将被告可以承担的法律责任均纳入诉讼请求中予以主张。

委托创作合同是企业经营过程中经常接触的一类合同。前已提及，在委托创作合同中，双方应当明确作品著作权的归属情况以及作品的署名方式，以尽可能减少因此而产生的权属及署名权纠纷。另外，此类合同涉及的其他常见纠纷主要集中在合同履行方面，比如作品验收标准、作品交付方式、作品交付期限、作品使用方式、委托创作费用、著作权转让或许可等。作为合同双方来说，首先，应在合同签订时就对上述可能存在的纠纷点作出明确约定；其次，双方应当按照合同约定的条款履行各自的权利和义务，特别是限制性条款，更应注意履行的方式、时间和条件，合理规避可能出现的法律风险。

案例 4：上海甲公司、林某与乙品牌公司著作权权属、侵权纠纷上诉案[①]

◆案情简介

2018 年 8 月 21 日，国家版权局向林某（原审原告）颁发作品登记证书。证书载明：申请者林某于 1998 年 8 月 1 日创作完成一幅描绘樱花图案的美术作品，并于 1999 年 11 月 1 日首次发表。证书后附有该作品图样，以下称“涉案樱花图”。林某于 2018 年 11 月 1 日出具情况说明，表示将创作的涉案美术作品授权给苏州甲公司作为商标使用，该公司于 1998 年 11 月将涉案商标图案申请注册商标，商标注册号为 1398146。1999 年 10 月，苏州甲公司将上述注册商标权转让给上海甲公司，并同意该公司继续使用林某享有著作权的樱花图案。

苏州甲公司原法定代表人于 2018 年 11 月 8 日出具情况说明表示，林某创作完成了樱花图授权给苏州甲公司使用，该图案获准商标注册，商标注册号为 1398146。后该公司搬迁至上海，成立上海甲公司，该商标由上海甲公司持有并使用。本人对上海甲公司使用樱花图案的行为不持异议，对林某享有樱花图案著作权的事实也不持异议。

乙品牌公司成立于 2008 年，经营范围为香料、香精制造，食品添加剂制造等。乙品牌公司称其生产、销售甲基麦芽酚香精产品，在案公证书显示，在淘宝网上有“2 瓶包邮乙品牌樱花金叶甲基麦芽酚乙基麦芽粉食品添加剂增香去腥”的产品信息及产品包装图片，图片正面左上角印有乙品牌公司授权使用的樱花商标，上海甲公司、林某确认其主张的侵权图案就是该樱花商标图案，乙品牌公司确认该商品系其公司生产，也确认使用了上述图案。

上海甲公司、林某主张其美术作品与涉案商品上使用的注册商标图案构成实质性相似，遂向一审法院起诉请求：1. 判令乙品牌公司停止侵犯原告著作权的行为，停止在其商品上使用侵害原告署名权、复制权、发行权、信息

① 案号：（2019）粤 73 民终 6457 号。

网络传播权、获得报酬权的图案；2. 判令乙品牌公司赔偿原告经济损失共计人民币 100 万元；3. 判令乙品牌公司在《广州日报》上发表声明，消除因侵权行为造成的不良影响。

二审时，法院询问关于证明涉案樱花图创作过程的相关材料，上海甲公司和林某称涉案樱花图是林某在草稿纸上一次创作完成的，不存在美术作品的初稿、线条稿、填色稿等创作底稿文件；并且由于时代久远等原因，林某手绘的草稿纸也未能保存。

◆法院裁决

一审法院认为：上海甲公司、林某主张的涉案樱花图具备美术作品的属性，可以认定为美术作品，且原告提交的证据能证明涉案作品的著作权为林某所有并授权上海甲公司使用。经比对，原告享有作品权利的涉案樱花图与乙品牌公司使用的注册商标图之间虽主题相同，但表现手法不同，不构成实质性相似，故原告主张请求保护著作权项下的署名权、复制权、发行权、信息网络传播权、获得报酬权，无事实与法律依据，其诉讼请求不应得到支持。

二审法院认为：当主张著作权作为商标权的在先权利予以保护时，应当对是否构成作品以及主张人是否属于著作权人予以严格审查，并对著作权的保护范围施以合理限制，不应使在先著作权获得接近甚至超过驰名商标跨类保护的保护范围和保护力度，仅凭该作品登记不足以认定林某享有涉案樱花图的美术作品著作权，林某应当对其享有著作权另行充分举证证明。商标申请人将图文组合作为商标在某类商品或服务上申请注册以及在商品经营中使用商标的行为，只能证明申请人的意思表示是希望获得商标权并应接受商标法关于商标权的保护和规制，而不能直接证明申请人同时获得该“图文组合”的美术作品著作权。现有证据不足以证明林某享有涉案樱花图的美术作品著作权。

◆案例评析及法律风险提示

本案涉及的是被告使用的注册商标与原告享有在先著作权的美术作品图案冲突问题。此类问题在商标授权、确权、侵权领域非常常见。由于作品的著作权自创作完成时自动产生，不需要进行任何核准或登记行为，同时国家商标行政管理部门在核准商标注册时对在先著作权的信息了解甚少，故常常出现核准注册的商标与在先著作权冲突的问题。解决这一问题应当遵循诚实信用、公平合理、保护在先的原则。

本案原告林某称自己于 1998 年 8 月 1 日创作完成涉案樱花图，并于 1999 年 11 月 1 日首次发表，但除作品登记证书和授权给苏州甲公司申请的樱花图案商标注册证外，没有其他作品创作证据。一审和二审法院在是否能够认定林某对涉案图案享有著作权时，发生了观点分歧。一审法院认为，现有证据可以证明林某创作了该美术作品，应该享有著作权。二审法院则从著作权与商标权冲突可能造成的不利后果出发，认为当主张著作权作为商标权的在先权利予以保护时，应当对是否构成作品以及主张人是否属于著作权人予以严格审查，并对著作权的保护范围施以合理限制，不应使在先著作权获得接近甚至超过驰名商标跨类保护的保护范围和保护力度。

同时，就原告提交涉案图案商标注册证作为享有著作权的初步证据，二审法院还认为，因著作权相对于商标权具有保护客体不同、保护期限长、保护范围广、受市场因素约束小等特性，故申请人将图文组合作为商标在某类商品或服务上申请注册以及在商品经营中使用商标的行为，只能证明申请人的意思表示是希望获得商标权并应接受商标法关于商标权的保护和规制，而不能直接证明申请人同时获得该“图文组合”的美术作品著作权。否则，会得出这样一个结论：申请人在某类商品或服务上申请商标注册享有注册商标专用权的同时，对于该“商标标识”便可直接享有不存在商品或服务类别使用限制的著作权，进而对他人在其他商品或服务类别上在后注册的近似商标产生在先权利，并实质获得接近甚至超过驰名商标跨类保护的保护范围和保护力度。这种结论，明显与商标法和著作权法的立法本意不符，也不当扩张了知识产权的边界并容易导致不恰当的权利冲突。

笔者对二审法院关于“当主张著作权作为商标权的在先权利予以保护时，应当对是否构成作品以及主张人是否属于著作权人予以严格审查”的观点非常赞同。但就商标注册申请材料及商标注册证是否能够作为申请人享有商标图案著作权的初步证据这一问题，与二审法院有不同的观点。我国《著作权法》第十二条第一款规定："在作品上署名的自然人、法人或者非法人组织为作者，且该作品上存在相应权利，但有相反证明的除外。"尽管有人认为，申请注册商标及相应的授权公告仅仅是表明注册商标权的归属，并不必然表明注册商标著作权的归属，但不可否认的是商标申请人通过申请商标、提交申请材料，并最终获得初审公告的前提是获得商标图案并进行署名，如果商标图案符合独创性要求，那么提交商标申请材料、商标初审公告、商标授权公告等一系列行为都必然对作品进行了署名。我国《著作权法》第十条规定的署名权是"表明作者身份，在作品上署名的权利"，这里并未对"署名"的形式进行具体规定，也并未排除通过申请注册商标来进行作品署名这一形式，那么只要能够"表明作者身份"，都可以看作署名，可以作为享有著作权的初步证据。《最高人民法院关于审理商标授权确权行政案件若干问题的规定》第十九条第三款规定："商标公告、商标注册证等可以作为确定商标申请人为有权主张商标标志著作权的利害关系人的初步证据。"这里虽未直接认定是"著作权人"，但可以作为"著作权的利害关系人"的初步证据，笔者认为该条实际上是肯定了商标公告或商标注册证在证明商标标志著作权归属方面的作用。当然，如果在权利冲突的案件中，可以从严掌握，再审查是否还存在其他作品创作或发表的证据来相互印证，同时，也允许对方提交反证来推翻上述初步证据。而在不涉及权利冲突的案件中，法院可以从宽掌握，以维护作品著作权人的合法权益。

本案原告没有提交作品创作的其他证据，导致二审法院没有认定其享有著作权，应当说是非常可惜的。这类情况也是大多数自然人和中小企业常犯的错误，针对作品的创作过程，不注意保留创作证据，仅仅看重作品最终的定稿，如果没有较早公开发表的其他证据，则一旦发生著作权纠纷，权利人很难整理出权利归属的证据材料，法院进而无法认定其是著作权人，也就无法进行后续的侵权判断。所以，就著作权来说，企业一定要建立作品创作档案，保留创作过程和首次发表的证据，针对重要作品，还要第一时间进行作品登记，以便在后续发生纠纷后，作为自己享有著作权的初步证据。

第五节　企业著作权管理制度范本

一、总则

第一条　为明确本公司作品的创作、使用、管理和保护工作机制，保护企业著作权无形资产，发挥著作权在促进企业可持续发展过程中的作用，鼓励员工创作的积极性，规范和加强著作权管理工作，根据我国《著作权法》及《著作权法实施条例》等相关法律、法规的规定，结合本公司实际情况，制定本制度。

第二条　公司的著作权管理目标：在公司内牢固树立著作权保护的概念和意识，鼓励和调动员工的创作积极性，提高公司在著作权管理、运营和保护方面的工作水准，使著作权在公司战略发展中发挥其应有的作用，为公司的无形资产创造更多价值。

第三条　相关名称解释：

作品，是指文学、艺术和科学领域内具有独创性并能以一定形式表现的智力成果，包括以下列形式创作的文学、艺术和自然科学、社会科学、工程技术等作品：（1）文字作品；（2）口述作品；（3）音乐、戏剧、曲艺、舞蹈、杂技艺术作品；（4）美术、建筑作品；（5）摄影作品；（6）视听作品；（7）工程设计图、产品设计图、地图、示意图等图形作品和模型作品；（8）计算机软件；（9）符合作品特征的其他智力成果。

创作，是指直接产生文学、艺术和科学作品的智力活动。为他人创作进行组织工作，提供咨询意见、物质条件，或者进行其他辅助工作，均不视为创作。

作者，是指创作作品的公民，由本公司主持，代表本公司意志创作，并由本公司承担责任的作品，本公司为作者。

职务作品，是指员工为完成本公司工作任务所创作的作品。“工作任务”，是指员工在本公司应当履行的职责。

第四条　著作权自作品创作完成之日自动产生。本公司的著作权受国家法律保护，任何单位或个人均不得侵犯。凡本企业（含各地分支机构、子公司、分公司）的员工，均应遵守本制度。

第五条 本公司各级领导、各部门应当采取切实措施加强对企业著作权的管理，增强员工著作权法律保护意识，维护企业合法权益。

二、著作权管理部门

第六条 公司总经理主管和协调著作权管理工作，对公司著作权管理工作全面负责。

第七条 公司设立知识产权部，知识产权部在总经理领导下具体负责公司的著作权管理工作，以及与著作权有关的法律事务。具体职责如下：

（一）对公司各部门进行著作权培训，并向公司各部门提供与著作权有关的咨询，提高员工的著作权意识；

（二）制定公司著作权管理的各项规范，并监督执行；

（三）对公司享有著作权的作品进行分类统计，对部分作品向版权保护机构申请自愿登记；

（四）对公司内部使用作品的行为进行审核，进行侵权预警，并提出整改建议；

（五）参与公司著作权转让、许可使用或其他著作权运营方面的谈判，拟定和审核相关合同文本；

（六）建立和有效管理公司著作权档案，确保著作权档案的完整性；

（七）负责应对各类著作权纠纷，针对侵权行为进行调查、投诉或提起诉讼，协调与外部律师的案件代理工作，监控案件办理进度，最大限度地维护公司合法利益；

（八）其他与著作权管理有关的事务。

三、著作权的主要内容

第八条 著作权包括下列人身权和财产权：

（一）发表权，即决定作品是否公之于众的权利；

（二）署名权，即表明作者身份，在作品上署名的权利；

（三）修改权，即修改或者授权他人修改作品的权利；

（四）保护作品完整权，即保护作品不受歪曲、篡改的权利；

（五）复制权，即以印刷、复印、拓印、录音、录像、翻录、翻拍、数字化等方式将作品制作一份或者多份的权利；

（六）发行权，即以出售或者赠与方式向公众提供作品的原件或者复制件的权利；

（七）出租权，即有偿许可他人临时使用视听作品、计算机软件的原件或者复制件的权利，计算机软件不是出租的主要标的的除外；

（八）展览权，即公开陈列美术作品、摄影作品的原件或者复制件的权利；

（九）表演权，即公开表演作品，以及用各种手段公开播送作品的表演的权利；

（十）放映权，即通过放映机、幻灯机等技术设备公开再现美术、摄影、视听作品等的权利；

（十一）广播权，即以有线或者无线方式公开传播或者转播作品，以及通过扩音器或者其他传送符号、声音、图像的类似工具向公众传播广播的作品的权利，但不包括信息网络传播权；

（十二）信息网络传播权，即以有线或者无线方式向公众提供，使公众可以在其选定的时间和地点获得作品的权利；

（十三）摄制权，即以摄制视听作品的方法将作品固定在载体上的权利；

（十四）改编权，即改变作品，创作出具有独创性的新作品的权利；

（十五）翻译权，即将作品从一种语言文字转换成另一种语言文字的权利；

（十六）汇编权，即将作品或者作品的片段通过选择或者编排，汇集成新作品的权利；

（十七）应当由著作权人享有的其他权利。

第九条 本公司作品著作权的日常行使由知识产权部审核批准，任何部门未经审核批准，不得代表公司行使本制度第八条所列的著作权各项权利。

四、著作权归属

第十条 本公司员工创作的下列职务作品（特殊职务作品），员工仅享有署名权，著作权的其他权利由本公司享有：主要是利用本公司的物质技术条件创作，并由本公司承担责任的工程设计图、产品设计图、地图、示意图、计算机软件等职务作品。

第十一条 本公司员工创作的其他职务作品（一般职务作品），著作权由员工享有，但公司有权在业务范围内优先免费使用。作品完成两年内，未经单位同意，作者不得许可第三人以与单位使用的相同方式使用该作品。

第十二条 公司可就员工创作一般职务作品，与员工签订著作权归属协议，约定除署名权以外的著作权归属于公司。

第十三条 本公司将对完成职务作品创作的作者，给予一定奖励，具体奖励办法由知识产权部另行规定。

第十四条 代表本公司意志创作，并由本公司承担责任的作品，本公司为作者，著作权归本公司享有。

第十五条 本公司委托他人创作作品，应当签订委托创作合同，并应在合同中约定著作权归属本公司享有。受托人提交定稿作品同时，还应提交创作过程中的部分手稿。

五、著作权维护工作机制

第十六条 知识产权部应定期梳理公司享有著作权的作品，根据作品在公司经营战略中的作用大小、价值高低等因素确定向版权保护机构进行自愿登记的作品。

第十七条 进行作品自愿登记的，申请登记的时间应在作品创作完成之日起7日内。

第十八条 知识产权部应当对公司享有著作权的作品进行分类整理，建立著作权档案，档案应当包括的内容有：作品创作过程文件、定稿文件、发表证据、使用证据、作品登记证书、转让、质押或许可使用的相关文件等。

第十九条　知识产权部应定期对公司享有著作权的作品保护期限进行监控，对于已经过期或即将过期的作品应及时向公司相关部门发布，并给出使用建议。

六、作品使用规范

第二十条　公司各部门应当规范使用公司作品和职务作品，未经公司或作者书面同意，不得随意对作品进行修改。

第二十一条　公司各部门使用非本公司作品的，应当获得著作权人的许可，不得擅自未经授权而使用。公司设计部、市场部在工作中所使用的他人作品应当报知识产权部审核，未经审核不得擅自使用。

第二十二条　知识产权部应当对公司各部门使用作品的情况进行监督、检查，发现未经许可使用本公司以外的作品的行为，应当及时制止并提出整改措施。

第二十三条　对于确有必要使用本公司以外的作品的，知识产权部应判断是否属于合理使用，如不属于合理使用，则应当联系作品的著作权人获得许可后方可使用。知识产权部应索要著作权人许可的书面材料，归入著作权档案中。

七、著作权运营工作机制

第二十四条　本公司著作权许可和著作权转让工作由知识产权部具体负责实施，知识产权部应做好著作权许可或转让各项信息的收集、整理、统计工作。

第二十五条　知识产权部应当全程参与著作权许可或转让的谈判工作，对许可或转让的价格应当进行前期评估，必要时，可以委托第三方无形资产评估机构对拟许可或转让的著作权进行价值评估。

第二十六条　公司受让或被许可使用他人著作权时，知识产权部应当做好拟受让或被许可著作权的尽职调查工作，包括：权属调查、法律状态调查、著作权稳定性调查、著作权侵权可能性调查等。调查完成后，形成书面报告上报公司决策层并做好风险预警工作。

第二十七条　知识产权部负责著作权许可和转让协议的起草、审核、修改工作，最大限度地维护公司利益，对于重大条款的确认，应当上报总经理决定，个别情况下由总经理上报董事会评议决定。

第二十八条　公司定期对著作权的运营状况进行统计，由知识产权部会同公司财务部评估公司著作权资产，评估结果纳入本公司财会核算管理体系。

第二十九条　知识产权部应每半年向董事会汇报公司著作权运营情况、收支数据、著作权资产评估情况，对于运营中出现的问题，应当及时提出解决方案。

八、著作权保护工作机制

第三十条　知识产权部负责公司著作权保护的市场监视工作，及时掌握市场上出现的著作权侵权行为，对出现的侵权行为，由知识产权部进行综合分析后提出应对措施建议。采取措施的决定由公司决策层做出，具体工作由知识产权部落实。

第三十一条　知识产权部应当就涉及海关保护的著作权进行筛选，按照我国《知识产权海关保护条例》，向海关总署申请办理知识产权海关保护备案手续。针对海关扣留的涉嫌侵权产品，应当及时确认是否构成侵权，并采取法律措施制止侵权行为。

第三十二条　知识产权部可以根据案件的具体情况，呈报总经理批准后，委托外部著作权律师进行案件的代理工作。知识产权部应当仔细核查律师的资质和专业能力，应当要求律师提供执业证复印件、律师简介、类似案件办理经历、初步的解决方案等材料，以评估律师的专业性。

第三十三条　委托外部律师办理案件的，知识产权部应当建立与外部律师的沟通机制，及时监控案件办理过程，审核律师提交的证据、法律文书、法律意见等材料，促使案件朝有利于公司的方向发展。

第三十四条　知识产权部应当在案件办理过程中，寻求著作权纠纷的多种解决方式，在不损害公司利益的前提下，可以通过和解等非诉讼方式解决各类著作权纠纷。和解协议需报总经理批准，特别重大的著作权纠纷和解协议需由总经理报董事会批准。

九、责任与处罚

第三十五条　公司员工未经许可，不得擅自使用公司享有著作权的作品，违反者按严重违反公司规章制度处理，造成严重后果的，公司将依法追究员工的法律责任。

第三十六条　违反本制度的规定，造成公司著作权资产损失的，公司有权要求其赔偿，并视具体情节，追究其相应的法律责任。

第三十七条　知识产权部工作人员玩忽职守、履行职责不当，造成公司损失的，按照严重违反公司规章制度处理，且公司有权要求其进行赔偿，情节严重的，公司依法追究其相应的法律责任。

十、附则

第三十八条　本制度在执行过程中如有与国家发布的法律、法规相抵触的，以国家法律、法规为准。

第三十九条　本制度由公司董事会负责解释和修订。

第四十条　本制度自发布之日起正式实施。

第五章

企业商业秘密管理

第一节　概述

商业秘密是企业知识产权的一种重要形式，对一个企业来说，是具有重大战略意义的无形资产。特别是一些核心技术，如果没有申请专利，那么商业秘密无疑会成为保护这些核心技术的最直接、最重要的方式。

一、商业秘密概念和特性

商业秘密的概念最早规定于我国1993年制定的《反不正当竞争法》中，该法第十条第三款规定："……商业秘密，是指不为公众所知悉、能为权利人带来经济利益、具有实用性并经权利人采取保密措施的技术信息和经营信息。"根据该定义可知，商业秘密一般应具有秘密性、保密性、经济性和实用性四个特征。2017年11月4日修订的《反不正当竞争法》对此作了修改，即"商业秘密，是指不为公众所知悉、具有商业价值并经权利人采取相应保密措施的技术信息和经营信息"。2019年4月23日，第十三届全国人民代表大会常务委员会第十次会议决定对《反不正当竞争法》再次作出修改。从新旧法对比可见，新法不再强调商业秘密应具有的"经济性和实用性"，取而代之的是"商业价值"性。另外，商业秘密不再局限于技术信息和经营信息两类，而是改为"技术信息、经营信息等商业信息"。具体来说：

秘密性，是指商业秘密首先必须是处于秘密状态的信息，不可能从公开的渠道所获悉，即不为公众所知悉，也就是说，不为所有者或所有者允许知悉范围以外的其他人所知悉，不为同行业或者该信息应用领域的人所普遍知悉。

保密性，是指权利人采取了保密措施，包括订立保密协议、建立保密制度及采取其他合理的保密手段，只有当权利人采取了能够明示其保密意图的措施，才能成为法律意义上的商业秘密。

商业价值性，是指商业秘密具有现实或潜在的商业价值，是一种现在或者将来能够为权利人带来经济利益的信息，不能直接或间接带来经济利益的信息，不具有经济性，不属于商业秘密。

二、阶段性的技术信息与经营信息也属于商业秘密

世界贸易组织在乌拉圭回合谈判中达成的《与贸易有关的知识产权协议》（即《TRIPS 协议》）中规定，商业秘密只需符合三个条件，即秘密性、保密性和经济性，不要求具备“实用性”。为了与《TRIPS 协议》相适应，我国司法实践中对“技术秘密”的构成要件作了一些修改，即不再要求“实用性”这个特征。如《最高人民法院关于审理技术合同纠纷案件适用法律若干问题的解释》第一条第二款规定：“技术秘密，是指不为公众所知悉、具有商业价值并经权利人采取保密措施的技术信息。”这里就没有强调商业秘密应当具备“实用性”。

实践中，有些商业信息只是阶段性成果，还不具有实用性（不能直接应用产生满意的功能效果），但这些阶段性成果毕竟承载了权利人的付出，而且可以缩短研发进程，应当受到法律保护。《最高人民法院关于审理不正当竞争民事案件应用法律若干问题的解释》第十条规定，有关信息具有现实的或者潜在的商业价值，能为权利人带来竞争优势的，应当认定为“能为权利人带来经济利益、具有实用性”。据此，阶段性技术信息或经营信息可以作为商业秘密受到法律保护。新《反不正当竞争法》在此问题上与《TRIPS 协议》和上述司法解释达成了一致。

三、商业秘密分类

商业秘密根据信息内容的不同，主要可以分为技术秘密和经营秘密两类。技术秘密一般是指利用科学技术知识、信息和经验获得的技术方案，主要包括产品配方、技术诀窍、工艺流程、设计图纸、产品模型、计算机源程序、计算机程序文档、关键数据、植物新品种繁殖材料等信息。经营秘密一般是指除技术信息以外的能够为权利人带来竞争优势的各类经营信息，主要包括创意、管理、销售、客户名单、经营计划、财务资料、货源渠道、标底、标书、数据等信息。通常来说，每一家企业都会有经营秘密，但技术秘密一般存在于以技术研发或生产为基础的企业。相应的商业秘密侵权纠纷，又可以分为侵害技术秘密纠纷和侵害经营秘密纠纷。

国务院国有资产管理委员会在其发布的《中央企业商业秘密保护暂行规定》中，根据泄露会使企业的经济利益遭受损害的程度不同，将中央企业的商业秘密分为核心商业秘密、普通商业秘密两级。

有些企业根据商业秘密的保密等级不同，又将商业秘密分为绝密级、机密级和秘密级三类。应当说，我国与商业秘密有关的现行法律、法规或司法解释中并未对商业秘密进行类似的分类。这只是企业针对商业秘密的价值和保密程度大小对商业秘密进行的分类。这种划分从法律角度来看没有太大意义，但它至少可以让员工认识到企业各类商业秘密的重要性，企业按照这种标准对商业秘密分类，针对每一保密级别的商业秘密设定相应的接触人员范围和权限，以便更好地加以管理。

四、技术秘密与专利之间的区别和联系

企业研发的科技成果通常有两种保护方式，一是申请专利，二是通过商业秘密加以保护，两者各有利弊。企业需要根据自身技术方案的特点来选择适用。

专利是以公开换取一定时期和一定地域的垄断权利，除了涉及军事、国

防等保密专利以外，绝大多数的专利需要向社会公开其技术方案，由此法律给予专利权人一种排他的实施权利，他人未经许可，不得实施该专利技术。通过专利来保护技术方案，专利权人可以提供国家授予的专利证书来证明自己所享有的专利权。另外，由于专利技术方案的保护范围较为明确，在判定侵权方面也比较方便。

技术秘密与专利不同，不需要国家通过某种审查程序来认定是否属于技术秘密并授予权利证书。技术秘密通常是在保密状态下实施的，不为公众所知悉，只要企业采取了合理的保密措施，就可以认定是技术秘密。但在发生侵权纠纷时，权利人需要通过大量证据来证明自己所享有的技术秘密权利，还需要对技术秘密的具体内容进行梳理，如果企业的知识产权管理不规范，这个证明和梳理的过程就相对比较困难。另外，技术秘密不像专利可以享有排他权，即他人如果未接触权利人的技术秘密而自行研发出来，则技术秘密的权利人无权禁止他人使用。

以上，通过对专利和技术秘密在保护科技成果方面的分析我们可以看出，两者各有优缺点，企业如何选择合适的方式来保护自身科技成果，需要根据技术本身的特点来决定。一般说来，针对机械、家电产品、日常用品等领域的技术，因为一旦公开使用或销售相关产品，公众就可以获知或通过反向工程就容易获知相应的技术方案，所以应当通过专利来保护。针对化工、生物、医药等领域的技术或者一些工艺方法等，因通过反向工程较难获知而且也较难获取侵权者的侵权证据，故可以通过技术秘密的方式加以保护。还有一些技术方案可以通过专利和技术秘密的方式组合保护，比如将实现某项技术目的的基本技术方案通过申请专利来保护，禁止他人实施，将实现该技术目的的优选方案通过技术秘密保护，防止他人获知优选的方案进行仿造。

五、商业秘密侵权行为的表现形式

根据我国现行《反不正当竞争法》第九条之规定，经营者不得实施下列侵犯商业秘密的行为：（一）以盗窃、贿赂、欺诈、胁迫、电子侵入或者其他不正当手段获取权利人的商业秘密；（二）披露、使用或者允许他人使用以前项手段获取的权利人的商业秘密；（三）违反保密义务或者违反权利人有关保守商业秘密的要求，披露、使用或者允许他人使用其所掌握的商业秘密。（四）教唆、引诱、帮助他人违反保密义务或者违反权利人有关保守商业秘密的要求，获取、披露、使用或者允许他人使用权利人的商业秘密。经营者以外的其他自然人、法人和非法人组织实施前款所列违法行为的，视为侵犯商业秘密。第三人明知或者应知商业秘密权利人的员工、前员工或者其他单位、个人实施前款所列违法行为，仍获取、披露、使用或者允许他人使用该商业秘密的，视为侵犯商业秘密。

鉴于商业秘密本身不具有排他性，换句话说，如果是各自独立研发形成相同的技术方案，一方无权禁止另一方使用。通过自行开发研制或者反向工程等方式获得的商业秘密，不认定为《反不正当竞争法》第九条第（一）项、第（二）项规定的侵犯商业秘密行为。此处的“反向工程”，是指通过技术手段对从公开渠道取得的产品进行拆卸、测绘、分析等而获得该产品的有关技术信息。但当事人以不正当手段知悉了他人的商业秘密之后，又以反向工程为由主张获取行为合法的，人民法院不予支持。

六、判定商业秘密侵权的一般原则

在司法实践中，判定构成商业秘密侵权行为主要是采用“接触 + 实质相同 - 合法来源”的原则。该原则的主要含义是：被告接触了原告商业秘密，且被控侵权信息与原告的商业秘密相同或实质相同，被告无法说明被控侵权信息的合法来源。上述“接触”，可以是举证证明被告实际已经接触过原告的商业秘密，也可以是举证证明被告有接触原告商业秘密的可能性。根据《最高人民法院关于审理侵犯商业秘密民事案件适用法律若干问题的规定》第十二条，人民法院可以根据员工或前员工的职务、职责、权限；承担的本职工作或者单位分配的任务；参与和商业秘密有关的生产经营活动的具体情形；是否保管、使用、存储、复制、控制或者以其他方式接触、获取商业秘密及其载体等因素来认定企业员工或前员工是否有渠道或者机会获取权利人的商业秘密。

这里需要注意的是，上述“相同或实质相同”需要进行一一比对，“且与专利侵权诉讼中的‘被诉侵权技术方案包含与权利要求记载的全部技术特征相同或者等同的技术特征的，人民法院应当认定其落入专利权的保护范围’的判断原则不同，若被控侵权信息中包含部分商业秘密内容，也符合‘相同或实质性相似’的特征”[①]。《最高人民法院关于审理侵犯商业秘密民事案件适用法律若干问题的规定》第十三条规定了，认定“实质相同”可以考虑的因素，包括：（1）被诉侵权信息与商业秘密的异同程度；（2）所属领域的相关人员在被诉侵权行为发生时是否容易想到被诉侵权信息与商业秘密的区别；（3）被诉侵权信息与商业秘密的用途、使用方式、目的、效果等是否具有实质性差异；（4）公有领域中与商业秘密相关信息的情况。

七、侵害商业秘密纠纷的民事责任承担方式

侵害商业秘密纠纷案件的民事责任承担方式主要是：停止侵害及赔偿损失，部分案件中还可能涉及消除影响等。

人民法院对于侵犯商业秘密行为判决停止侵害的民事责任时，停止侵害的时间一般持续到该项商业秘密已为公众知悉时为止。但是，需要特别注意的是，判决停止侵害的时间如果明显不合理的，可以在依法保护权利人该项商业秘密竞争优势的情况下，判决侵权人在一定期限或者范围内停止使用该项商业秘密。

侵害商业秘密行为的损害赔偿额，可以按照权利人因被侵权所受到的实际损失确定，实际损失难以确定的，可以按照侵权人因侵权所获得的利益确定。经营者恶意实施侵犯商业秘密行为，情节严重的，可以在按照上述方法确定数额的一倍以上五倍以下确定赔偿数额。赔偿数额还应当包括权利人为制止侵权行为所支付的合理开支。权利人因被侵权所受到的实际损失、侵权人因侵权所获得的利益难以确定的，由人民法院根据侵权行为的情节判决给予权利人五百万元以下的赔偿。

---

① 孔祥俊：《商业秘密司法保护实务》，中国法制出版社 2012 年版，第 43 页。

与其他知识产权侵权赔偿计算不同的是，如果因侵权行为导致商业秘密已为公众所知悉的，应当根据该项商业秘密的商业价值确定损害赔偿额。商业秘密的商业价值，根据其研究开发成本、实施该项商业秘密的收益、可得利益、可保持竞争优势的时间等因素确定。

第二节　企业商业秘密管理操作实务

近年来，企业间的商业秘密纠纷频繁发生，商业秘密被窃取或泄露往往会导致企业损失惨重，但实践中，权利人能够维权成功的案件比例并不高。总结下来，既有立法和司法层面的问题，当然也有企业自身对商业秘密缺乏有效管理的问题。

企业商业秘密管理应从以下几个方面展开：

一、企业商业秘密梳理与归类建档

企业商业秘密管理首先要解决的问题是：对企业拥有的商业秘密进行梳理和归类。原则上说，每家企业或多或少都有商业秘密，但大多数企业对自身拥有的商业秘密并没有一个体系化的认知，也不清楚商业秘密的具体内容和载体。往往是发生纠纷后，才回过头来去寻找和界定商业秘密的具体内容和有效载体。这显然不利于快速、有效地解决纠纷。

对商业秘密进行梳理和归类，就是要让企业自身对其拥有的商业秘密进行全面认知，并根据产品特点、行业特点、技术仿冒的难易程度、后续维权的难易程度等考量因素对商业秘密进行合理界定和取舍。对于何种信息（智力成果）应当采用商业秘密进行保护，笔者认为企业应主要考虑以下几个方面的问题：

1. 技术方案相对复杂，工艺路程分散，较容易分段采取保密措施；

2. 通过对产品本身的分析、测绘、检测等不容易被反向工程得到产品的组成、原料配比、制造工艺等信息；

3. 一旦发生侵权，较容易锁定信息泄露途径和侵权人身份；

4. 期望对技术信息和经营信息进行永久性保护，不愿意通过申请专利而公开技术方案从而获得有限时间段的保护；

5. 对自身技术研发实力和企业经营有较强的自信心，相对于申请专利而获得排他性的技术垄断而言，不介意竞争对手通过正常的、合法的手段进行研发而获得相同或相近似的技术方案。

企业在决定对技术信息或经营信息是否应当采用商业秘密的方式进行保护时，应着重考虑上述几个方面的问题，根据自身实际情况和经营策略作出选择。

在确定哪些信息通过商业秘密进行保护后，应当对这些信息进行分类整理，便于后续管理。总体来说，可以对商业秘密按照技术秘密和经营秘密两大类进行分类，建立相应的商业秘密管理档案。

技术秘密一般是指利用科学技术知识、信息和经验获得的技术方案，主要包括产品配方、技术诀窍、工艺流程、设计图纸、产品模型、计算机源程序、计算机程序文档、关键数据等信息。在此部分档案中，企业可以按照产品类型、时间顺序等标准进行建档，也可以按照研发团队、技术负责人等标准进行建档。

经营秘密一般是指除技术信息外的能够为权利人带来竞争优势的各类商业信息，主要包括客户名单、经营计划、财务资料、货源渠道、营销策略、标底、投标书等信息。在此部分档案中，企业可以按照内部组织结构进行分部门建档，也可以按照信息本身的性质进行分类别建档。

应当说明的是，进行上述工作，绝不仅仅是法务部（或知识产权部）一个部门的事情，这需要企业自上而下形成统一认识，以法务部（或知识产权部）为主导，各部门密切配合而完成。企业应建立一整套商业秘密采集、界定、审核、存档、调阅的工作流程，从而明确各部门之间的职责，协调各部门之间的关系，提高工作效率。

总之，对商业秘密进行梳理、分类、建档的目的就是方便日后的管理和文件的使用，企业可以根据自身情况灵活选择商业秘密档案的分类规则，并做好档案的检索信息和检索目录，方便后面使用时快速、完整调取。企业经过上述一系列的商业秘密梳理工作后，能够对自身商业秘密的现状、种类、内容、载体等有较为清晰的认识，从而为后续商业秘密管理工作奠定坚实的基础。

二、企业商业秘密泄露的主要途径

企业应了解商业秘密泄露的主要途径，并在具体的管理工作中，针对这些泄密途径采取相应的保密措施，以防止商业秘密泄露。大体说来，企业商业秘密泄露的途径主要有以下 6 种：

1. 员工离职后，将知悉的商业秘密泄露。这是企业商业秘密泄露的主要方式，大多表现为员工跳槽到另一家有竞争关系的企业中任职，将在原企业中所掌握的商业秘密泄露给竞争对手，从而损害原企业的利益。

2. 员工在职期间，将掌握的商业秘密泄露。这种方式主要表现为员工在职期间，利用在竞争对手处进行兼职的机会，将商业秘密泄露出去，或者表现为员工为获取不正当利益，将商业秘密作为交易标的，出卖企业的重要信息。

3. 商业间谍通过不正当手段非法获取、泄露。现今社会，商业间谍无处不在，他们通过各种手段收集竞争对手的商业情报，有的甚至采用非法手段，这种方式给企业带来的危害也是巨大的。

4. 合作伙伴违反保密协议而泄露。签订保密协议是产生保密义务的基础，通常合作双方为防止相关信息被泄露，都要求对方承担一定的保密义务。但这种保密义务往往因为一方的违约而形同虚设。

5. 企业疏忽大意未采取合理的保密措施导致商业秘密泄露。很多企业商业秘密的泄露并非外部因素造成，而是权利人疏忽大意使然。比如，企业主观上虽认为某些信息属于商业秘密，但其并没有给予足够重视，甚至保密意识淡薄，没有采取任何保密措施，致使秘密泄露。

6. 外来人员参观、考察导致商业秘密泄露。这一点主要体现在企业之间并购、委托开发、商务考察过程中，由于一方企业急于想获得资金或技术，迷失了方向，对竞争对手提出的参观考察要求非常配合。殊不知，参观考察人员在考察过程中已经通过录像、拍照、录音等方式将企业的商业秘密收入囊中了。

三、企业对商业秘密应采取合理的保密措施

根据我国《反不正当竞争法》对商业秘密的定义，通常认为一项技术信息或经营信息是否构成商业秘密须同时具备三个条件，即秘密性、保密性、商业价值性。其中，保密性是指权利人为防止自己的商业秘密不被泄露而采取了保密措施。司法实践中，权利人是否采取了保密措施直接影响着司法机关对商业秘密是否存在的认定。所以，企业对自身界定的商业秘密内容应采取相应的保密措施，否则，一旦发生纠纷，被告可以企业未采取保密措施为由而否定商业秘密存在。

商业秘密的保密措施从具体操作上看，可以大致分为软件措施和硬件措施两类。前者主要是指企业在内部规章制度上所采取的保密措施，后者主要是指企业采取的为防止商业秘密泄露的物理措施。对保密措施的规定散见于最高人民法院的司法解释、国家工商行政管理机关及各级地方人大、政府制定的法规、规章中。比如，最高人民法院颁布的《关于审理不正当竞争民事案件应用法律若干问题的解释》《关于审理侵犯商业秘密民事案件适用法律若干问题的规定》，原国家工商行政管理总局颁布的《关于禁止侵犯商业秘密行为的若干规定》，浙江省颁布的《浙江省技术秘密保护办法》，深圳市人大颁布的《深圳经济特区企业技术秘密保护条例》等。以上文件中均不同程度地规定了常见的几种保密措施。

综合上述法律文件的规定及我国司法实践，保密措施可以有以下几种类型：（1）签订保密协议，包括与员工签订也包括与客户或来访者签订；（2）制定保密规定；（3）签订竞业禁止协议；（4）对相关人员提出保密要求；（5）在涉密信息的载体上标有保密标志；（6）限定涉密信息的知悉范围，只对必须知悉的相关人员告知其内容；（7）对于涉密信息载体采取加锁、遮挡等防范措施；（8）对于涉密信息采用密码或者代码等；（9）对于涉密的机器、厂房、车间等场所限制来访者。

上述保密措施中，（1）—（5）属于软件措施，（6）—（9）属于硬件措施。

企业在商业秘密管理过程中，可以采取其中的一种或者几种保密措施。当然，企业实施的保密措施越多，商业秘密泄露的可能性就越小，在发生侵权纠纷时，法院认定企业采取了保密措施的可能性就越大。另外，需要说明的是，企业对商业秘密采取的保密措施并不限于以上九种方式，一般说来，企业为防止商业秘密泄露而采取的各种合理措施都可以认定为采取了保密措施。

企业采取的保密措施并非要做到天衣无缝，只要做到“合理”即可。《最高人民法院关于审理不正当竞争民事案件应用法律若干问题的解释》第十一条第一款规定：“权利人为防止信息泄露所采取的与其商业价值等具体情况相适应的合理保护措施，应当认定为反不正当竞争法第十条第三款规定的‘保密措施’。”所谓合理是指采取的保密措施应当与该信息的商业价值等具体情况相适应。这种标准与国际惯例是一致的。

保密措施的合理性判断只能在个案中综合具体情况来判断。比如，对于密级较低的信息，在上面加盖“保密”字样，并告知相关人员不得泄露，即可认定采取了保密措施。对于密级较高、商业价值巨大、极易被窃取的技术信息或经营信息若仅仅采取上述措施，恐难认定为合理，而应当采取与其商业价值相适应的保密措施，例如：将信息文本放入保险箱、对信息设置密码等。若此时，某人通过安装窃听器或远距离拍摄等方式获知了权利人的商业秘密，是否可以认为权利人未采取保密措施呢？答案是否定的，因为权利人对上述行为的发生无法事先预见，要求权利人对保密做到连一只苍蝇都飞不进来的程度，未免过于苛刻。

保密措施是认定商业秘密存在的标准之一，在商业秘密侵权纠纷案件中，法院对保密措施的认定是判断权利人是否享有商业秘密的重要条件。企业在日常商业秘密管理过程中，应当重视保密措施，在制定各种保密规定和签订保密协议时，应当自觉规避不利条款，并尽量采取多种保密措施。唯有如此，企业的商业秘密才能得到更好的保护，在发生侵权纠纷时才能占据主动地位，更好地维护自己的知识产权。

四、企业商业秘密保密期限设定

企业应当与接触商业秘密的员工签订保密协议，对其提出履行保密义务的要求。那么，员工履行保密义务的期限是多久？员工的保密义务履行期限与保密协议的有效期限是一回事吗？通常，保密协议的有效期限与员工的劳动合同期限相对应，但员工履行保密义务的期限却往往与劳动合同期限没有必然关系。

员工对企业商业秘密的保密期限应当从知悉商业秘密之日起至该商业秘密公开之日止。“知悉商业秘密之日”是指员工通过正当途径获取商业秘密并被要求承担保密的义务之日。“商业秘密公开之日”是指商业秘密成为公众所知的信息，丧失秘密性之日，这种公开可以是权利人的主动公开也可以是他人通过合法途径公开（比如：将通过反向工程或自主研发的与商业秘密相同或实质相似的科技成果公之于众）或者他人通过非法途径公开（比如：通过违法披露使企业商业秘密公之于众）。《世贸组织知识产权协议》第三十九条规定，在任何情况下，商业秘密的权利人均有权防止他人未经许可而以违背诚实商业行为的方式去披露、获得或使用其商业秘密。所谓任何情况是指商业秘密未公开之前的任何情况，即上述“保密期限”内的任何情况，该保密期限的长短取决于商业秘密被公开的时间节点，而与员工的劳动合同期限无关。理由如下：

首先，员工的保密义务并非基于合同关系产生而是依商业秘密的内在价值与保护目的产生，这是我国《反不正当竞争法》的立法本意所决定的。《反不正当竞争法》保护的是正当的自由竞争，凡是遵循诚实信用的理念依法经营的市场主体均应该得到法律的保护。商业秘密的权利人大多是商业秘密的研发者和开拓者，其取得的秘密成果可以使其在激烈的市场竞争中取得优势地位，法律应当保护这种优势地位，打击非法侵害商业秘密的行为。只要商业秘密存在，法律就要时刻予以保护。

其次，从权利与义务相对应的角度来说，保密义务应当与商业秘密权利共存亡。法学理论上的权利与义务是一对矛盾的统一体，两者应当同时存在，同时消亡。现代社会，没有无义务的权利，也没有无权利的义务。权利通过义务来体现，义务为实现权利而设定。权利与义务两者缺一就不是现代意义上的平等。由此可见，只要商业秘密权利存在，保密义务就应当存在，否则商业秘密权利就是一句空话。

最后，保密义务如果因劳动合同关系终止而免除的话，就会成为侵权者获取商业秘密并进行披露、使用而不承担任何责任的借口。侵权者为获取商业秘密完全可以先与商业秘密权利人建立劳动关系成为其员工并合法地获取商业秘密，然后再与单位解除劳动关系，并利用先前获取的商业秘密牟利。这样的行为显然具有不合理性与违法性。如果不加以制止的话，会妨碍市场竞争的有序进行，不利于经济的健康发展。

所以，企业无论在与员工的劳动合同中还是在保密协议中，都应当明确：商业秘密保密期限为自员工签订该劳动合同（保密协议）时起至该项商业秘密被公开时止。员工离职后，该项商业秘密仍未公开的，则员工仍应遵守本协议之约定，承担保密义务。

五、注意区别客户信息与客户名称的不同

"客户信息"是一个法律概念，属于经营秘密的一种，它与"客户名称"有所不同。《最高人民法院关于审理侵犯商业秘密民事案件适用法律若干问题的规定》第一条第三款规定："前款所称的客户信息，包括客户的名称、地址、联系方式以及交易习惯、意向、内容等信息。"可见，客户信息属于商业秘密中的经营信息，是不为公众所知悉的能为权利人带来经济利益和竞争优势的经济情报，特别是与企业保持长期稳定交易关系的特定客户信息。客户信息本身是一个信息的集合体，包含企业交易的细节内容，是企业花费时间、精力、财力获得的宝贵资源。

而客户名称并不是一个法律概念，它仅指客户的企业名称或字号，并不包含与该企业相关的交易习惯、意向、内容等细节信息。所以，从公开渠道可以获得客户名称并不代表也可以获得客户信息，后者如果从公开渠道无法获知，则应当认定为商业秘密。

六、正确区分保密义务与竞业限制义务

实践中，经常有企业咨询保密义务与竞业限制的关系，甚至有很多企业认为，竞业限制义务就是保密义务，因此，部分企业仅与员工签订竞业限制协议，而未签订保密协议。上述理解完全是错误的，保密义务与竞业限制义务在法律上是完全不同而又有部分联系的两个概念。

竞业限制义务是指企业的职工在其任职期间不得兼职于竞争公司或兼营竞争性业务，在其离职后的特定时期内（一般是两年）或地区内也不得从业于竞争公司或进行竞争性营业活动。竞业限制义务，是基于当事人之间的约定而产生，并以支付经济对价为前提，没有约定则没有此义务。

保密义务是指知晓商业秘密的特定人员应当保守秘密，禁止窃取、披露、使用或允许他人使用商业秘密。保密义务属于法定义务，这种法定的不作为义务目的是防止侵犯权利人的知识产权，并不需要支付经济对价。说到底，只要商业秘密处于保密状态，义务人就要永远履行保密义务。

由此可见，员工违反竞业限制义务并不必然违反保密义务。反之，员工解除竞业限制重新择业，并不影响其继续承担商业秘密的保密义务。通常，我们可以将竞业限制作为企业采取的一种保密措施，但它绝不等同于保密义务本身。企业应当清楚，在商业秘密管理过程中，仅以竞业限制协议要求员工承担保密义务是不可取的。

七、正确理解保密义务与保密费之间的关系

企业与员工签订保密协议，约定员工在职期间和离职以后，禁止泄露其知晓的商业秘密。签订保密协议简便易行，为大多数企业所采用的一种保密措施。但在保密协议中，有的企业与员工约定了保密费用的发放条款，有的企业未约定保密费的发放。那么，保密费与保密协议有何种关系？约定保密费对保密协议的效力有何种影响呢？笔者认为：在约定保密费的情形下，保密协议的效力受到保密费用发放的约束，在未发放或未足额发放保密费的前

提下，员工可以不遵守保密协议。

理论上普遍认为，商业秘密的保密义务是一种法定义务，不以支付任何对价为前提，只要商业秘密权利人提出了保密的要求，义务人就应当无条件地予以遵守，直至商业秘密被公开或权利人不要求其保密为止。笔者亦同意上述观点，但当权利人（企业）与义务人（员工）约定了支付保密费的情形下，保密义务履行的性质实际上就发生了改变。

保密义务并非法律上的禁止性义务，至少我国现行法律并未明确规定。也就是说，保密义务是可以由权利、义务双方当事人进行协商的。若权利人在保密协议中未要求义务人保守商业秘密，也未通过其他方式要求保守商业秘密，那么义务人可以不履行保密义务而无须受到法律制裁。这明显区别于禁止对他人身体进行伤害、禁止携带危险品乘坐航空器之类的禁止性、绝对性义务。因此，企业作为商业秘密权利人可以在保密协议中与员工约定履行保密义务的对价——支付保密费，这并不违反法律。而企业一旦约定了要支付保密费，实际上是在向员工提出保密要求的同时附加了一个约束自己的条件，即只有在支付保密费的前提下才可以要求员工保守商业秘密。这样的约定属于企业对自己权利的部分放弃，法律并不反对。

所以，企业在与员工签订保密协议时可以要求员工无条件承担保密义务，也可以约定以支付保密费作为员工承担保密义务的条件，但后者在企业未支付保密费的情况下，无权要求员工按保密协议承担保密义务。这一点在我国一些地方的文件中均有所体现，例如《浙江省技术秘密保护办法》第十一条规定，“有下列情形之一的，保密协议或者合同约定自行终止……（三）权利人不按保密协议或者合同约定支付保密费的”。

从上述规定可知，企业对于在保密协议或劳动合同中约定支付保密费应特别注意，一旦约定员工承担保密义务应以支付保密费为对价，那么企业就应当严格遵守该约定，切不可无故终止支付而给自身商业秘密泄露带来潜在风险。一般来说，企业没有必要在劳动合同或保密协议中约定给予员工保密费。

八、善用基于诚信原则的默示保密义务

保密义务通常基于法律的规定或者当事人约定，但有时权利人并未提出保密要求，或者相对人不愿意签订保密协议，这是否意味着相对人可以不承担保密义务？根据《最高人民法院关于审理侵犯商业秘密民事案件适用法律若干问题的规定》第十条第二款之规定，当事人未在合同中约定保密义务，但根据诚信原则以及合同的性质、目的、缔约过程、交易习惯等，被诉侵权人知道或者应当知道其获取的信息属于权利人的商业秘密的，人民法院应当认定被诉侵权人对其获取的商业秘密承担保密义务。

由此可见，保密义务可以明示也可以默示，当双方在合作过程中未约定保密义务，相对人拒绝签订保密协议或保密承诺时，并不意味着其可以逃避保密义务。基于诚信原则及合同本身的因素，人民法院可以推定相对人负有保密义务，这在一定程度上有利于对商业秘密权利人的保护。当企业在商业秘密保密措施方面没有做到位时，还可以通过该条款来主张相对人的默示保密义务。但笔者并不认为权利人可以高枕无忧，在保密措施方面不作为，因为该条款在实践中的适用有一定门槛，并非无差别适用。权利人还是应当尽可能通过明示的方式向对方提出保密要求，以保护好自身的商业秘密。

九、商业秘密的保护途径

同专利、商标、著作权的保护一样，商业秘密在我国也是通过行政和司法双轨制进行保护的。企业如果遭遇商业秘密侵权，可以寻求这两方面的保护。

（一）商业秘密的行政保护

按照我国现行的《反不正当竞争法》第四条规定：“县级以上人民政府履行工商行政管理职责的部门对不正当竞争行为进行查处；法律、行政法规规定由其他部门查处的，依照其规定。”因此，商业秘密的行政保护主要是通过县级以上人民政府履行工商行政管理职责的部门来实施。第二十一条规

定："经营者以及其他自然人、法人和非法人组织违反本法第九条规定侵犯商业秘密的，由监督检查部门责令停止违法行为，没收违法所得，处十万元以上一百万元以下的罚款；情节严重的，处五十万元以上五百万元以下的罚款。"这是目前我国对侵犯商业秘密行为规定的行政处罚措施。相较于1993年制定的《反不正当竞争法》，上述处罚措施已经明显提高。

企业采用行政保护模式，有利于快速打击商业秘密侵权行为，因工商行政管理机关有执法权，故可以按照规定程序询问被检查的经营者、利害关系人、证明人，并要求提供证明材料或者与侵犯商业秘密行为有关的其他资料；可以查询、复制与侵犯商业秘密行为有关的协议、账册、单据、文件、记录、业务函电和其他资料，这相对于民事诉讼来说，更容易获得侵权证据，锁定侵权事实。

（二）商业秘密的司法保护

一般的商业秘密侵权行为，企业也可以通过民事诉讼的方式，要求法院判决侵权者承担停止侵权、赔偿损失、消除影响等民事法律责任。但在商业秘密的民事诉讼中，对原告的举证要求比较高，原告指称他人侵犯其商业秘密的，应当对其拥有的商业秘密符合法定条件、对方当事人的信息与其商业秘密相同或者实质相同以及对方当事人采取不正当手段的事实负举证责任。其中，商业秘密符合法定条件的证据，包括商业秘密的载体、具体内容、商业价值和对该项商业秘密所采取的具体保密措施等。实践中，商业秘密侵权案件的原告败诉率比较高，主要原因在于上述证据较难收集，无法达到法院要求的证明标准。

对于较为严重的商业秘密侵权行为，企业可以寻求刑事司法保护。我国《刑法》第二百一十九条规定了"侵犯商业秘密罪"。即有下列侵犯商业秘密行为之一，情节严重的，处三年以下有期徒刑，并处或者单处罚金；情节特别严重的，处三年以上十年以下有期徒刑，并处罚金：（一）以盗窃、贿赂、欺诈、胁迫、电子侵入或者其他不正当手段获取权利人的商业秘密的；（二）披露、使用或者允许他人使用以前项手段获取的权利人的商业秘密的；（三）违反保密义务或者违反权利人有关保守商业秘密的要求，披露、使用或者允许他人使用其所掌握的商业秘密的。

明知前款所列行为，获取、披露、使用或者允许他人使用该商业秘密的，以侵犯商业秘密论。上述“权利人”是指商业秘密的所有人和经商业秘密所有人许可的商业秘密使用人。根据《最高人民法院、最高人民检察院关于办理侵犯知识产权刑事案件具体应用法律若干问题的解释（三）》第四条第一款第（一）项的相关规定，侵犯商业秘密罪的入刑门槛从此前的“给商业秘密的权利人造成损失数额或者因侵犯商业秘密违法所得数额在五十万元以上”调整为“三十万以上”。可见，在国家大力保护知识产权，打击侵权行为的大环境下，侵犯商业秘密罪的入罪门槛已经降低，这更有利于保护商业秘密权利人，遏制侵权行为。另外，侵权直接导致商业秘密的权利人因重大经营困难而破产、倒闭的，也可以作为入刑门槛，对商业秘密侵权人起到了较好的震慑作用。

所以，通过刑事司法手段来保护企业商业秘密有着其他保护方式不可比拟的优势，但刑事司法手段对证据的要求更高，且涉及对他人人身自由的限制，公检法机关对该类案件的受理、办理、认定都十分严格和谨慎。故大多数的商业秘密侵权案件都没有采用这种方式来保护。

十、企业商业秘密合规制度建设

合规管理，是指以有效防控合规风险为目的，以企业和员工经营管理行为为对象，开展包括制度制定、风险识别、合规审查、风险应对、责任追究、考核评价、合规培训等有组织、有计划的管理活动。[①]企业商业秘密合规管理，就是要以有效防控商业秘密法律风险为目的，针对企业和员工经营管理行为，进行从制度建立到合规审查，再到风险应对、考核评价等的体系化建设。在此过程中，商业秘密合规制度建设是基础和关键，也是指导后续合规管理的准则。企业应努力建成一套符合自身要求的商业秘密合规管理制度，并以此为基础开展商业秘密管理与保护的实际工作。

① 《中央企业合规管理指引（试行）》，国资发法规〔2018〕106 号。

企业商业秘密合规制度建设的主要内容包括：（1）保密工作机构及职责，该部分解决的是由谁来保护企业商业秘密的问题，企业应当设立专门的机构来保障商业秘密制度的顺利建设与运行；（2）商业秘密范围、密级，该部分主要解决商业秘密的界定、内容、保密等级、接触范围的问题；（3）商业秘密的申报与审查制度，该部分主要规定商业秘密的保护标准以及如何审核确定企业商业秘密；（4）保密机制，该部分涉及如何保护企业商业秘密的问题，主要规定不同等级的商业秘密适用的保密措施，包括硬件措施和软件措施；（5）商业秘密奖惩制度，该部分主要规定针对挖掘提炼商业秘密的人员和部门给予何种奖励以及对泄露、侵犯商业秘密的行为和人员如何进行惩罚；（6）检查与内部考核制度，该部分主要是规定如何定期开展企业商业秘密制度运行情况的检查，及时发现问题，查漏补缺，亡羊补牢，以便更好地改进商业秘密管理方案和制度。

以上就是笔者结合自身实务经验，总结的企业商业秘密合规制度建设的主要内容，企业若能够基于上述板块制定出符合自身运营和发展的商业秘密合规制度，则可以最大限度地保护好自己的商业秘密。

第三节　常见法律风险与防范措施

应该说，每一家企业都有自己的商业秘密，也都存在商业秘密被泄露、使用的风险。实践中，商业秘密侵权的情形时有发生，但如何保护好商业秘密却是一个系统性的工程，笔者认为，目前我国商业秘密保护存在以下三个亟待解决的问题：

1. 商业秘密立法层面不健全

我国目前没有专门的商业秘密保护法，立法层面对商业秘密的保护并不完善，目前有关商业秘密的保护规定散见于反不正当竞争法、刑法、最高人民法院相关司法解释、国家市场监督管理总局的部门规章及各地政府地方性法规中，这些法律法规对商业秘密的认定和保护存在差异，给司法和执法部门的法律适用带来不便。另外，这些法律法规都规定得较为原则，而实践中出现的商业秘密侵权类型多种多样，立法的相对滞后导致企业在具体案件的维权中步履维艰。

2. 司法和执法层面认定侵权门槛较高

商业秘密案件对原告的举证要求很高，原告不但要证明自己拥有商业秘密的合法权利，同时还要证明被告使用的商业信息与原告商业秘密相同或实质性相同，且被告接触了涉案商业秘密。而我们知道，商业秘密的泄露和使用大多是在非常隐秘的环境中进行的，权利人很难对此进行有效的举证，所以权利人败诉较多。大多数企业在发生商业秘密侵权后，倾向于通过市场监管部门查处或者刑事报案的方式维权，试图借助国家公权力来调查取证。但事实上，市场监管部门和公安机关对此类案件的立案均持谨慎态度，有一定的立案门槛。

3. 权利人层面缺乏保护意识和保护措施

从权利人层面来说，企业对商业秘密档案管理不善及保密措施的缺失是导致维权失败的又一重要原因。部分企业只是关注最终的技术成果，对商业秘密研发过程方面的资料未保存，一旦发生商业秘密侵权，根本无法举证证明商业秘密的形成过程，也就无法证明自己对商业秘密享有权利。另外，部分企业对技术信息与经营信息未采取合理的保密措施，导致法院认定商业秘密不存在，也使企业失去了维权的基础。

以上三个层面的问题是现阶段企业商业秘密被侵权后无法及时、有效得到法律保护的主要原因。应该说，这三个层面的问题需尽快解决。从国家角度来说，尽快颁布保护商业秘密的专门法律或出台针对商业秘密保护的系统性、可操作性较强的司法解释是非常必要的，这样可以使商业秘密和专利、商标、版权一样受到专门立法的保护。在司法和执法层面，要适当减轻权利人的举证责任，加重被控侵权人的举证责任，加重对商业秘密侵权人的民事责任，提高侵权违法的成本以遏制潜在的侵权行为。从企业角度来说，要重视企业商业秘密档案管理工作，做到研发资料及时归档，妥善保管，与能够接触到商业秘密的员工签订具体而详细的保密协议，在商业秘密侵权发生时及时寻求专业人士的帮助，将侵权行为造成的损失降到最低并防止二次泄密的发生。

企业在商业秘密管理和保护中常见的法律风险主要有：

一、因对商业秘密的法律概念不了解而忽视商业秘密保护

商业秘密相对于专利、商标、版权来说，并不被大多数企业所了解，特别是中小企业，并不清楚商业秘密的概念，也不知道自身是否存在商业秘密以及如何保护。当然，从朴素的商业理念来说，任何一家企业都知道自己哪些技术信息或者经营信息不能随意公开，需要员工进行保密。因此，企业商业秘密管理者需要做的就是将企业自己认定的商业秘密按照法律规定的商业秘密构成要件进行匹配和完善，以便在发生纠纷时能够得到法律的认可和保护。

在本章第一节中，我们已经详细讨论了商业秘密的概念和构成要件，即商业秘密是指不为公众所知悉、具有商业价值并经权利人采取相应保密措施的技术信息和经营信息等商业信息。有关信息不为其所属领域的相关人员普遍知悉和容易获得，可以认定为“不为公众所知悉”；有关信息具有现实的或者潜在的商业价值，能为权利人带来竞争优势的，可以认定为“具有商业价值”；权利人为防止信息泄露所采取的与其商业价值等具体情况相适应的合理保护措施，可以认定为“采取相应的保密措施”。所以，企业应当重视商业秘密在保护企业智力成果方面的作用，严格按照商业秘密的法律构成要件来审查和梳理自身的商业秘密内容，及时查补缺漏，通过法律认可的方式来保护企业商业秘密。

二、因未采取合理的保密措施导致商业秘密被侵权

采取合理的保密措施是认定构成商业秘密的重要条件之一。企业如果未针对自身技术信息或经营信息采取合理的保密措施，即便该信息属于不为公众所知悉且具有商业价值，也不能获得商业秘密保护。实践中，大多数企业都知晓需要对商业秘密采取保密措施，但这些保密措施很多都停留在口头上，比如单位领导或部门负责人口头要求保密，并未体现在具体的企业制度规范上，一旦发生纠纷，企业很难拿出具体的书面证据来证明已经采取了合

理的保密措施。

因此，保密措施不能仅仅停留在口头上，还需要落实到书面上。通常来说，与单位员工签订保密协议和建立企业保密制度、设置门禁或采取物理隔离措施等都是常见的保密措施。对于具有重大商业价值的商业秘密，还需要根据其商业价值的大小匹配合理的保密措施，即保密措施的合理性与商业秘密本身的价值大小密切相关。另外，企业采取的保密措施不应局限于本单位员工，对于非本单位员工或者外来参访人员，只要其有可能接触到商业秘密，就应当在事前签订保密协议，要求其承担保密义务。

三、因保密制度落实不到位而导致维权困难

企业基于保护自身商业秘密的需求，制定了完善的商业秘密保密制度，但这些制度是否能够真正落实到位，为企业建立起保密屏障呢？这是值得每个企业深思的问题。保密制度不应该仅仅落实到纸面，更应该落实到企业工作的方方面面，使其真正成为商业秘密的保护措施。笔者曾经代理一起“重大科技项目申报书”商业秘密侵权案件，原告提供了大量保密制度、保密协议等欲向法院证明自己对项目申报书中的内容采取了保密措施，但经庭审质证发现，原告提交的大多数项目申报书封面上有“公开”资料的标识。即使原告企业一再声称这些项目申报书中的内容涉及项目技术工艺路线、项目预算、项目计划等信息应当认定为商业秘密，但其自己提交的证据也否定了这一观点，最终导致原告撤回起诉。

笔者认为，上述案例是一起典型的因保密制度落实不到位而导致的维权困难事例，这在企业中并不少见。企业虽然建立了自认为完善的保密制度，但各个部门及下属员工并不真正了解商业秘密对企业的重要性，也没有保密意识，企业更缺乏保密制度的定期审核整改措施，使得保密制度流于形式，在发生侵权纠纷后，无法提交有力证据来证明自己采取了保密措施，反而可能会被反证没有采取保密措施。所以，保密制度的建立只是第一步，或者说是起点，而非终点，商业秘密保护工作是一个动态过程而非静态过程，只有严格将制度付诸实施，才能真正起到作用。

四、因对新入职员工疏于审查和防范导致侵犯他人商业秘密

企业不但要防范自身商业秘密被披露、使用，同时也要防范自己侵犯他人的商业秘密。由于商业秘密权利不具有排他性，各自独立研发所产生的商业秘密本身并不相互排斥。任何人都不能阻止他人使用通过合法行为所产生的商业秘密。但如果企业引进的新员工将原单位商业秘密带入并使用，即便企业没有获取和使用的主观故意，仍应当承担相应的法律责任。

笔者建议，企业在招聘和员工入职时，应当对员工加强商业秘密方面的培训，让员工清楚地认识到商业秘密的概念及侵犯商业秘密可能承担的法律责任。特别是一些重要岗位的职员，应当对其进行入职审查，明确告知不能将原单位商业秘密带入本单位，这些告知最好通过书面方式进行。针对新员工在短时间内开发完成的技术成果，更应当保持谨慎的态度，核查研发过程和实验记录，以确保研发过程中没有使用原单位的商业秘密。

五、因对商业秘密界定不清楚而产生纠纷

企业需要对商业秘密的具体内容加以界定并明确告知他人，否则很容易导致对商业秘密内容的理解不同而产生纠纷。很多企业将企业所有文件资料都说成自己的商业秘密，这显然不可取，也会造成员工的认识混乱。有些企业平时并未很好地梳理商业秘密文件，待到发生纠纷时匆忙采取补救措施，但此时可能为时已晚。

笔者建议，企业应当通过明确的方式来向他人宣示商业秘密的存在并通过合理的方式让他人知晓。比如：可以通过企业商业秘密的内部评定程序来认定商业秘密文件并将文件名公示；也可以在保密文件上加盖保密印章，以明确此文件属于商业秘密；还可以建立商业秘密文件的借阅、使用制度，让他人知道哪些属于商业秘密、哪些属于一般文件。当然，上述措施可以同时使用，只要能够通过明确的方式让他人知晓商业秘密的边界即可。

六、因对商业秘密权属约定不明而产生纠纷

涉及商业秘密权属纠纷，主要是在委托开发、合作开发协议履行过程中。企业委托他人开发或与他人合作开发相关技术，在开发阶段相关技术成果显然是不能公开的，属于商业秘密。如果开发完成后，不申请专利，则仍需作为商业秘密继续保护。为此，针对商业秘密的权属，双方有必要在委托开发或合作开发协议中加以明确，否则极易产生权属方面的纠纷，甚至一方基于自认为享有的商业秘密起诉另一方，要求停止使用并承担侵权责任。

笔者建议，在委托开发或合作开发协议中，至少要约定开发完成的技术成果归属情况、是否申请专利、由哪一方申请、后续改进技术成果归属等。同时，对于后续双方如何使用这些技术成果，使用的方式、时间、地域范围等也需要加以明确。

七、因客户基于对员工个人信赖进行交易而产生纠纷

《最高人民法院关于审理侵犯商业秘密民事案件适用法律若干问题的规定》第二条第二款规定："客户基于对员工个人的信赖而与该员工所在单位进行交易，该员工离职后，能够证明客户自愿选择与该员工或者该员工所在的新单位进行交易的，人民法院应当认定该员工没有采用不正当手段获取权利人的商业秘密。"在涉及客户信息的商业秘密纠纷中，员工作为被告通常会以此理由来抗辩不构成侵权。

但员工在适用这一抗辩理由时，企业需要把握以下三点[①]：1. 该种抗辩的适用一般发生在医疗、法律服务等较为强调个人技能的行业领域。2. 该客户是基于与原告员工之间的特殊信赖关系与原告发生交易，即客户是基于该员工才与原告发生交易。如果员工是利用原告所提供的物质条件、商业信誉、

① 江苏省高级人民法院：《侵犯商业秘密民事纠纷案件审理指南（修订版）》，来源网址：http://www.jsfy.gov.cn/art/2021/04/16/11_103828.html，最后访问时间：2021 年 9 月 16 日。

交易平台等，才获得与客户进行交易机会的，则不应当适用本条规定。3. 该员工从原告处离职后，客户系自愿与该员工或其所属新单位发生交易。所以，一旦员工采用该理由抗辩，企业需要根据实际情况，结合以上三点来判断是否合理，特别是该员工获得与客户的交易机会到底是基于个人的特殊信赖还是基于在原告单位的物质技术条件、商业信誉或交易平台等资源，这对评价个人信赖抗辩是否成立具有重要参考意义。

八、因对转让或许可使用的技术未尽职调查而产生纠纷

商业秘密作为企业知识产权的一种重要形式，本身具有商业价值，也存在对外转让或许可的情形。企业作为商业秘密的受让方或被许可方，可能会为此而付出巨大的经济成本。可是，实践中，企业受让或被许可使用的商业秘密本身就存在权利瑕疵，存在权属纠纷或侵犯他人知识产权的风险。作为受让方或被许可方需要对此加以防范。

笔者建议，在签订转让合同或许可使用合同之前，就应当对涉及的技术方案来源、研发过程、权属情况、侵权风险进行尽职调查，有条件的还可以委托专业律师来进行此项工作，发现问题及时提出。在签订转让合同或许可合同时，应当在合同中设置“保证条款”，即转让人或许可人保证合同所涉及的技术来源合法，不侵犯第三方的知识产权，不存在权属纠纷，否则应承担违约责任并赔偿受让方或被许可方的经济损失。在履行合同过程中，可以采用分期付款或收取保证金的方式来制约转让方和许可方，防范可能出现的风险。

九、因对秘密点的总结不当而在维权中陷入被动局面

在侵害商业秘密纠纷案件中，原告应当就商业秘密的具体内容进行举证，即原告应当向法庭明确其在本案中所主张权利的商业秘密点。有些企业的商业秘密被侵犯后，将研发材料不加整理地全部提交给法院，声称都是商业秘密。殊不知如此归纳总结秘密点是不可取的，因为这些研发资料不可能都属于非公开信息，而且未经提炼的秘密点也很难让法院清晰地界定商业秘

密范围，反而不利于企业维权。

笔者认为，确定商业秘密点的原则是，能够涵盖被告所使用的技术信息或经营信息，同时该秘密点在公开渠道无法获得。如果秘密点涉及的信息过于详细，则被告很可能规避侵权；如果秘密点过于宽泛，则该秘密点有可能属于公开信息，达不到认定被告侵权的目的。在正确寻找秘密点的前提下，还要合理确定秘密点的数量。秘密点不在乎多，而在于精。秘密点要始终与原告方的证据相配，对于没有证据证明的秘密点，最好放弃，以免在后面的诉讼中陷入被动局面。所以，秘密点的确定要重点突出，这样才有利于在诉讼中集中优势兵力，择其重点进行攻击。

十、因未及时有效应对侵权而导致损失扩大

商业秘密侵权发生后，企业应及时应对侵权，锁定侵权对象，确定泄密的内容及途径，及时确定秘密点，并展开侵权调查，重点调查侵权人使用商业秘密和获利情况。在确定泄密途径的基础上，及时补救，完善保密措施，防止二次泄密。同时，要尽快稳定市场，取得客户的理解和支持。企业还可以寻求行政机关和司法机关的帮助，通过追究侵权人的行政、刑事、民事责任，尽可能减少侵权造成的损失。

在启动司法程序的同时，还可以视侵权的紧迫性及严重性，向法院申请行为保全措施，要求法院裁定侵权人在诉讼期间停止披露、使用或许可他人使用商业秘密。在申请人美国礼来公司、礼来中国公司与被申请人黄某行为保全申请案[①]中，法院认为，申请人提交的证据能够初步证明被申请人获取并掌握了申请人的商业秘密文件。被申请人未履行允许检查和删除上述文件的承诺，致使申请人所主张的商业秘密存在被披露、使用或者外泄的危险，可能对申请人造成无法弥补的损害，符合行为保全的条件。2013年7月31日，该院作出民事裁定，禁止被申请人黄某披露、使用或允许他人使用申请人美国礼来公司、礼来中国公司主张作为商业秘密保护的21个文件。

---

① 载《最高人民法院公报》2014年第5期（总第211期）。

因此，企业及时有效地应对商业秘密侵权行为，可以防止损失的进一步扩大，有利于第一时间锁定侵权主体和侵权事实，为后续的维权奠定基础。

第四节　典型案例评析

案例 1：朱某基、日用公司与生化公司侵害经营秘密纠纷上诉案[①]

◆案情简介

2009 年 11 月 12 日，生化公司与上诉人朱某基（一审被告）签署《劳动合同》，约定：朱某基担任生化公司的国际销售副总裁，朱某基不得将生化公司的商业秘密擅自公开或出让或自用。同日，生化公司与朱某基签署《技术及商业保密条例》，约定：不得挪用本公司客户和潜在客户及其地址、Email、网址、电话、传真询价单、报价单、名片等信息。2012 年 11 月 30 日，劳动合同到期，双方未再续签劳动合同。2013 年 2 月 25 日，朱某基从生化公司处离职。

2010—2013 年期间，生化公司与案外人 A 公司、B 公司、C 公司、D 公司等客户分别有大量交易产生。

日用公司成立于 2013 年 1 月 6 日。2013 年 3 月 1 日，日用公司与朱某基签署《劳动合同》，约定朱某基担任日用公司的总经理职务，专注于管理并确保公司的正常运作，同时兼任国内外贸易和开发日用公司在国内外市场业务。

2013 年 4 月，朱某基分别向 B 公司和 A 公司发送邮件，邮件内容主要是，自己已从生化公司离职并任职于日用公司，希望贵方能给予合作机会。邮件附有订货须知。B 公司、A 公司将上述邮件转发给了生化公司。2013 年 4 月至 5 月，朱某基与 D 公司联系就氨基酸产品的成本核算单、样品邮寄、订单、

① 案号：（2014）沪一中民五（知）终字第 74 号。

原产地证书、产品批号、色谱图等事宜发生多次邮件往来，双方达成氨基酸的买卖交易。2013年8月1日至2日，朱某基与C公司联系，就所下订单的产品的材料问题发生邮件往来，双方最终没有达成产品买卖交易。

生化公司认为，朱某基违反与生化公司的保密协议，利用其掌握的生化公司的客户资源和价格体系等商业秘密，不正当地增加了日用公司的交易机会，给生化公司造成了重大损失，日用公司明知朱某基违反了与生化公司的保密约定，披露、使用了其所掌握的商业秘密，但仍予以使用，构成不正当竞争。生化公司诉至法院，请求判令：日用公司、朱某基停止侵害生化公司经营信息商业秘密；公开登报向生化公司赔礼道歉、消除影响；共同赔偿经济损失人民币50万元。

庭审中，生化公司、日用公司均确认：双方各自客户多为国内外研发型企业或机构，交易方式主要通过电子邮件等下订单，境外客户通过海关申报出口邮寄产品。生化公司系涉案产品的生产商和销售商，日用公司不生产涉案产品，系从其他生产商处采购后再行销售。

◆法院裁决

一审法院认为：生化公司主张的A公司、B公司、C公司以及D公司四家客户名单系“不为公众所知悉”的信息，其就涉案客户名单已经采取了合理的保密措施，属于长期稳定的客户名单，具有价值性。朱某基实际接触到了生化公司主张的四家客户信息，但违反与生化公司的保密约定，向日用公司披露并使用该四家客户信息，以此为日用公司开发客户且实际与其中一家客户进行了交易，其行为构成侵害生化公司的商业秘密。日用公司明知或应知朱某基的上述违法行为，但仍然使用涉案经营信息，与生化公司开展直接竞争行为，以此获利，亦构成侵害生化公司的商业秘密。

二审法院认为：被上诉人与涉案四家客户存在长期供货关系，有着特定的交易习惯和交易内容，涉案四家客户名单符合商业秘密的秘密性、保密性、价值性要件，构成商业秘密中的客户名单。两上诉人使用的客户名单与被上诉人主张的客户名单实质相同，朱某基在被上诉人处任职期间，有机会并实际接触到了相关客户信息。两上诉人的违法行为减少了被上诉人的业务销售量，给被上诉人造成了经济损失，构成侵权。

◆案例评析及法律风险提示

本案属于商业秘密侵权纠纷中的侵害经营秘密纠纷，具体来说，是有关侵害客户名单经营秘密的纠纷。我国《反不正当竞争法》只是提及了经营信息也属于商业秘密，但并未明确哪些经营信息属于商业秘密，更未对客户名单进行界定。

《最高人民法院关于审理不正当竞争民事案件应用法律若干问题的解释》第十三条第一款规定："商业秘密中的客户名单，一般是指客户的名称、地址、联系方式以及交易的习惯、意向、内容等构成的区别于相关公知信息的特殊客户信息，包括汇集众多客户的客户名册，以及保持长期稳定交易关系的特定客户。"该司法解释对客户名单进行了界定，从中我们可以看出，客户名单的内涵还是比较丰富的，它并不是简单的客户名称的累积，实际上是一种不为公众所知悉并能带来竞争优势的市场交易信息。通常而言，仅仅包含客户的名称、地址及联系方式的客户信息往往从公共渠道容易获得，较难构成商业秘密。《最高人民法院关于审理侵犯商业秘密民事案件适用法律若干问题的规定》摒弃了"客户名单"的用法，取而代之的是"客户信息"，即包括客户的名称、地址、联系方式以及交易习惯、意向、内容等信息，但并未包括"汇集众多客户的客户名册，以及保持长期稳定交易关系的特定客户"，可见司法保护的趋势是针对客户名单中真正有商业价值的信息，而非简单的"汇集众多客户的客户名册，以及保持长期稳定交易关系的特定客户"，后者如果所使用的信息是公开的，就不能作为经营秘密进行保护。

本案中，生化公司持续通过参加展会、发布广告、邮件推广等方式，投入大量的人力、物力用以开发客户，其提交的与 A 公司、B 公司、C 公司以及 D 公司四家客户的产品发票、海关出口货物报关单表明其与涉案四家客户从 2010 年至 2013 年期间一直存在长期稳定的交易关系。生化公司通过与员工签订保密协议等方式对这些客户信息采取了合理的保密措施。因此，生化公司主张的 A 公司、B 公司、C 公司以及 D 公司四家客户信息属于其经营秘密。上诉人朱某基曾担任生化公司的国际销售副总裁，接触过上述四家客户名单信息，但其违反保密义务擅自披露、使用这些客户信息，显然损害了被上诉人的市场竞争优势，构成不正当竞争，两上诉人应当停止侵害。

两上诉人还主张C公司是基于对朱某基的信任与日用公司主动联系的，但对此主张，两上诉人并未提供相应证据加以佐证，法院未予支持。当然，如果上诉人可以提供相应证据证明，客户基于对朱某基的信赖而与生化公司进行市场交易，朱某基离职后，客户自愿选择与朱某基的新单位（日用公司）进行市场交易，按照《最高人民法院关于审理不正当竞争民事案件应用法律若干问题的解释》第十三条第二款之规定，应当认定朱某基和日用公司没有采用不正当手段，不构成侵害经营秘密。

本案给予我们的启示是，针对客户的名称、地址、联系方式以及交易的习惯、意向、内容等构成的特殊客户信息，企业应当采取合理的保密措施，以便在发生商业秘密被侵害后，能够证明这些信息属于企业的经营秘密。同时，健全员工的档案也非常重要，这些档案包括员工劳动合同、劳动手册、岗位职责、业绩资料等，在发生员工跳槽侵害企业商业秘密时，这些档案资料可以证明员工是否接触过企业特定的商业秘密信息，这对认定侵权非常关键。

案例2：甲公司与乙公司、吴某庆等侵害商业秘密纠纷上诉案[①]

◆案情简介

甲公司系专业生产甲带式给料机的企业，甲公司通过多种方式反复进行现场验证，历经多年，付出了巨大人力、物力与精力，研究出最佳的甲带式给料机工装工艺等机密技术。甲公司在经营过程中通过业务洽谈、参加行业展会等方式，形成了特有的客户信息。甲公司对于涉案商业秘密采取了一系列的保密措施，该公司2006年颁发的《员工手册》《保密制度》以及与职工签订的《劳动合同书》《承诺书》《科技人员在/离职人员保密协议书》等都

① 案号：（2016）鲁民终1364号。

设有保密条款，明确了职工的保密义务。

2004年2月，上诉人吴某庆（一审被告）到甲公司工作，系甲公司车间及供应科第一负责人，曾长期负责车间生产及采购生产物质等管理工作，其中包括甲带式给料机技术图纸的接收、甲带式给料机的制造、外协外购件的采购等工作。吴某庆与甲公司签订了《劳动合同书》《科技人员在/离职人员保密协议书》，二份协议书均约定了保密义务。吴某庆曾长期从甲公司领取并掌管甲带式给料机图纸，其中很多图纸并未归还。2006年3月，上诉人何某良（一审被告）到甲公司工作，担任销售部区域经理，后与甲公司签订了《劳动合同书》《科技人员在/离职人员保密协议书》，二份协议书均约定了保密义务。2009年7月，吴某庆、何某良离开甲公司，后到乙公司分别担任副总经理、销售副总，负责生产、销售工作。

2011年12月2日，一审法院依甲公司申请对乙公司进行了诉前证据保全，在乙公司厂房内对3台涉案给料机进行了查封，对可能涉及密点的部件贴上了封条，并对保全过程进行了拍照、录像。2012年8月17日，一审法院依甲公司申请对诉前证据保全的涉案给料机进行现场勘验，发现乙公司擅自撕毁了封条，并转移、拆卸了保全查封的给料机。对此，一审法院对乙公司作出罚款20万元的决定。

2013年4月2日，一审法院依甲公司申请并经乙公司同意对涉案技术信息进行了委托鉴定。经过专业审查及现场勘验，鉴定意见书作出如下主要鉴定意见：1. 申请人甲公司所称其生产制造的甲带式给料机技术图纸中技术内容体现在产品中，产品已公开销售，所以不属于不为公众知悉，即不为非公知技术；2. 专用加工工艺及工装设备中以下六点属于不为公众所知悉的技术信息（即为非公知技术）：（1）滚筒端盖及轴承座压装器及使用工艺，（2）甲带式给料机专用胶带制造配方及工艺，（3）机底盘梁反变形工艺，（4）防跑偏轮槽孔防变形保持器及其工艺，（5）校面销轴定位器及防紧固立柱支撑件变形器工装工艺，（6）甲带式给料机导料槽底板最佳倾斜角度专用计算公式。

甲公司向法院起诉，请求判令乙公司、吴某庆、何某良：1. 立即停止侵犯甲公司商业秘密的行为；2. 连带赔偿甲公司经济损失300万元。

◆法院裁决

一审法院认为：甲公司主张的涉案技术信息具备商业秘密的构成要件，属于技术信息秘密。甲公司提交的客户名单及其签订的甲带式给料机买卖合同等证据，可以证明其特有经营信息包括客户名称、联系方式、交易习惯、意向、价格（价格可能因客户不同而变化）、技术协议等具体信息。这些经营信息具备商业秘密的构成要件，应当受法律保护。乙公司对一审法院诉前保全的证据给料机擅自撕毁封条，进行转移、拆卸，实施了实质性破坏行为，致使无法与甲公司的技术秘密进行同一性比对，其依法应当承担相应的不利后果。法院不需要通过同一性比对即可依法认定乙公司生产销售的甲带式给料机的相关技术与甲公司主张的技术秘密相同或者实质相同。法院认定乙公司、吴某庆、何某良侵犯了甲公司的商业秘密。

二审法院认为：甲公司主张保护的技术信息和经营信息具有秘密性、价值性，且甲公司采取了保密措施，符合商业秘密的法定构成要件，构成我国《反不正当竞争法》保护的商业秘密，依法应予保护。根据一审法院勘验时拍摄的照片，乙公司擅自撕毁了三台设备的封条并进行了转移、拆卸，其擅自破坏证据的行为已经导致法院无法确定现在的甲带式给料机设备与一审法院保全的设备的一致性，因此，一审法院认为无法比对，并根据举证责任认定乙公司生产的甲带式给料机侵犯了甲公司的技术秘密并无不当。何某良将其掌握的特定客户信息及包括价格在内的经营信息非法披露给乙公司，而乙公司明知何某良存在上述行为，仍获取并使用甲公司的经营信息销售甲带式给料机，故乙公司与何某良的行为侵犯了甲公司的经营信息秘密。一审判决认定事实清楚，适用法律正确，依法应予维持。

◆案例评析及法律风险提示

本案既涉及技术秘密侵权也涉及经营秘密侵权，是实践中较为典型的侵害商业秘密案例。此类案件中，通常被告既有自然人也有法人，而自然人要么是技术人员，从原单位获取技术信息后披露给新单位使用，要么是销售人员，接触了原单位的客户信息、供货渠道、销售渠道等经营信息并披露给新单位使用。这两种行为均给原单位造成了损害。

本案的焦点主要是：1. 甲公司主张的技术信息和经营信息是否构成商业秘密。2. 乙公司、吴某庆、何某良是否侵犯了甲公司的商业秘密。3. 原审法院确定的责任承担方式和赔偿数额是否适当。一审和二审法院在这些问题上的意见是一致的，均认为甲公司主张的技术信息和经营信息，具备商业秘密的构成要件，属于商业秘密。乙公司、吴某庆、何某良未经许可擅自使用甲公司的商业秘密，构成侵权，并全额支持了甲公司提出的赔偿请求。

本案一审法院在确定甲公司主张的技术信息是否属于非公知信息时，采用了技术鉴定方式，这在侵害技术秘密案件中颇为常见。原告在一审过程中曾委托山东省科学技术厅专利保护技术鉴定中心对“甲带式给料机闸门制作工装工艺”等 11 项技术进行查新。该鉴定中心通过检索查对国外的数据库，分别作出了 11 份《科技查新报告》，认为国内外均未发现有与该 11 项技术信息相同的文献报道。但法院委托的鉴定机构认为该 11 项技术中仅有 6 项为非公知技术，其余技术体现在产品中，因产品已公开销售，故不属于不为公众知悉，即不为非公知技术。可见，本案的《科技查新报告》之所以认定其余 5 项技术也属于不为公众所知悉，主要是以“文献检索查新”的方式为依据，其并未考虑原告早已公开销售产品的事实（原告认为部分秘密点体现在产品上）。所以，企业如果想通过商业秘密的方式来保护自身研发成果，不但要注意避免该技术方案被在先文献公开，同时也应当考虑公开销售、使用、展览等方式是否会破坏该技术方案的秘密性。对于那些通过公开销售、使用、展览等方式很容易被反向重现的技术方案，笔者建议不应通过商业秘密方式来保护，而应当通过申请专利的方式加以保护。

本案另一个值得我们注意的问题是，被告擅自对一审法院诉前保全的证据给料机撕毁封条，进行转移、拆卸，实施了实质性破坏行为，致使无法与甲公司的技术秘密进行同一性比对。法院不但对被告这一违法行为进行了罚款，还根据相关法律规定直接推定被告使用了原告的技术秘密点，作出了对被告不利的判决。尽管在二审阶段，被告通过公证保全的方式提供自己生产甲带式给料机的工艺，但二审法院并未认可。笔者认为，被告的这一行为并非明智之举，不但亵渎了司法权威，也给自身带来了极为不利的后果。我们在知识产权纠纷处理过程中，应当尊重法律、尊重司法，在法律范围内行使自己的权利，任何藐视法律、投机取巧的行为终究会受到法律的制裁。

案例 3：何某亮、刘某刚等侵犯商业秘密罪案[①]

◆案情简介

被告人何某亮、刘某刚原系甲公司项目研发及管理人员。何某亮原系甲公司 MIS 综合开发部常务副主任，2011 年 6 月从该公司离职，刘某刚原系甲公司 MIS 应用开发部常务副主任，2011 年 5 月从该公司离职。其间，二人与甲公司签订了劳动合同，负责公司项目的开发和应用技术支持等工作，合同中约定了二人负有保守甲公司商业秘密的义务，未经许可不能使用保密信息。

2011 年 5 月 31 日，被告人何某亮、刘某刚与臧某杰（另案处理）等人共同出资成立了乙公司，被告人何某亮负责技术平台开发，被告人刘某刚负责项目二次开发、项目实施。何某亮、刘某刚违反与甲公司签订的保密协议，使用其所掌握技术信息，向丙公司等 5 家公司销售其研发的管理信息系统，销售金额合计人民币 410 余万元。经鉴定，丙公司管理信息系统中当前使用的 35 个数据库表、10 个存储过程 / 函数，7 个源代码文件、1 个源代码文件中的 8 个函数，以及从丙公司管理信息系统中恢复的已被删除的 10 个数据库表、22 个存储过程 / 函数与甲公司管理信息系统对应的内容相同或实质相同。乙公司向其他公司销售的管理信息系统对应内容与甲公司管理信息系统也存在部分相同或实质相同。甲公司管理信息系统中的数据库表、存储过程 / 函数、源代码文件均不为公众所知悉，是非公知的技术信息，属于商业秘密。

---

① 案号：（2016）京 02 刑终 535 号。

2012年11月16日，北京市公安局西城分局接甲公司报案，后立案侦查。何某亮于2014年7月31日被北京市公安局西城分局抓获，刘某刚于2014年8月1日被北京市公安局西城分局抓获，同年9月5日，二人被北京市西城区人民检察院批准逮捕。2015年3月11日，臧某杰被北京市公安局西城分局抓获，同年3月30日被北京市公安局西城分局取保候审。北京市西城区人民检察院分别于2015年6月18日以何某亮、刘某刚二人涉嫌侵犯商业秘密罪，于2016年9月1日以臧某杰涉嫌侵犯商业秘密罪，向北京市西城区人民法院提起公诉。

◆法院裁决

一审法院认为：被告人何某亮、刘某刚违反权利人有关保守商业秘密的要求，使用其所掌握的商业秘密，给商业秘密权利人造成重大损失，其行为均已构成侵犯商业秘密罪，系共同犯罪，应依法惩处。故判决：被告人何某亮犯侵犯商业秘密罪，判处有期徒刑二年六个月，并处罚金人民币十万元；被告人刘某刚犯侵犯商业秘密罪，判处有期徒刑二年六个月，并处罚金人民币十万元。

二审法院认为：上诉人何某亮、刘某刚违反权利人有关保守商业秘密的要求，使用其所掌握的商业秘密，给商业秘密权利人造成重大损失，其行为均已构成侵犯商业秘密罪，且系共同犯罪，依法应予惩处。原审法院根据何某亮、刘某刚犯罪的事实、性质、情节及对于社会的危害程度所作出的判决，定罪及适用法律正确，量刑适当，审判程序合法，应予维持。

◆案例评析及法律风险提示

本案系北京市首例涉及企业数据库的侵犯商业秘密案件，案件专业性强，被告人均具有专业背景和较高学历，反侦查能力强，被抓获后拒不认罪，取证难度大。为及时锁定案件关键证据，检察机关在侦查阶段提出的引导侦查意见被公安机关采纳，对乙公司的销售客户突袭调取证据，确保了案件侦办质量。本案因其典型意义被最高人民检察院评为2017年检察机关保护知识产权十大典型案例。

在我国《刑法》第三章第七节中，规定了八种侵犯知识产权犯罪类型，侵犯商业秘密罪就是其中之一。《刑法》第二百一十九条第一款、第二款规定，有下列侵犯商业秘密行为之一，情节严重的，处三年以下有期徒刑，并处或者单处罚金；情节特别严重的，处三年以上十年以下有期徒刑，并处罚金：（一）以盗窃、贿赂、欺诈、胁迫、电子侵入或者其他不正当手段获取权利人的商业秘密的；（二）披露、使用或者允许他人使用以前项手段获取的权利人的商业秘密的；（三）违反保密义务或者违反权利人有关保守商业秘密的要求，披露、使用或者允许他人使用其所掌握的商业秘密的。明知前款所列行为，获取、披露、使用或者允许他人使用该商业秘密的，以侵犯商业秘密论。

可见，严重侵害商业秘密的行为，不但会承担民事侵权责任，还可能构成犯罪，从而承担刑事责任。这对商业秘密权利人来说，既可以通过民事诉讼的方式保护自身商业秘密，同时当侵权行为给自己造成重大损失时，还可以向公安机关举报，追究侵权者的刑事责任。相应地，对于侵权者来说，严重侵害他人商业秘密的行为，极有可能面临刑事处罚，这给侵权者敲响了警钟，不应存在侥幸心理。

本案中，乙公司是涉案商业秘密的使用单位，该使用行为也属于侵权行为。在大多数侵害商业秘密的案件中，使用单位主观上均明知自己使用的技术秘密或经营秘密来源不正当，仍非法获取、使用，这显然应当受到法律的惩处。另外，仍有部分使用单位并不清楚其使用的商业秘密来源，但这并不影响法院对侵权的认定。所以，针对这部分“不明知”也“不应知”的使用单位，应当做好商业秘密侵权法律风险的防范工作。特别是在引进竞争对手的高级管理人员、技术人员或销售人员时，应做好对这些员工的尽职调查工作，确定这些员工未将原单位的商业秘密披露给本单位，并要求这些员工签订相应的承诺书，承诺在本单位工作过程中不披露、使用或允许他人使用原单位的商业秘密。当然，本单位也需要对商业秘密和公知信息进行合理区分，利用检索查新或向专业机构咨询等方式确定商业秘密与公知信息的边界，以降低自身侵害他人商业秘密的法律风险。

案例 4：嘉兴中 × 化工公司、上海欣 × 公司与王 × 集团公司、王 × 科技公司、傅某、王某等侵害技术秘密纠纷上诉案[①]

◆案情简介

嘉兴中 × 化工公司与上海欣 × 公司共同研发了乙醛酸法生产香兰素工艺，并将之作为技术秘密进行保护。该工艺实施安全、易于操作、效果良好，相比传统工艺优越性显著，嘉兴中 × 化工公司基于这一工艺一跃成为全球最大的香兰素制造商，占据了香兰素全球市场约 60% 的份额。

王 × 集团公司成立于 1995 年 6 月 8 日，王 × 科技公司成立于 2009 年 10 月 21 日，由被上诉人王某（原审被告）与王 × 集团公司共同出资成立，王某任法定代表人。上诉人宁波王 × 香精香料有限公司成立于 2017 年 2 月 24 日，企业名称变更为喜孚狮王 × 公司，主要产品为香兰素，王某任法定代表人。上诉人傅某（原审被告）自 1991 年进入嘉兴中 × 化工公司工作，2008 年起担任香兰素车间副主任，主要负责香兰素生产设备维修维护工作。

2010 年，冯某与傅某、费某开始商议并寻求香兰素生产技术的交易机会。同年 4 月 12 日，三人前往王 × 集团公司与王某洽谈香兰素生产技术合作事宜，以工程技术咨询有限公司作为甲方，王 × 集团香兰素分厂作为乙方，签订《香兰素技术合作协议》。傅某交给冯某一个 U 盘，其中存有香兰素生产设备图 200 张、工艺管道及仪表流程图 14 张、主要设备清单等技术资料，冯某转交给了王某。2010 年 4 月 15 日，傅某向嘉兴中 × 化工公司提交辞职报告，同年 5 月傅某从嘉兴中 × 化工公司离职，随即与进入王 × 科技公司香兰素车间工作。

嘉兴中 × 化工公司、上海欣 × 公司认为王 × 集团公司、王 × 科技公司、喜孚狮王 × 公司、傅某、王某未经许可使用其香兰素生产工艺，侵害其技术秘密，故诉至浙江高院，请求判令停止侵权，赔偿经济损失及合

① 案号：（2020）最高法知民终 1667 号。

理开支5.02亿元。浙江高院认定侵权成立，判令停止侵权、赔偿经济损失300万元及维权合理开支50万元。浙江高院在作出一审判决的同时，作出行为保全裁定，责令王×科技公司、喜孚狮王×公司立即停止使用涉案技术秘密，但王×科技公司、喜孚狮王×公司并未停止使用行为。除王某外，本案各方当事人均不服一审判决，向最高人民法院提出上诉。二审中，嘉兴中×化工公司、上海欣×公司上诉请求的赔偿额降至1.77亿元。二审法院根据权利人提供的经济损失相关数据，综合考虑涉案技术秘密商业价值巨大、侵权规模大、侵权时间长、拒不执行生效行为保全裁定性质恶劣等因素，改判王×集团公司、喜孚狮王×公司、傅某、王×科技公司及其法定代表人王某连带赔偿权利人经济损失1.59亿元。同时，法庭决定将本案涉嫌犯罪线索向公安机关移送。

◆法院裁决

一审法院认为：涉案技术信息系不为公众所知悉、具有商业价值并经权利人采取相应保密措施的技术信息，具备商业秘密的法定构成要件，构成商业秘密并应受法律保护。王×集团公司、王×科技公司、喜孚狮王×公司、傅某获取的技术秘密包括185张设备图和15张工艺流程图，侵权使用的涉案技术秘密包括17个设备的设计图和5张工艺流程图。王×集团公司、王×科技公司、傅某以不正当手段获取涉案技术秘密并披露、使用、允许他人使用该技术秘密的行为，喜孚狮王×公司使用涉案技术秘密的行为，均侵害了涉案技术秘密，王×集团公司、王×科技公司、喜孚狮王×公司、傅某应当承担停止侵害、赔偿损失的民事责任。其中王×集团公司、王×科技公司、傅某基于共同实施的侵权行为，应当承担连带责任。喜孚狮王×公司基于其实施的使用行为，承担部分连带责任。

二审法院认为：嘉兴中×化工公司与上海欣×公司涉案技术信息的载体为287张设备图和25张工艺管道及仪表流程图，经审查，认定上述287张设备图和25张工艺管道及仪表流程图均构成技术秘密。王×集团公司、王×科技公司、喜孚狮王×公司、傅某及王某实际实施了侵害涉案技术秘密的行为，依法应承担相应的法律责任。综合考虑本案确定损害赔偿责任需要考虑的因素，特别是王 × 集团公司等被诉侵权人侵权恶意较深、侵权情节恶劣、在诉讼中存在妨碍举证和不诚信诉讼情节，以及王 × 科技公司、喜孚狮王 × 公司实际上系以侵权为业的公司等因素，本院依法决定以 2011 年至 2017 年期间王 × 集团公司、王 × 科技公司及喜孚狮王 × 公司生产和销售的香兰素产量乘以嘉兴中 × 化工公司香兰素产品的销售价格及销售利润率计算赔偿数额，加上合理费用，确定本案损害赔偿总额为 159321671.20 元。

◆案例评析及法律风险提示

截至本书第二版定稿时，该案系我国法院生效判决赔偿额最高的侵害商业秘密案件。最高人民法院知识产权法庭通过该案判决，依法保护了重要产业核心技术，切实加大了对恶意侵权的打击力度，明确了以侵权为业公司的法定代表人的连带责任，依法将涉嫌犯罪线索移送公安机关，推进了民事侵权救济与刑事犯罪惩处的衔接，彰显了人民法院严格依法保护知识产权、严厉打击恶意侵权行为的鲜明司法态度。

该案主要涉及乙醛酸法生产香兰素工艺和设备的技术秘密，从判决书查明的事实来看，权利人至少从 2010 年起就开始了商业秘密维权，但一直没有进展，直至 2017 年，案外人冯某向浙江省嘉兴市南湖区公安分局大桥派出所反映情况，并提交了 U 盘和香兰素设备图、工艺管道和仪表流程图、香兰素技术合作协议、银行汇票等材料，才使得维权得到有效推进。从中不难看出，在商业秘密侵权民事案件中，原告通常很难获取被告窃取或使用自身商业秘密的证据，这也是绝大多数商业秘密民事纠纷案件胜诉率低的主要原因。本案原告不得不借助刑事举报的手段，通过公安机关的侦查活动，获取侵权证据，并在获取侵权证据的基础上，再通过民事诉讼获得禁令救济和损害赔偿金。这也为企业商业秘密维权提供了很好的借鉴。

还需要企业注意的是，本案二审法院对被告连带责任和赔偿金额的认定。尤其是以侵权为业的特定法人或其法定代表人，其主观侵权恶意明显，将会被法院重点关注，并将视情节施以更高额的赔偿责任。二审法院在判决书中认为，如果特定法人是其法定代表人或者主要负责人专门为从事侵权而登记成立，客观上该法人的生产经营本身主要就是实施侵权行为，且该法定代表人或者主要负责人自身积极参与侵权行为实施，则该侵权行为既体现了法人的意志，又体现了其法定代表人或者主要负责人的意志，该法人事实上成为其法定代表人或者主要负责人实施侵权行为的工具，此时可以认定该法定代表人或者主要负责人与法人共同实施了侵权行为，并应依法承担相应的法律责任。在确定赔偿数额时，法院重点考量了以下因素：（1）被诉侵权人非法获取涉案技术秘密的手段恶劣；（2）被诉侵权人非法获取及使用的涉案技术秘密数量较多；（3）被诉侵权人明知其行为构成对涉案技术秘密的侵害，仍然持续、大量使用侵害涉案技术秘密的设备及工艺流程生产香兰素产品，显然具有侵害涉案技术秘密的恶意；（4）涉案技术秘密具有较高的商业价值；（5）喜孚狮王 × 公司、王 × 科技公司均系实际上以侵权为业的公司；（6）被诉侵权人侵害涉案技术秘密的行为对全球市场形成严重冲击；（7）被诉侵权人拒绝提交侵权产品销售数量等证据，存在举证妨碍、不诚信诉讼等情节；（8）被诉侵权人拒不执行原审法院的生效行为保全裁定。

在我国立法及司法日益加强对商业秘密保护的今天，任何恶意侵权行为都将被科以更高的法律责任，企业在日常经营中，还是要牢记自主研发或合法许可使用他人商业秘密这一基本准则，切勿通过不正当手段获取并使用竞争对手的商业秘密。原告公司维权十年，终获成功，尽管法院的判赔金额可能无法弥补实际损失，但法律终究给出了答案。该案对潜在的侵权者也是一个很好的警示。

第五节　企业商业秘密管理制度范本

一、总则

第一条　为规范本公司商业秘密管理，提高员工商业秘密保密意识，提高商业秘密无形资产价值，加强本公司商业秘密保护，发挥商业秘密在企业生产经营过程中的重要作用，根据我国《反不正当竞争法》等相关法律法规，结合本公司的具体情况，制定本制度。

第二条 本制度适用于公司所有员工，包括高级管理人员、正式员工、试用工、实习生。

第三条 公司商业秘密管理的目标：使员工正确认识商业秘密的价值及在企业生产经营中的重要作用，自觉保护企业商业秘密，建立健全的商业秘密保护制度，形成规范的商业秘密管理体系，使商业秘密成为公司发展的核心竞争力。

第四条 相关名称解释

商业秘密，是指不为公众所知悉、具有商业价值并经权利人采取相应保密措施的技术信息和经营信息等商业信息。

保密措施，是指为防止信息泄露所采取的与其商业价值等具体情况相适应的合理保护措施。

客户信息，一般是指客户的名称、地址、联系方式以及交易的习惯、意向、内容等构成的区别于相关公知信息的特殊信息。

二、商业秘密管理部门

第五条 公司总经理主管和协调本公司商业秘密管理工作，对公司商业秘密管理工作全面负责。

第六条 公司设立知识产权部，知识产权部在总经理领导下具体负责公司的商业秘密管理工作，以及与商业秘密有关的法律事务。具体职责如下：

（一）对公司各部门进行商业秘密培训，并向公司各部门提供与商业秘密有关的咨询，提高员工的商业秘密保护意识；

（二）制定公司商业秘密管理的各项规范，并监督执行；

（三）确定公司商业秘密的具体内容和范围，并定期发布商业秘密文件目录；

（四）建立完善的商业秘密保密制度，监督公司各项保密措施是否合理、到位，及时提出整改意见；

（五）参与公司商业秘密转让、许可使用或其他运营方面的谈判，拟定和审核相关合同文本；

（六）建立公司商业秘密管理档案，确保商业秘密档案的完整性和安全性；

（七）负责应对各类商业秘密纠纷，针对侵权行为进行调查、投诉或提起诉讼，协调与外部律师的案件代理工作，监控案件办理进度，最大限度地维护公司合法利益；

（八）其他与商业秘密管理有关的事务。

三、商业秘密的内容

第七条　本公司商业秘密主要由技术秘密和经营秘密两部分组成。

第八条　本公司的技术秘密主要包括：产品配方、工艺流程、产品技术标准、设计图纸（含草图）、试验方法和数据、实验记录、技术总结报告、样品、样式、算法、数据、计算机程序及其有关文档等尚未公开的技术信息。

第九条　本公司的经营秘密主要包括：与经营活动有关的创意、计划、样本、产品成本、供货渠道及合同、财务账册、销售合同、员工薪酬、人力资源计划、员工档案、经营计划、发展规划、营销计划、定价策略、并购信息、投标文件、客户信息等尚未公开的经营信息。

第十条　本公司的商业秘密不限于第八、九条所列举的内容，凡是经过公司确定并采取保密措施的各类技术信息或经营信息等商业信息均可视为本公司的商业秘密。

四、商业秘密的认定程序

第十一条　公司各部门应及时收集、整理本部门所涉及的商业秘密资料、文件、信息，并通过书面方式向知识产权部申报认定为公司的商业秘密。

第十二条　本公司商业秘密由知识产权部统一认定，知识产权部收到申请后，应在5日内作出认定并反馈相关部门，认定为商业秘密的文件资料应加盖“保密”字样的印章。

第十三条　知识产权部对部分信息是否能够认定为商业秘密不确定的，

应及时上报总经理决定。

第十四条　知识产权部应定期与公司各部门进行交流、宣传，及时发现未申报的、应当采取保密措施的信息，督促相关部门及时上报。

第十五条　对于应当申报商业秘密而未及时申报或者拒绝申报的，知识产权部有权对该部门负责人进行处理。

五、保密措施

第十六条　知识产权部应对公司商业秘密进行分类管理，针对不同商业价值的商业秘密采取不同等级的保密措施。

第十七条　知识产权部应另行制定相应的保密制度，并向公司所有员工告知，随时监督保密制度执行情况。

第十八条　本公司所有员工在入职时，均应与公司签订保密协议，并书面承诺不会将原单位的商业秘密披露给本公司使用，还应签订竞业限制协议，承诺在职期间及离职后两年内不得在与本公司相竞争的单位任职。

第十九条　公司实行严格的门卫登记制度，严禁社会无关人员进入公司一切场所，严禁未登记的来访者进入公司一切场所，任何员工不得邀请无关人员进入公司一切场所。

第二十条　公司的生产车间、仓库、实验室、研发部为特别保密区域，应设专人看管，未经知识产权部书面允许，任何无关人员均不得进入。来访者经允许进入特别保密区域前，应当签订保密承诺书，并不得在特别保密区域进行录音、录像、拍照等行为。

第二十一条　公司所有保密文件，均加盖“保密”字样的印章，并由专人保管，未经知识产权部书面许可，任何无关人员均不得翻阅。

第二十二条　公司所有保存商业秘密的电脑，均应设置密码，密码由知识产权部设置并告知相关使用人，使用人不得擅自更改密码。

第二十三条　员工对外发表文章应经过知识产权部审核，如发现可能泄密的，员工应当删除可能泄密的内容。

第二十四条　员工离职的，应将其保管的商业秘密材料、文件等进行交接，并报知识产权部审批，知识产权部应审查该员工交接材料是否完备，是否存在复制、披露公司商业秘密的行为，是否已经签署过保密协议、保密承诺书和竞业限制协议。未经知识产权部审批的，该员工不得办理离职手续。

第二十五条　知识产权部应建立公司商业秘密档案，并设专人看管，严格执行文件、资料的使用登记制度，并应区分不同等级商业秘密的知悉人员范围。

第二十六条　未经许可，本公司员工不得从事以下侵害公司商业秘密的行为：

（一）以盗窃、贿赂、欺诈、胁迫、电子侵入或者其他不正当手段获取公司的商业秘密；

（二）披露、使用或者允许他人使用以前项手段获取的公司的商业秘密；

（三）违反保密义务或者违反公司有关保守商业秘密的要求，披露、使用或者允许他人使用其所掌握的商业秘密。

（四）教唆、引诱、帮助他人违反保密义务或者违反公司有关保守商业秘密的要求，获取、披露、使用或者允许他人使用公司的商业秘密。

六、保密期限

第二十七条　本公司的商业秘密的保密期限自商业秘密信息产生时开始至该项商业秘密被公开时止，负有保密义务的员工不论是否在职，只要该项商业秘密未被公开，都应承担保密义务。

第二十八条　对于非正常方式导致商业秘密被公开的，知识产权部应当及时采取措施，提出解决方案，将损失降至最低。

七、商业秘密运营工作机制

第二十九条　本公司商业秘密的许可和转让工作由知识产权部具体负责实施，知识产权部应做好商业秘密许可或转让各项信息的收集、整理、统计工作。

第三十条　知识产权部应当全程参与商业秘密许可或转让的谈判工作，对许可或转让的价格应当进行前期评估，必要时，可以委托第三方无形资产评估机构对拟许可或转让的商业秘密进行价值评估。

第三十一条 公司受让或被许可使用他人商业秘密时，知识产权部应当做好拟受让或被许可商业秘密的尽职调查工作，包括：权属调查、商业秘密稳定性调查、商业秘密侵权可能性调查等。调查完成后，形成书面报告上报公司决策层并做好风险预警工作。

第三十二条 知识产权部负责商业秘密许可和转让协议的起草、审核、修改工作，最大限度地维护公司利益，对于重大条款的确认，应当上报总经理决定，个别情况下由总经理上报董事会评议决定。

第三十三条 公司定期对商业秘密的运营状况进行统计，由知识产权部会同公司财务部评估公司商业秘密资产，评估结果纳入本公司财会核算管理体系。

第三十四条 知识产权部应每半年向董事会汇报公司商业秘密运营情况、收支数据、商业秘密资产评估情况，对于运营中出现的问题，应当及时提出解决方案。

八、商业秘密纠纷解决机制

第三十五条 知识产权部负责公司商业秘密保护的市场监视工作，及时掌握市场上出现的商业秘密侵权行为，对出现的侵权行为，由知识产权部进行综合分析后提出应对措施建议。采取措施的决定由公司决策层做出，具体工作由知识产权部落实。

第三十六条 知识产权部可以根据案件的具体情况，呈报总经理批准后，委托外部商业秘密律师进行案件的代理工作。知识产权部应当仔细核查律师的资质和专业能力，应当要求律师提供执业证复印件、律师简介、类似案件办理经验、初步的解决方案等材料，以评估律师的专业性。

第三十七条 委托外部律师办理案件的，知识产权部应当建立与外部律师的沟通机制，及时监控案件办理过程，审核律师提交的证据、法律文书、法律意见等材料，促使案件朝有利于公司的方向发展。

第三十八条 知识产权部应当在案件办理过程中，寻求商业秘密纠纷的多种解决方式，在不损害公司利益的前提下，可以通过和解等非诉讼方式解决各类商业秘密纠纷。和解协议需报总经理批准，特别重大的商业秘密纠纷和解协议需由总经理报董事会批准。

九、责任与处罚

第三十九条　公司员工违反保密制度、保密承诺或保密协议，侵害公司商业秘密的，将按严重违反公司规章制度处理，造成严重后果的，公司将依法追究员工的法律责任。

第四十条　违反本制度的规定，造成公司商业秘密资产损失的，公司有权要求其赔偿，并视具体情节，追究其相应的法律责任。

第四十一条　知识产权部工作人员玩忽职守、履行职责不当，造成公司损失的，按照严重违反公司规章制度处理，且公司有权要求其进行赔偿，情节严重的，公司依法追究其相应的法律责任。

十、附则

第四十二条　本制度在执行过程中如有与国家发布的法律、法规相抵触的，以国家法律、法规为准。

第四十三条　本制度由公司董事会负责解释和修订。

第四十四条　本制度自发布之日起正式实施。

第六章

企业技术合同管理

第一节 概述

技术合同是当事人就技术开发、转让、咨询或者服务订立的确立相互之间权利和义务的合同。订立技术合同，应当有利于知识产权的保护和科学技术的进步，促进科学技术成果的研发、转化、应用和推广。技术合同在科技型企业中发挥着重要作用，技术合同的管理是企业知识产权管理的一部分。本节我们将从合同的基本概念切入，重点介绍技术合同的概念、分类、基本条款等内容。

一、合同基本概念

合同是民事主体之间设立、变更、终止民事法律关系的协议。当事人订立合同，应当具有相应的民事权利能力和民事行为能力，订立合同可以采用书面形式也可以采用口头形式或其他形式，但法律、行政法规规定采用书面形式的，应当采用书面形式。当事人约定采用书面形式的，应当采用书面形式。书面形式是指合同书、信件和数据电文（包括电报、电传、传真、电子数据交换和电子邮件）等可以有形地表现所载内容的形式。

合同的内容由当事人约定，一般包括以下条款：（一）当事人的名称或者姓名和住所；（二）标的；（三）数量；（四）质量；（五）价款或者报酬；（六）履行期限、地点和方式；（七）违约责任；（八）解决争议的方法。当事人可以参照各类合同的示范文本订立合同。当事人对合同条款的理解有争议的，应当按照合同所使用的词句、合同的有关条款、合同的目的、交易习惯以及诚实信用原则，确定该条款的真实意思。合同文本采用两种以上文字订立并约定具有同等效力的，对各文本使用的词句推定具有相同含义。各文本使用的词句不一致的，应当根据合同的目的予以解释。

依法成立的合同，自成立时生效，法律、行政法规规定应当办理批准、登记等手续生效的，依照其规定。当事人对合同的效力可以约定附条件。附生效条件的合同，自条件成就时生效，附解除条件的合同，自条件成就时失效。当事人对合同的效力可以约定附期限，附生效期限的合同，自期限届至时生效，附终止期限的合同，自期限届满时失效。

当事人应当按照约定全面履行自己的义务，履行义务应当遵循诚实信用原则，根据合同的性质、目的和交易习惯履行通知、协助、保密等义务。合同生效后，当事人就质量、价款或者报酬、履行地点等内容没有约定或者约定不明确的，可以协议补充，不能达成补充协议的，按照合同有关条款或者交易习惯确定。当事人一方不履行合同义务或者履行合同义务不符合约定的，应当承担继续履行、采取补救措施或者赔偿损失等违约责任。

合同的权利义务终止后，当事人应当遵循诚实信用原则，根据交易习惯履行通知、协助、保密、旧物回收等义务。当事人可以通过和解或者调解解决合同争议。当事人不愿和解、调解或者和解、调解不成的，可以根据仲裁协议向仲裁机构申请仲裁。涉外合同的当事人可以根据仲裁协议向中国仲裁机构或者其他仲裁机构申请仲裁。当事人没有订立仲裁协议或者仲裁协议无效的，可以向人民法院起诉。当事人应当履行发生法律效力的判决、仲裁裁决、调解书，拒不履行的，对方可以请求人民法院执行。

二、技术合同的内容和分类

技术合同的内容由当事人约定，一般包括以下条款：（一）项目名称；（二）标的的内容、范围和要求；（三）履行的计划、进度、期限、地点、地域和方式；（四）技术情报和资料的保密；（五）风险责任的承担；（六）技术成果的归属和收益的分成办法；（七）验收标准和方法；（八）价款、报酬或者使用费及其支付方式；（九）违约金或者损失赔偿的计算方法；（十）解决争议的方法；（十一）名词和术语的解释。

与履行合同有关的技术背景资料、可行性论证和技术评价报告、项目任务书和计划书、技术标准、技术规范、原始设计和工艺文件，以及其他技术文档，按照当事人的约定可以作为合同的组成部分。技术合同涉及专利的，应当注明发明创造的名称、专利申请人和专利权人、申请日期、申请号、专利号以及专利权的有效期限。

技术合同主要分为以下几类：技术开发合同、技术转化合同、技术转让（许可）合同、技术咨询合同、技术服务合同、技术培训合同、技术中介合同、技术进出口合同。

三、技术开发合同

技术开发合同，是指当事人之间就新技术、新产品、新工艺或者新材料及其系统的研究开发所订立的合同。技术开发合同包括委托开发合同和合作开发合同。技术开发合同应当采用书面形式。

委托开发合同的委托人应当按照约定支付研究开发经费和报酬，提供技术资料、原始数据，完成协作事项，接受研究开发成果。委托开发合同的研究开发人员应当按照约定制订和实施研究开发计划，合理使用研究开发经费，按期完成研究开发工作，交付研究开发成果，提供有关的技术资料和必要的技术指导，帮助委托人掌握研究开发成果。委托开发合同的当事人违反约定造成研究开发工作停滞、延误或者失败的，应当承担违约责任。

合作开发合同的当事人应当按照约定进行投资，包括以技术进行投资，分工参与研究开发工作，协作配合研究开发工作。合作开发合同的当事人违反约定造成研究开发工作停滞、延误或者失败的，应当承担违约责任。

另外，还需注意的是，因作为技术开发合同标的的技术已经由他人公开，致使技术开发合同的履行没有意义的，当事人可以解除合同。技术开发合同履行过程中，因出现无法克服的技术困难，致使研究开发失败或者部分失败的，该风险责任由当事人约定。没有约定或者约定不明确，依照我国《民法典》第五百一十条的规定仍不能确定的，风险责任由当事人合理分担。

四、技术转化合同

技术转化合同系当事人之间就具有产业应用价值的科技成果实施转化，对已有科技成果进行后续试验、开发、应用而订立的合同。技术转化主要是将理论成果产业化，使其成为能够进行工业化生产的技术，为社会创造财富。

在技术转化过程中，不可避免地会产生对技术成果归属、合作费用、保密义务、利益分配等问题的争议。《民法典》第八百五十一条第四款规定，当事人之间就具有实用价值的科技成果实施技术转化订立的合同，参照适用技术开发合同的有关规定。可以看出，技术转化也是技术开发活动的一种特殊形式，两者有共同之处，只是技术转化聚焦于技术产业化的过程，以实现科技成果工业化应用为目标，而技术开发则不限于此过程。

五、技术转让（许可）合同

技术转让（许可）合同，是指合法拥有技术的权利人，包括其他有权对外转让技术的人，将现有特定的专利、专利申请、技术秘密的相关权利让与他人，或者许可他人实施、使用所订立的合同，但就尚待研究开发的技术成果或者不涉及专利、专利申请或者技术秘密的知识、技术、经验和信息所订立的合同除外。技术转让（许可）合同包括专利权转让、专利申请权转让、技术秘密转让、专利实施许可、技术秘密实施许可等合同。技术转让（许可）合同应当采用书面形式。技术转让（许可）合同的让与人（许可人）应当保证自己是所提供的技术的合法拥有者，并保证所提供的技术完整、无误、有效，能够达到约定的目标。受让人（被许可人）应当按照约定的范围和期限，对让与人（许可人）提供的技术中尚未公开的秘密部分，承担保密义务。

让与人（许可人）未按照约定转让（许可）技术的，应当返还部分或者全部转让费（使用费），并应当承担违约责任。受让人（被许可人）未按照约定支付转让费（使用费）的，应当补交转让费（使用费）并按照约定支付违约金，不补交转让费（使用费）或者支付违约金的，应当停止实施专利或者使用技术秘密，交还技术资料，承担违约责任。当事人可以按照互利的原则，在技术转让合同中约定实施专利、使用技术秘密后续改进的技术成果的分享办法。

六、技术咨询合同

技术咨询合同，是指当事人一方以技术知识为另一方就特定技术项目提供可行性论证、技术预测、专题技术调查、分析评价报告等事宜所订立的合同。技术咨询合同的委托人应当按照约定阐明咨询的问题，提供技术背景材料及有关技术资料、数据，接受受托人的工作成果，支付报酬。技术咨询合同的受托人应当按照约定的期限完成咨询报告或者解答问题，提出的咨询报告应当达到约定的要求。

技术咨询合同的委托人未按照约定提供必要的资料和数据，影响工作进度和质量，不接受或者逾期接受工作成果的，支付的报酬不得追回，未支付的报酬应当支付。技术咨询合同的受托人未按期提出咨询报告或者提出的咨询报告不符合约定的，应当承担减收或者免收报酬等违约责任。技术咨询合同的委托人按照受托人符合约定要求的咨询报告和意见作出决策所造成的损失，由委托人承担，但当事人另有约定的除外。

需要注意的是，技术咨询合同履行过程中，受托人利用委托人提供的技术资料和工作条件完成的新的技术成果，属于受托人。委托人利用受托人的工作成果完成的新的技术成果，属于委托人。当事人另有约定的，按照其约定。技术咨询合同对受托人正常开展工作所需费用的负担没有约定或者约定不明确的，由受托人负担。

七、技术服务合同

技术服务合同，是指当事人一方以技术知识为另一方解决特定技术问题所订立的合同，但不包括建设工程合同和承揽合同。技术服务合同的委托人应当按照约定提供工作条件，完成配合事项，接受工作成果并支付报酬。技术服务合同的受托人应当按照约定完成服务项目，解决技术问题，保证工作质量，并传授解决技术问题的知识。技术服务合同的委托人不履行合同义务或者履行合同义务不符合约定，影响工作进度和质量，不接受或者逾期接受工作成果的，支付的报酬不得追回，未支付的报酬应当支付。技术服务合同的受托人未按照合同约定完成服务工作的，应当承担免收报酬等违约责任。另外，当事人对技术服务合同受托人提供服务所需费用的负担没有约定或者约定不明确的，由受托人承担。

需要注意的是，当事人一方以技术转让的名义提供已进入公有领域的技术，或者在技术转让合同履行过程中合同标的技术进入公有领域，但是技术提供方进行技术指导、传授技术知识，为对方解决特定技术问题符合约定条件的，按照技术服务合同处理，约定的技术转让费可以视为提供技术服务的报酬和费用。技术服务合同履行过程中，受托人利用委托人提供的技术资料和工作条件完成的新的技术成果，属于受托人。委托人利用受托人的工作成果完成的新的技术成果，属于委托人。当事人另有约定的，按照其约定。

八、技术培训合同

技术培训合同，是指当事人一方委托另一方对指定的学员进行特定项目的专业技术训练和技术指导所订立的合同，但不包括职业培训、文化学习和按照行业、法人或者其他组织的计划进行的职工业余教育。技术培训合同纠纷多发生于培训内容、培训质量、学员质量、教员质量、培训费用等方面。

当事人对技术培训必需的场地、设施和试验条件等工作条件的提供和管理责任没有约定或者约定不明确的，由委托人负责提供和管理。技术培训合同委托人派出的学员不符合约定条件，影响培训质量的，由委托人按照约定支付报酬。受托人配备的教员不符合约定条件，影响培训质量，或者受托人未按照计划和项目进行培训，导致不能实现约定培训目标的，应当减收或者免收报酬。受托人发现学员不符合约定条件或者委托人发现教员不符合约定条件，未在合理期限内通知对方，或者接到通知的一方未在合理期限内按约定改派的，应当由负有履行义务的当事人承担相应的民事责任。

九、技术中介合同

技术中介合同，是指当事人一方以知识、技术、经验和信息为另一方与第三人订立技术合同进行联系、介绍以及对履行合同提供专门服务所订立的合同。技术中介合同纠纷主要体现在中介费用的支付条件及数额上。

当事人对中介人从事中介活动的费用负担没有约定或者约定不明确的，由中介人承担。当事人约定该费用由委托人承担但未约定具体数额或者计算方法的，由委托人支付中介人从事中介活动支出的必要费用。当事人对中介人的报酬数额没有约定或者约定不明确的，应当根据中介人所进行的劳务合理确定，并由委托人承担。仅在委托人与第三人订立的技术合同中约定中介条款，但未约定给付中介人报酬或者约定不明确的，应当支付的报酬由委托人和第三人平均承担。

中介人未促成委托人与第三人之间的技术合同成立的，其无权要求支付报酬，其可以要求委托人支付从事中介活动的必要费用，但当事人另有约定的除外。中介人收取从事中介活动的费用和报酬不应当被视为委托人与第三人之间的技术合同纠纷中一方当事人的损失。

十、技术进出口合同

技术进出口，是指从中国境外向中国境内，或者从中国境内向中国境外，通过贸易、投资或者经济技术合作的方式转移技术的行为，包括专利权转让、专利申请权转让、专利实施许可、技术秘密转让、技术服务和其他方式的技术转移。

技术进出口合同是当事人基于技术的跨境转移而订立的合同。因技术进出口合同而产生的纠纷主要体现在技术持有者的合法性、技术本身是否合法有效、技术是否达到合同约定的目标、保密义务、技术改进后的归属、费用的支付条件和方式等方面。

对属于自由进口的技术，实行合同登记管理。进口属于自由进口的技术，合同自依法成立时生效，不以登记为合同生效的条件。申请人凭技术进口许可证或者技术进口合同登记证，办理外汇、银行、税务、海关等相关手续。对属于自由出口的技术，实行合同登记管理。出口属于自由出口的技术，合同自依法成立时生效，不以登记为合同生效的条件。申请人凭技术出口许可证或者技术出口合同登记证办理外汇、银行、税务、海关等相关手续。

第二节　企业技术合同管理操作实务

企业技术合同管理工作主要是以我国《民法典》合同编为指导原则，对企业技术合同进行订立、履行、变更、解除、转让、终止、登记、风险管控等一系列工作。企业技术合同管理的目的就是要通过上述一系列工作将技术合同的法律风险降至最低，确保技术合同正常履行，发挥出技术合同在企业知识产权管理运营中的重要作用。

一、技术合同谈判

任何一份合同在签约之前都不可避免地需要协商谈判，有些合同条款简单，各方容易达成一致，仅通过电话、邮件等方式就可完成此工作。有些合同较为复杂，涉及利益也是多方面的，故在短时间内很难达成一致，这就需要企业在前期进行多次协商谈判。针对技术合同谈判，企业应当做好以下工作：

（一）知己知彼

在与对方进行技术合同谈判前，企业应当了解自己的需求和目的，并对自己的实力和所能做的工作有清楚的认识。只有了解自己想要什么，才能在后续谈判中牢牢抓住重点，以不变应万变。

同时，企业还需要了解对方的需求，并对其自身实力进行前期调查。这样做的目的是全面评估对方在谈判中能够接受的条件和谈判底线，做到有的放矢，及时调整谈判策略。

总之，知己知彼是合同谈判者应当重视的问题，只有知己知彼才能在合同谈判中占据主动地位，才能从大局出发找出合理的解决方案。

（二）寻求共赢

合同谈判不同于诉讼，大多数诉讼要有胜负的结果，但谈判不是要分清胜负，而是在磋商中相互妥协，达到某种平衡，以实现共赢。任何在合同谈判过程中，试图压制对方，损害对方利益的行为都不会得到认可，甚至结果适得其反。所以，企业在技术合同谈判过程中，应当抓住双方的需求点，平衡双方的利益，寻求共赢。

（三）灵活变通

技术合同谈判过程中，难免遇到僵局，此时如果双方都据理力争、僵持不下，则很容易导致谈判破裂。此时，我们需要倾听对方的观点和要求，找出问题所在，及时灵活变通地提供多种解决方案，并试图找出符合双方利益的最佳方案。变通并非无原则的退让或随意改变，而是在坚持原则的前提下，灵活有效地解决问题。

（四）步步为营

技术合同谈判过程中，有很多影响协议达成的不确定因素，这些因素很可能导致一方或双方对前面达成一致的条款产生动摇甚至否定。所以，在谈判过程中，应当把握谈判的节奏，稳扎稳打，及时巩固谈判成果，对于双方达成一致的条款，应当及时通过书面方式确定下来，由双方签字确认。只要双方没有最终在协议上签字，就不能放松懈怠。

二、技术合同订立及主要条款

技术合同的各个条款经过前期谈判最终达成一致的，各方应当签订技术合同。技术合同涉及的内容复杂，权利义务较多，故应通过合同书形式订立。在订立技术合同时，企业应当根据合同约定的生效条款来规范合同订立行为。比如：合同中约定必须由法定代表人签字且企业盖章后才能生效的，则在订立时，应当满足这一要求。依法成立的合同，对当事人具有法律约束力。各方当事人应当按照约定履行自己的义务，不得擅自变更或者解除合同。采用书面形式订立合同，合同约定的签订地与实际签字或者盖章地点不符的，应当认定约定的签订地为合同签订地，合同没有约定签订地，双方当事人签字或者盖章不在同一地点的，应当认定最后签字或者盖章的地点为合同签订地。

技术合同应当具备以下主要条款：

1. 项目名称，主要是对技术合同所涉及项目的概括，目的是让双方明确项目内容，并在后续合同条款中使用该项目名称，便于双方理解。

2. 标的的内容、范围和要求，该部分主要是约定技术标的的内容、技术范围和技术要求，这些是履行技术合同的参照，也是履行技术合同的基础。

3. 履行的计划、进度、期限、地点、地域和方式，该部分主要约定技术合同履行的具体步骤、时间、地点等内容，这是确保技术合同按时、准确履行的保证。

4. 技术情报和资料的保密，该部分内容主要约定技术合同所涉及的情报、资料的内容及相应的保密措施，目的是保护与技术合同有关的商业秘密。

5. 风险责任的承担，该部分内容主要约定技术合同履行过程中风险责任的承担，比如研发失败的风险、第三方履行不能、不可抗力等，一旦出现这些风险，技术合同双方该如何面对和解决。

6. 技术成果的归属和收益的分成办法，技术合同中关于技术成果的归属必须明确约定，否则可能会对一方产生不利。技术成果可以约定归一方所有，也可以约定双方共同共有。另外，还需要约定收益的分成办法，以便产生收益后按比例分配。

7. 验收标准和方法，该部分内容主要约定技术成果的交付，双方需要针对技术成果约定验收标准和方法，以便在发生争议时，依据该标准和方法来确定技术成果是否符合合同要求。

8. 价款、报酬或者使用费及其支付方式，比如：总价、支付方式、支付期限、支付时间节点等内容。

9. 违约金或者损失赔偿的计算方法，该部分内容主要约定一方因违约而承担的违约金责任或赔偿损失的责任。在技术合同中最好约定损失赔偿的计算方法，以便在发生纠纷后明确损失赔偿如何计算以及给出明确的损失金额。

10. 解决争议的方法，一般约定发生争议先行通过协商来解决，如果协商不成可以向有管辖权的人民法院提起诉讼或向仲裁机构申请仲裁。但应当明确的是，诉讼和仲裁只能择其一，不能既约定诉讼又约定仲裁。

11. 名词和术语的解释，技术合同与其他合同不同的是，在合同中常用到一些技术名词和术语，如果这些技术名词和术语在行业内有不同的理解，则需要双方在技术合同中对可能发生歧义的名词和术语进行解释，以便双方准确清楚地理解名称和术语的含义，更好地履行合同义务。

三、技术合同认定登记

根据我国《技术合同认定登记管理办法》的相关规定，法人或其他组织根据所订立的技术合同，从技术开发、技术转让、技术咨询和技术服务的净收入中提取一定比例作为奖励和报酬，给予职务技术成果完成人和为成果转化做出重要贡献人员的，应当申请对相关的技术合同进行认定登记，并依照有关规定提取奖金和报酬。另外，未申请认定登记和未予登记的技术合同，不得享受国家对有关促进科技成果转化规定的税收、信贷和奖励等方面的优惠政策。经认定登记的技术合同，当事人可以持认定登记证明，向主管税务机关提出申请，经审核批准后，享受国家规定的税收优惠政策。可见，技术合同认定登记不仅有助于奖励职务技术成果完成人和为成果转化做出重要贡献的人员，还可以使企业在税收、信贷和奖励方面享受优惠政策。

按照《技术合同认定登记管理办法》，科学技术部管理全国技术合同认定登记工作。省、自治区、直辖市和计划单列市科学技术行政部门管理本行政区划的技术合同认定登记工作。地、市、区、县科学技术行政部门设技术合同登记机构，具体负责办理技术合同的认定登记工作。技术合同认定登记实行按地域一次登记制度。技术开发合同的研究开发人、技术转让合同的让与人、技术咨询和技术服务合同的受托人，以及技术培训合同的培训人、技术中介合同的中介人，应当在合同成立后向所在地区的技术合同登记机构提出认定登记申请。

当事人申请技术合同认定登记，应当向技术合同登记机构提交完整的书面合同文本和相关附件。合同文本可以采用由科学技术部监制的技术合同示范文本。采用其他书面合同文本的，应当符合我国《民法典》的有关规定。采用口头形式订立技术合同的，技术合同登记机构不予受理。申请认定登记的合同应当根据我国《民法典》的规定，使用技术开发、技术转让、技术咨询、技术服务等规范名称，完整准确地表达合同内容。

四、技术合同履行过程中的管理

技术合同签订后，双方进入履行阶段，在合同履行阶段，企业应当严格按照合同约定承担自己的义务，以免因为履行不当或履行不能而陷入违约纠纷。通常来说，应当注意以下几个方面：

（一）严格控制履行的进度和节点

技术合同中，通常会约定项目的计划、进度、完成时间节点等内容，这些是保证技术项目按时完成的重要指标。因此，企业在实际履行阶段，应当明确项目的计划进展情况，并时刻检查是否有拖延情形影响进度。针对在履行过程中出现的项目进度延后问题，应当尽快查明原因，寻找解决方案。同时，也要与合同另一方进行沟通，取得谅解，避免因此而产生矛盾。

（二）严格遵守保密义务并时刻核查保密措施的执行情况

在大多数的技术合同中，均设置了保密条款，其目的是防止因技术合同履行导致各方商业秘密被泄露或未经许可使用。所以，在技术合同履行期限内，合同各方应当严格遵守保密义务，时刻核查己方工作人员是否存在违反保密约定的行为。针对合同相对方不遵守保密义务的情形，应当及时通过书面方式进行警示，并监督对方整改。

（三）注意技术成果的知识产权保护

技术合同履行期间，可能会产生阶段性的技术成果或已经完成主要的技术成果，此时，根据合同中约定的技术成果归属条款，获得技术成果的一方或双方应当尽快确定该技术成果的法律保护方案，即通过何种方式进行保护、是应该申请专利还是仅仅通过商业秘密方式保护、是否还有其他的保护措施、如何完善以符合法律要求，这些都是企业在技术合同履行到一定阶段需要思考的问题。

（四）严格执行验收程序和标准

技术成果在交付之前，双方需要根据合同约定的验收标准、方法进行项目验收。这是非常关键的一环，企业必须加以重视，一旦通过验收则意味着技术成果符合要求，未来一旦发生问题再拒绝接受技术成果将很难得到支持。所以，接受技术成果的一方应该严格按照验收程序、方法、标准来考察技术成果是否符合要求，必要时，还可以聘请相关技术领域的专家协助验收，发现问题及时提出并协商解决。

（五）注意合同款项支付情况

技术合同履行期间，一方应当根据合同约定的付款条件、期限、金额付款，如无法按时付款，则应当通过协商的方式变更付款时间或金额。另一方作为收款方应当及时监控付款情况，针对拖延付款的情形，应当及时了解原因，必要时可通过书面函件的方式督促对方尽快付款。有证据证明对方财务状况恶化或故意不支付款项的，应当及时采取措施避免损失进一步扩大。

（六）变更或解除合同注意事项

技术合同履行过程中，有时候会涉及变更合同或解除合同的问题。通常来说，当事人协商一致，可以变更合同或解除合同。但变更或解除合同应当通过书面的方式进行，以免将来发生纠纷。变更后的合同条款与原合同不一致的，应当以变更后的合同条款为准。

对于解除合同，如果双方无法协商一致的，我国《民法典》合同编第五百六十三条第一款也规定了法定解除的几种情形，即有下列情形之一的，当事人可以解除合同：（1）因不可抗力致使不能实现合同目的；（2）在履行期限届满前，当事人一方明确表示或者以自己的行为表明不履行主要债务；（3）当事人一方迟延履行主要债务，经催告后在合理期限内仍未履行；（4）当事人一方迟延履行债务或者有其他违约行为致使不能实现合同目的；（5）法律规定的其他情形。合同解除后，尚未履行的，终止履行。已经履行的，根据履行情况和合同性质，当事人可以要求恢复原状、采取其他补救措施，并有权要求赔偿损失。

当事人一方依法主张解除合同的，应当通知对方。合同自通知到达对方时解除；通知载明债务人在一定期限内不履行债务则合同自动解除，债务人在该期限内未履行债务的，合同自通知载明的期限届满时解除。对方对解除合同有异议的，任何一方当事人均可以请求人民法院或者仲裁机构确认解除行为的效力。

五、技术合同纠纷解决

技术合同纠纷解决首先可以通过协商的方式进行，实践中大部分的技术合同纠纷，都可以通过双方的友好协商来化解。如果双方不能通过协商解决，则可以向有管辖权的人民法院起诉或向仲裁机构申请仲裁。

因合同纠纷提起的诉讼，由被告住所地或者合同履行地人民法院管辖。当然，技术合同纠纷的当事人可以书面协议选择被告住所地、合同履行地、合同签订地、原告住所地等与争议有实际联系的地点的人民法院管辖，但不得违反我国《民事诉讼法》对级别管辖和专属管辖的规定。两个以上人民法院都有管辖权的诉讼，原告可以向其中一个人民法院起诉，原告向两个以上有管辖权的人民法院起诉的，由最先立案的人民法院管辖。通常，如果我们在技术合同谈判中占有优势地位的话，应当尽量将管辖权确定在己方住所地的法院来管辖，这样不但能节约经济成本，也可以防止因案件在对方住所地法院管辖而可能带来的地方保护，影响司法公正。

如果合同当事人双方通过仲裁协议约定采用仲裁方式解决纠纷的，则任何一方都可以向约定的仲裁机构提起仲裁，仲裁不实行级别管辖和地域管辖。仲裁协议包括合同中订立的仲裁条款和以其他书面方式在纠纷发生前或者纠纷发生后达成的请求仲裁的协议。仲裁协议应当具有下列内容：请求仲裁的意思表示；仲裁事项；选定的仲裁委员会。仲裁协议对仲裁事项或者仲裁委员会没有约定或者约定不明确的，当事人可以补充协议，达不成补充协议的，仲裁协议无效。仲裁协议独立存在，合同的变更、解除、终止或者无效，不影响仲裁协议的效力。

仲裁实行一裁终局的制度。裁决作出后，当事人就同一纠纷再申请仲裁或者向人民法院起诉的，仲裁委员会或者人民法院不予受理。当事人应当履行裁决。一方当事人不履行的，另一方当事人可以依照民事诉讼法的有关规定向人民法院申请执行。裁决被人民法院依法裁定撤销或者不予执行的，当事人就该纠纷可以根据双方重新达成的仲裁协议申请仲裁，也可以向人民法院起诉。

第三节　常见法律风险与防范措施

技术合同管理中的法律风险主要体现在以下几个方面：

一、因签约主体不具有民事主体资格而产生纠纷

这种情况经常发生在企业与科研院所进行技术合作的过程中。代表科研院所签约的并非具有民事主体资格的科研组织，而是其下属的院系、研究所、研究室、课题组等分支机构。因这些分支机构不具有民事主体资格，故理论上不能成为签约主体。

但不具有民事主体资格的科研组织订立的技术合同，经法人或者其他组织授权或者认可的，视为法人或者其他组织订立的合同，由法人或者其他组

织承担责任。未经法人或者其他组织授权或者认可的，由该科研组织成员共同承担责任，但法人或者其他组织因该合同受益的，应当在其受益范围内承担相应责任。

可见，企业与不具有民事主体资格的科研组织签订技术合同，一旦发生纠纷，合同相对方在责任承担方面具有很大不确定性。故企业在与这些科研组织签约时，应认真核查其主体资格方面的证件，尽量与其上级法人组织签订合同，以保障履约能力和责任承担能力。

二、因技术合同被撤销而产生纠纷

合同撤销是指当事人对合同的内容有重大误解或显失公平，可以经利害关系当事人请求，撤销该合同，使其已经发生的法律效力归于消灭。一方以欺诈、胁迫的手段或者乘人之危，使对方在违背真实意思的情况下订立的合同，受损害方也有权请求人民法院或者仲裁机构撤销合同。技术合同被撤销后，前期的合同谈判工作可能功亏一篑，极易引发纠纷。被撤销的合同自始没有法律约束力，被撤销后，因该合同取得的财产，应当予以返还，不能返还或者没有必要返还的，应当折价补偿。有过错的一方应当赔偿对方因此所受到的损失，双方都有过错的，应当各自承担相应的责任。

任何一方都不愿意看到已达成的技术合同被撤销。为此，在签订技术合同时，应当遵守诚实信用原则、公平原则，如实地披露信息。对于可能造成对方重大误解的信息，应当提请对方注意，绝不能以欺诈、胁迫手段或者乘人之危，使对方在违背真实意思的情况下签订技术合同。合同被撤销后，尽量通过协商的方式区分法律责任，解决矛盾纠纷。如果协商不成，应及时通过诉讼或仲裁的方式主张权利。

三、因技术合同无效而产生纠纷

我国《民法典》总则编第六章规定的民事法律行为无效的情形主要有：（一）无民事行为能力人实施的民事法律行为无效；（二）行为人与相对人以

虚假的意思表示实施的民事法律行为无效；（三）违反法律、行政法规的强制性规定的民事法律行为无效；（四）违背公序良俗的民事法律行为无效；（五）行为人与相对人恶意串通，损害他人合法权益的民事法律行为无效。这些民事法律行为无效的规定同样适用于技术合同。

另外，《民法典》第八百五十条规定："非法垄断技术或者侵害他人技术成果的技术合同无效。""非法垄断技术"，主要是指一方当事人利用合同条款限制另一方在合同技术的基础上进行新的研究开发，限制另一方从其他渠道吸收技术，或者阻碍另一方根据市场的需要，按照合同的方式充分实施专利和非专利技术。根据《最高人民法院关于审理技术合同纠纷案件适用法律若干问题的解释》第十条，主要包括：

（1）限制当事人一方在合同标的技术基础上进行新的研究开发或者限制其使用所改进的技术，或者双方交换改进技术的条件不对等，包括要求一方将其自行改进的技术无偿提供给对方、非互惠性转让给对方、无偿独占或者共享该改进技术的知识产权；

（2）限制当事人一方从其他来源获得与技术提供方类似技术或者与其竞争的技术；

（3）阻碍当事人一方根据市场需求，按照合理方式充分实施合同标的技术，包括明显不合理地限制技术接受方实施合同标的技术生产产品或者提供服务的数量、品种、价格、销售渠道和出口市场；

（4）要求技术接受方接受并非实施技术必不可少的附带条件，包括购买非必需的技术、原材料、产品、设备、服务以及接收非必需的人员等；

（5）不合理地限制技术接受方购买原材料、零部件、产品或者设备等的渠道或者来源；

（6）禁止技术接受方对合同标的技术知识产权的有效性提出异议或者对提出异议附加条件。

无效的合同自始没有法律约束力。合同部分无效，不影响其他部分效力的，其他部分仍然有效。合同无效后，因该合同取得的财产，应当予以返还，不能返还或者没有必要返还的，应当折价补偿。有过错的一方应当赔偿对方因此所受到的损失，双方都有过错的，应当各自承担相应的责任。法律另有规定的，依照其规定。

当然，实践中，技术合同被宣告无效的案例是非常少见的，法院通常不会轻易宣告一份合同无效，除非技术合同本身确实符合上述无效的情形。同样，为避免技术合同无效，当事人双方应当遵循诚实信用原则和公平原则签订和履行合同。特别是，技术合同的内容不能违背公序良俗、损害他人合法权益，不能非法垄断技术，侵害他人技术成果。

四、因合同相对方不具有履约能力而导致合同不能履行

合同相对方不具有履约能力，主要是指相对方不具有履行技术合同的相应资质、专业技术知识、技术服务条件等，导致技术合同无法履行。实践中，不排除部分单位或个人因利益驱使而隐瞒自身技术实力，与他人签订技术合同，但在履行阶段却无法胜任工作。此时，虽然其要承担违约责任，但给对方造成的损失却是难以弥补的。

笔者建议，企业在与他方签订技术合同前，应当对相对方进行尽职调查，包括但不限于调查该企业的行业地位、商业信誉、履约记录、财务报表上体现的盈利能力、是否受到任何行政处罚或者处罚是否影响企业的商誉或履约能力等。具体到技术项目，还可以让相对方提供相应的资质文件和技术人员简历、类似项目的经验和案例，以供核查和判断是否具有技术能力，再决定是否与之签订技术合同。切不可未进行前期的相关调查就轻易签订合同。同时，双方也可以在技术合同中约定保证条款，提供担保以保障合同顺利履行。

五、因验收标准约定不明而产生纠纷

验收标准在技术合同中属于非常重要的条款之一，因为它涉及技术成果交付是否合格。没有约定验收标准或者验收标准约定不明，将导致合同双方对技术成果的验收失去参照，极易引发纠纷。

为此，笔者建议，技术合同双方应当约定技术成果的验收标准，特别是验收的方法、指标、程序等，应当尽量详细，易于操作，避免歧义。如果签

订合同时，对验收标准约定不明的，双方也可以在后续合同履行过程中签订补充协议来进行明确约定。另外，双方还应当从公平、公正和诚实信用原则出发，合理地解释验收标准，必要时双方也可以通过专家鉴定会、专家论证会的方式来对技术成果进行验收或者委托第三方机构进行验收。

六、因技术合同用语不规范而产生歧义

如果技术合同未经专业人士起草或审核，常常会发生合同用语不规范的情形，用语不规范的后果是得不到裁判的支持且容易产生歧义。比如：法律、法规或司法解释中并未出现“独家许可使用”的用语，那么技术合同中的“独家许可使用”到底可以解读为“独占许可使用”还是“排他许可使用”？显然，不同的解读意味着对权利的限制范围不同。还有一些行业术语、技术术语都有其特定含义，如果不规范使用，极易引发纠纷。

所以，技术合同应当由专业人士起草或审核，合同用词应当采用法律专业术语或技术专业术语，对于新兴词语或争议词语，应当在合同中对该词语进行必要的解释和说明。因用语不规范引发纠纷的，各方应当本着公正、公平和诚实信用的原则对用语进行解释，也可以联系上下文及合同目的对用语进行合理解释。

七、因未及时制止违约行为而导致损失扩大

当事人应当按照约定全面履行自己的义务，应当遵循诚实信用原则，根据合同的性质、目的和交易习惯履行通知、协助、保密等义务。一旦一方发生违约，另一方不及时制止任由违约行为发展，极易导致损失扩大，还会被解读为默认对合同义务进行了变更。

因此，在技术合同履行过程中，如果一方违约，另一方应当通过口头或书面形式及时加以制止，并要求对方立即改正，全面履行义务。针对持续的违约行为，守约方应当考虑采用先履行抗辩、同时履行抗辩、不安抗辩等措施，防止损失扩大。如若对方经催告后在合理期限内仍未履行或者违约行为

导致合同目的无法实现的，守约方可根据具体情况解除合同并要求对方承担违约责任。

八、因对技术成果归属约定不明而丧失知识产权

技术成果归属主要体现在技术开发合同中，特别是委托开发合同、合作开发合同。企业应特别注意在此两类合同中的技术成果归属约定。

根据我国《民法典》相关规定：委托开发完成的发明创造，除法律另有规定或者当事人另有约定外，申请专利的权利属于研究开发人。研究开发人取得专利权的，委托人可以免费实施该专利。研究开发人转让专利申请权的，委托人享有以同等条件优先受让的权利。合作开发完成的发明创造，除当事人另有约定的以外，申请专利的权利属于合作开发的当事人共有，当事人一方转让其共有的专利申请权的，其他各方享有以同等条件优先受让的权利。合作开发的当事人一方声明放弃其共有的专利申请权的，除当事人另有约定外，可以由另一方单独申请或者由其他各方共同申请。申请人取得专利权的，放弃专利申请权的一方可以免费实施该专利。合作开发的当事人一方不同意申请专利的，另一方或者其他各方不得申请专利。

可见，在委托开发合同和合作开发合同中，技术成果的归属首先是尊重当事人双方的约定，没有约定或约定不明的，按照我国《民法典》的上述规定确定归属。显然，企业在签订技术开发合同时就应该有意识地对技术成果归属问题进行约定，以免丧失权利。对于在本次开发的技术成果基础上进行后续研发所得到的技术成果，如果双方能够在技术合同中加以明确则更好不过。

九、因侵犯第三方知识产权而导致合同不能履行

技术合同履行过程中，有时会使用现有技术或在现有技术基础上进行后续研发，故对现有技术的权利核查就显得尤为必要。因为如果现有技术由合同双方以外第三人享有知识产权，则该项现有技术不能自由实施，需要经过

许可才行。但实践中，很多企业并未关注到这一点，想当然地将他人享有知识产权的技术拿来使用并进行开发，最终由于侵犯第三方的知识产权而被迫停止，导致合同不能履行。

为此，正确的做法是，任何在技术合同履行过程中使用到的现有技术都应当进行权属核查，判断自由实施的可能性。如果是合同双方当事人享有知识产权的技术，则可以在合同中约定使用的权限、范围、时间。如果是第三方享有知识产权的技术，则应当取得第三方的许可。如果第三方不予许可，则应当放弃使用或采用技术规避手段达到不侵权的目的。总之，应当将侵害第三方知识产权的法律风险降至最低，以利于本技术合同的顺利实施。

十、因未及时主张权利而导致超过诉讼时效

根据我国《民法典》中关于诉讼时效的相关规定，向人民法院请求保护民事权利的诉讼时效期间为三年。法律另有规定的，依照其规定。诉讼时效期间自权利人知道或者应当知道权利受到损害以及义务人之日起计算。法律另有规定的，依照其规定。但是自权利受到损害之日起超过二十年的，人民法院不予保护，有特殊情况的，人民法院可以根据权利人的申请决定延长。诉讼时效期间届满的，义务人可以提出不履行义务的抗辩。

另外，根据《民法典》第一百九十五条，在诉讼时效期间，有下列情形之一的，诉讼时效中断，从中断、有关程序终结时起，诉讼时效期间重新计算：（一）权利人向义务人提出履行请求；（二）义务人同意履行义务；（三）权利人提起诉讼或者申请仲裁；（四）与提起诉讼或者申请仲裁具有同等效力的其他情形。所以，如果权利人在诉讼时效期间未积极主张权利，则时效期间届满后，极易丧失胜诉权。故技术合同一方当事人因自身权利受到损害，应当及时在诉讼时效期间主张权利，如果来不及通过诉讼或仲裁方式主张的，也可以先通过发函等书面方式或电子方式向义务人提出履行请求以中断诉讼时效。

第四节　典型案例评析

案例 1：网络公司与 × 通浙江分公司技术委托开发合同纠纷上诉案①

◆案情简介

网络公司诉称，2013 年 7 月，× 通浙江分公司委托原告开发微信靓号平台，后该平台改名为“× × 吧”。原告于 2013 年 7 月 9 日通过电子邮件将开发“× × 吧”的人员安排、总费用（共计 20 万元）以及开发进度等事项告知被告，被告发邮件确认执行，至此双方通过邮件正式建立了第一阶段（“× × 吧”阶段）技术委托开发关系。原告按照被告要求，于 2013 年 8 月 13 日完工。次日，被告确认“× × 吧”平台可以上线，原告完成第一阶段的开发工作。2013 年 8 月，被告要求原告在此基础上开发第二阶段的项目，即“浙江 × 通微信商城”平台。双方约定按照产生订单收益分成结算的 CPS（cost per sale，即销售提成）佣金规则支付第二期委托开发费用。2013 年 9 月底，原告按照要求完成“浙江 × 通微信商城”平台的开发，并向被告提供了测试链接，被告确认可以上线。至此，原告完成了第二阶段的开发工作。原告认为，原、被告双方已经建立起事实合同关系，原告已按照被告要求实际履行了合同义务，被告至今未向原告支付任何开发费用。

网络公司请求法院依法判令：1. 被告继续履行双方之间的委托开发合同；2. 被告向原告分别披露“浙江 × 通 × × 吧”和“浙江 × 通手机馆”两个网上交易平台的订单数量；3. 被告支付委托开发费用及合作分成费用共计人民币 300 万元；4. 本案诉讼费用由被告承担。

被告 × 通浙江分公司辩称：1. 从双方的往来邮件可以看出，原、被告之间系市场推广委托关系，而非软件开发委托关系。2. 原、被告之间未就市

① 案号：（2015）浙杭知终字第 295 号。

场推广费用达成一致意见。即使按 CPS 规则分成，根据有效订单数，原告可收取的佣金仅为 11183.7 元。3. 原告开发的微信商城不完整、功能不全，工作量少且价值低。原告仅开发了微信商城的前端页面部分，且因不符合要求，在很短的时间内就被迫下线，被告又另行委托第三方开发。4. 被告目前使用的微信商城并非原告开发，两个版本根本不同，不存在原告所谓的被告盗用原告开发成果的情况。5. 原告主张委托开发费和 CPS 合作分成的总金额为 300 万元缺乏计算依据。综上，原告的诉请没有依据。

◆法院裁决

一审法院认为：双方就“浙江 × 通 ×× 吧”的推广及技术开发事项通过邮件建立合同关系。网络公司虽主张其已经按照约定完成了“浙江 × 通 ×× 吧”的开发工作，但第二期涉及的在线支付功能最终未能实现。网络公司在约定的“浙江 × 通 ×× 吧”基础上，根据 × 通浙江分公司的要求，进行了“浙江 × 通微信商城”的开发，增加了“手机馆”功能。考虑到网络公司在本案中实际履行合同义务的上述情况，涉案合同约定的 20 万元金额与网络公司在本案中实际履行技术开发和广告推广义务应获得的对价基本相当。对此，× 通浙江分公司应当予以支付。网络公司未能举证证明双方已就“浙江 × 通 ×× 吧”技术开发及广告推广工作的计算报酬方式达成了合意，故对其在本案中要求按照 CPS 分成结算的主张，不予支持。

二审法院认为：网络公司关于在线支付功能未能实现系 × 通浙江分公司的责任的上诉理由不成立。从一系列邮件往来看，双方多次提出自己的观点，协商多次，但 × 通浙江分公司从未给予网络公司明确回应，现有证据亦无法推知双方就 ×× 吧的费用（按 CPS 分成）达成新的合意。结合 ×× 吧、手机馆及整合为 × 通微信商城的开发及 ×× 吧广告推广情况，网络公司在本案合同的实际履行情况，原审法院认为涉案合同约定为 20 万元金额与网络公司实际履行技术开发与广告推广义务应获得的对价基本相当，合法有据。遂驳回上诉，维持原判。

◆案例评析及法律风险提示

本案是一起技术委托开发合同纠纷，本案的特殊情形在于，双方自始至终没有签署过一份书面的合同，所有的沟通都是通过邮件、短信、微信来完成的。本案判决于我国《民法典》生效之前，适用的是当时《合同法》的相关规定，但鉴于本案中《合同法》的相关规定与《民法典》并无本质差异，《合同法》已失效，故笔者引用《民法典》来评析此案。

本案第一个争议焦点在于，双方是否存在技术委托开发合同关系。通常来说，技术委托开发合同应采用书面形式订立。我国《民法典》第四百六十九条第二、三款规定："书面形式是合同书、信件、电报、电传、传真等可以有形地表现所载内容的形式。以电子数据交换、电子邮件等方式能够有形地表现所载内容，并可以随时调取查用的数据电文，视为书面形式。"第四百九十条第二款规定："法律、行政法规规定或者当事人约定合同应当采用书面形式订立，当事人未采用书面形式但是一方已经履行主要义务，对方接受的，该合同成立。"根据原告网络公司提供的证据，双方是以电子邮件的形式表明合同主要内容，符合书面形式的要求。同时，原告已经履行了邮件中约定的主要技术开发义务，被告确认上线，应视为对原告工作的认可。至此，原、被告双方技术委托开发合同关系已经成立。

本案第二个争议焦点在于，被告 × 通浙江分公司如何支付技术开发费用。原告主张应当按照 20 万元基础费用 +CPS 分成费用来计算，但被告不认可。一审法院和二审法院从原告履行合同义务的实际情况出发，认为并未完成双方约定的"在线支付功能"，结合 ×× 吧、手机馆及整合为 × 通微信商城的开发及 ×× 吧广告推广情况，网络公司在本案合同的实际履行情况，法院认为涉案合同约定为 20 万元金额与网络公司实际履行技术开发与广告推广义务应获得的对价基本相当。换句话说，法院是根据案件具体情况，酌情认定被告应给予原告的技术开发费用。

本案给我们的启示是，签订书面技术合同在合同履行和纠纷处理过程中是至关重要的。本案原、被告双方虽然已经开始实际履行合同，但一直未就双方权利义务签订一份正式的书面协议，而是在项目实施过程中，边开发边洽谈，甚至在对项目验收标准、开发费用及支付方式等均没有达成明确的一致意见之前，就已经开始推进项目合作。这对双方来说均存在巨大的法律风险。两审法院针对双方未达成一致的开发费用没有作出认定，只是基于合同履行情况，酌情认定了技术开发费用。

笔者建议，类似这种技术开发项目，双方应当在项目启动前，就项目内容、验收标准、开发费用、支付方式、违约责任等重要问题达成一致意见，并签订正式的书面合同，明确双方权利义务关系，在实际履行过程中，应当严格按照合同条款进行。当然，在实施项目过程中，难免会遇到对项目内容或开发需求的更改，此时双方应当再次协商并将更改的内容、增加的费用等以书面的方式固定下来，最好签订一份补充协议。在未达成一致意见前，贸然按照自己的想法实施，最终可能会将自己置于极为不利地位。另外，双方在协商过程中，能够证明达成一致意见的邮件、短信、微信、电话录音等证据也应当完整保存，在发生争议时，这些都可以作为查明事实真相的依据。

案例 2：裕源公司与天宝所技术合同纠纷再审案①

◆案情简介

裕源公司与天宝所于 2006 年 5 月 5 日签订了《专利实施许可合同》，合同约定天宝所将其涉案专利许可裕源公司实施。合同主要具体条款如下：（一）专利技术内容、要求和工业化开发程序。（二）技术资料及其提交期限、地点和方式。（三）全部工艺、技术、流程、配方、菌种和设备列入保密范围。（四）专利实施许可的种类：独家占有山西省。（五）验收标准和方法：裕源公司使用该技术，试生产后达到了本合同规定的技术性能指标（卫生、质量均为国标），采取一次性实践的方法验收，由双方签署合同技术验收合格协议书。属技术暨天宝所提供的设备问题，由天宝所负责达标；如始终生产不

---

① 案号：（2016）最高法民再 251 号。该案取自《中华人民共和国最高人民法院公报》2018 年第 2 期，载最高人民法院官网，http://gongbao.court.gov.cn/Details/008f1980a8a9b629e00b0e2cc69723.html，最后访问时间：2021 年 12 月 22 日。

出合格产品，天宝所应承担相应经济损失。属裕源公司管理、环境和人员及物料、设施等问题，由裕源公司负责改正。（六）使用费及支付方法：分三期支付。总金额110万元（专利技术费），天宝所以60万元入股。第一期签合同时裕源公司向天宝所支付预付款10万元，天宝所获得批准申请专利号时再支付10万元；第二期裕源公司在提设备时支付天宝所20万元；第三期在技术转让完毕裕源公司独立生产出合格产品时，再支付10万元。

2006年5月6日，裕源公司和天宝所签订《投资合作协议》。协议约定：双方投资组建核桃乳酸菌饮料生产企业。天宝所以涉案专利转让费110万元中的60万元作为投资款，裕源公司以土地使用权、厂房、设备、特有的技术和流动资金作为投资。天宝所根据双方关于生产设备购买的约定，按照裕源公司通知将全部设备运至建成车间，设备质量由天宝所全权负责。

2006年12月2日，由天宝所订制的非标设备运抵裕源公司生产车间后，就设备质量问题和试生产过程中出现的技术问题，双方通过会议纪要和往来函件等方式不断进行交涉。2007年六七月间，试生产出的核桃乳酸菌饮品曾送到当地酒店进行免费品尝，但仍因存在口感不稳定、沉淀等问题无法上市销售。

裕源公司向一审法院起诉请求：解除天宝所与裕源公司签订的《专利实施许可合同》和《投资合作协议》，判令天宝所退还裕源公司支付的技术服务费50万元，赔偿裕源公司购置设备损失123.79万元，并负担本案诉讼费用。2014年8月11日，二审法院合议庭及双方当事人到本案核桃乳酸菌生产车间，共同实地查勘了涉案设备及试生产等情况，涉案设备全部处于废弃状态，该生产线已被拆除，部分车间已挪作他用。

◆**法院裁决**

一审法院认为：根据在案证据，裕源公司提交的技术使用费收据、资金运作账目清单、配货明细表、现金凭证、转账凭证、费用报销单及增值税发票等证据足以证明裕源公司履行了其合同义务；而天宝所未能举证证明其履行了合同义务。故判决解除裕源公司、天宝所签订的《专利实施许可合同》和《投资合作协议》；天宝所返还裕源公司支付的专利技术使用费；天宝所返还裕源公司支付的代订购设备款，裕源公司将相应代订购设备返还天宝所；天宝所赔偿裕源公司自购设备费用，裕源公司将相应自购设备交付天宝所；天宝所赔偿裕源公司为试生产投入的研发费用。

二审法院认为：裕源公司与天宝所签订的《专利实施许可合同》，目的是通过实施该专利技术，生产出天宝所许诺的核桃乳酸菌饮品，并上市销售，实现企业投资利润。本案中双方产生纠纷的根源是试生产出的核桃乳酸菌饮品因口感不一，有沉淀物等原因没能实现工业化生产并上市销售，裕源公司为实施该专利技术所建立起来的生产线因解决不了该产品所存的质量问题而处于废弃状态。因裕源公司签订本案合同的目的落空，一审法院判决双方解除合同，并由天宝所退还其已收取的专利技术使用费并无不当，但本案双方对该结果的发生均不存在主观过错，依照公平原则，对一审判决中赔偿损失部分作出适当调整，由裕源公司承担 20% 损失的责任，由天宝所承担剩余 80% 损失的赔偿责任。故改判天宝所赔偿裕源公司订购设备款、自购设备款及研发费用共计 990312.8 元，裕源公司将相应设备退还天宝所。

再审法院认为：技术合同领域，特别是在涉及技术工业化的合同中，应注意对合同法定解除权的适用予以严格规范，尤其应该避免对合同目的的扩大解释——能否产出符合合同约定的产品和该产品能否上市销售、是否适销对路、是否有利润空间等，不是同一层面的问题。在无明确约定的情况下，不应将产品商业化认定为技术合同的目的。根据双方签订的涉案合同约定，涉案合同项下合格产品的认定标准为国家标准，鉴于涉案合同项下合格产品的认定标准为国家标准，故在裕源公司未能明确口感、沉淀、分层、黑色漂浮物等是否属于国家标准检验项目的情况下，不能以上述问题的有无判断涉案合同项下产品是否合格。在案证据足以证明裕源公司能够运用涉案专利技术生产符合国家标准的饮料产品。天宝所并无裕源公司所主张的违约行为，裕源公司关于其因天宝所违约而不能实现合同目的的主张，缺乏依据。裕源公司不得解除涉案合同，亦不能获得相关费用的返还和赔偿。故撤销一审、二审判决，驳回裕源公司所有诉讼请求。

◆案例评析及法律风险提示

本案是关于技术合同履行方面的纠纷。案件的争议焦点是，涉案《专利实施许可合同》是否应当被解除。我们看到，一审和二审法院均认为，原告裕源公司不能通过实施该专利技术，生产出天宝所许诺的核桃乳酸菌饮品，并上市销售，实现企业投资利润，且被告天宝所一直没有解决这些技术问题。故法院判定，双方签订《专利实施许可合同》的目的不能实现，根据当时的法律规定，可以判决解除合同。只是在责任承担方面，二审法院认为，双方对不能实现合同目的且合同解除的发生均不存在主观过错，依照公平原则，对一审判决中赔偿损失部分作出适当调整。

再审法院并未同意一审和二审法院的观点。再审法院认为：解除合同本就不是违约情形下唯一的救济手段，更不是当然的救济手段。若合同动辄可得解除，交易关系动辄可致流产，必将引发市场秩序的混乱、交易成本的虚高和资源配置效率的低下。为实现合同法定解除权制度的主要价值，必须对《民法典》第五百六十三条予以严格适用，而要严格适用该条款，关键在于正确认定合同目的，避免对合同目的作出超越当事人真实合意的扩大解释。在判断裕源公司能否运用涉案专利技术生产出合格产品前，首先应当明确涉案合同项下合格产品的认定标准。这一标准显然在双方签订的《专利实施许可合同》中有明确的约定，即涉案合同项下合格产品的认定标准为国家标准。在没有明确约定的情况下，不应将产品商业化认定为技术合同的合同目的。鉴于涉案合同中并无关于产品上市销售的约定，故仅应认定合同目的为运用涉案专利技术实现符合国家标准的核桃乳酸菌饮料的工业化生产。实际上，再审法院将合格产品的标准降低了。基于此，再审法院认为天宝所不存在违约行为。

本案很好地揭示了在技术合同中约定验收标准条款的重要性。假设双方在涉案《专利实施许可合同》中对合格产品的验收标准没有明确约定，再审法院很可能会维持二审判决。幸运的是，天宝所基于该合格产品的标准而免除了巨大金额的赔偿责任。但对于原告裕源公司来说，这样的诉讼结果不得不令人遗憾。裕源公司投入资金、人力、时间成本，却始终无法得到符合市场要求的饮料，无法获取应有的利润，涉案设备全部处于废弃状态，生产线被拆除，其万万没有想到的是，自身损失无法得到赔偿的缘由竟然来自《专利实施许可合同》中对合格产品的验收标准设定。可见，在技术合同谈判或签约过程中，任何一项合同条款设置失误都可能在后续履行或维权过程中对双方或一方产生巨大影响。

正如本案再审法院在判决书中所提到的：投资方应审慎签订涉及技术工业化的合同，在技术指标的设置和产品合格标准的选择上，应当尽可能贴近市场对产品的要求，尤应避免在市场竞争较为激烈或相关公众要求较高的领域，仅以市场准入标准作为合同项下的产品合格标准，从而陷入产品合格而商业失败的窘境。

案例 3：钦州锐丰公司与北航大学技术合同纠纷上诉案[①]

◆案情简介

2008 年 10 月 8 日，中国有色金属工业协会在北航大学召开“钒钛磁铁砂矿综合利用技术”科技成果鉴定会。随后，中国有色金属工业协会出具了《鉴定证书》，其中记载成果名称为“钒钛磁铁砂矿综合利用技术”，完成单位为北京金坤宏宇公司和北航大学。鉴定意见记载：该项目在我国首次利用滨海钒钛磁铁矿砂，有效地回收了铁、钛、钒，实现了资源的综合利用，将对缓解我国铁资源紧张具有重要意义，建议尽快进行工业化试验和建设处理钒钛磁铁矿的工业示范基地。2009 年 3 月，北京金坤宏宇公司、北航大学申请名称为“从钒钛磁铁矿砂中直接制取铁和钒钛铝合金的工业化生产方法”的发明专利，并于 2011 年 6 月获得授权，专利权人为北京金坤宏宇公司、北航大学，发明人为卢某民。

2010 年 2 月，我国香港锐丰公司的代表陈某英先生认识北航大学卢某民

① 案号：(2015) 民三终字第 8 号。该案取自《最高人民法院知识产权案件年度报告 (2016)》，参见最高人民法院知识产权审判庭编：《最高人民法院知识产权审判案例指导：最高人民法院知识产权案件年度报告及案例全文（第 9 辑）》，中国法制出版社 2017 年版，第 391~419 页。

教授。随后香港锐丰公司与北航大学就钒钛铁分离技术工业化示范项目的合作问题举行了多次洽谈，香港锐丰公司也多次到北航大学考察相关技术。北航大学向香港锐丰公司提供了《示范项目申请报告》和《钒钛铁分离技术工业化示范项目节能专篇》。

2010年3月，香港锐丰公司作为甲方与乙方北京金坤宏宇公司签订《技术使用合同》，约定香港锐丰公司以人民币700万元的价格取得北京金坤宏宇公司滨海钒钛磁铁矿砂半工业试验技术成果使用权。该合同已经得到实际履行。同期，香港锐丰公司与广西钦州市人民政府洽谈钒钛铁分离技术工业化示范项目的落户问题。2010年4月，香港锐丰公司与广西钦州市人民政府签订协议，决定将钒钛铁分离技术工业化示范项目落户钦州，并组建上诉人钦州锐丰公司。

2010年8月，甲方钦州锐丰公司作为委托方与乙方北航大学作为受托方在北航大学签订了《技术开发（委托）合同》，合同有效期限自2010年8月10日至2015年12月31日，合同约定双方共同研究开发钒钛铁分离技术工业化示范项目。此后双方陆续签订了《技术开发（委托）合同》的技术附件。

技术合同签订后，该项目的工业化生产进展并不顺利，未达到预期目标。2013年7月，广西交通实业有限公司组织了钦州锐丰钒钛磁铁矿项目技术交流会，并形成了《广西交通公司专家评审意见》，其中指出：建议技术方对确定用于生产的砂矿开展系统的工艺流程，在此基础上开展项目规模化工业生产的技术经济可行性论证，然后方可开展项目工程的初步设计工作。

钦州锐丰公司认为：北航大学虚构技术产品及技术经济效益，以虚假技术内容骗取《鉴定证书》，转而以《鉴定证书》的权威性掩盖技术源头造假的真相，诱使钦州锐丰公司投资建设该技术的工业化示范项目，其行为已经构成欺诈。遂要求法院判令撤销涉案合同，北航大学返还技术开发经费并赔偿经济损失。

◆法院裁决

一审法院认为：技术研发成功后从实验室到工业化运用是一个艰巨的过程，即便是研发成功的技术，在工业化转化过程出现问题也是正常现象。虽然相关技术在工业化过程中出现障碍可能是由于技术本身存在缺陷，但这需要足够的有效证据证明，在缺乏充分有效证据证明的情况下，不能因为相关技术在工业化过程中出现障碍就推导出该技术本身必然存在致命缺陷。因此，在没有足够有效证据证明北航大学提供的技术存在致命缺陷的情况下，北航大学以其经鉴定合格的钒钛铁分离技术与钦州锐丰公司合作并签订《技术开发（委托）合同》以寻求该技术的工业化的过程并不存在欺诈。遂驳回钦州锐丰公司的全部诉讼请求。

二审法院认为：北航大学完整地告知了钦州锐丰公司钒钛磁铁砂矿综合利用技术半工业试验阶段的真实情况，其未对涉案技术在这一研发阶段的情况实施欺诈；且依据现有证据难以认定《鉴定证书》所载钒钛磁铁砂矿综合利用技术系虚假技术。北航大学向钦州锐丰公司完整告知了钒钛磁铁砂矿综合利用技术规模化工业试验阶段的真实规划，其未对涉案技术在这一阶段的研发计划实施欺诈。钦州锐丰公司理应明确知悉涉案合同项下钒钛铁分离技术工业化示范项目一期工程的工艺和产品与《鉴定证书》所载半工业试验阶段的钒钛磁铁砂矿综合利用技术之间的区别，理应自行估算项目产值，核算项目成本，作出是否签订涉案合同的商业判断。涉案合同不构成一方以欺诈的手段，使对方在违背真实意思的情况下订立的合同。钦州锐丰公司关于撤销其与北航大学签订的涉案合同的上诉请求不能成立，应予驳回。

◆案例评析及法律风险提示

本案技术合同双方是在实际履行合同过程中发生的争议。原告认为自己与北航大学签订的《技术开发（委托）合同》中所涉及的钒钛铁分离技术工业化示范项目并不成熟，北航大学虚构技术产品及技术经济效益，诱使自己投资建设该技术的工业化示范项目，其行为已经构成欺诈，起诉至法院要求撤销合同，返还已支付的技术开发费用并赔偿经济损失。

本案的主要争议焦点是：钦州锐丰公司能否依据当时《合同法》的相关规定，撤销其与北航大学签订的《技术开发（委托）合同》。《合同法》第五十四条第二款规定，一方以欺诈、胁迫的手段或者乘人之危，使对方在违背真实意思的情况下订立的合同，受损害方有权请求人民法院或者仲裁机构变更或者撤销（现行规定参见我国《民法典》第一百四十八条）。二审法院认为，判断涉案合同是否构成一方以欺诈的手段，使对方在违背真实意思的情况下订立的合同，必须从两个方面予以分析：一是北航大学是否实施了欺诈行为；二是钦州锐丰公司是否因受欺诈而陷于错误判断，并在此基础上做出了违背其真意的意思表示。

法院进一步认为，在技术委托开发合同领域，对于受托方是否告知虚假情况或隐瞒真实情况的判断，须充分考虑技术开发活动本身的特性。技术开发活动具有阶段性，其结果具有不确定性。从实验室试验，到半工业试验、工业试验，再到成熟的工业生产，研发阶段的不断递进不只是产量和规模的简单递增，更是不断克服已知和未知困难的复杂过程，技术开发活动中的某些困难可能难以预见、难以预防、难以控制、难以克服。每一个研发阶段的成功都只是为后续研发提供了基础性条件，至于下一个研发阶段是否亦能成功，乃至于技术成果能否最终获得，都不可确知。故对于技术委托开发合同中受托方欺诈行为的认定，必须尊重技术开发活动本身的特点和规律，区分技术开发的不同阶段，以合同签订之时的已知事实和受托方当时可以合理预知的情况作为判断其是否告知了虚假情况或隐瞒了真实情况的标准。

两级法院基于技术开发不同阶段的不确定性及本案相关事实，均认定被告并未构成欺诈，北航大学也已完整地告知了钦州锐丰公司钒钛磁铁砂矿综合利用技术半工业试验阶段的真实情况，其未对涉案技术在这一研发阶段的情况进行隐瞒。钦州锐丰公司也有能力根据北航大学提供的项目材料正确估算项目产值、核算项目成本，以决定是否投资。故法院对原告的诉讼请求均未予支持。

笔者对法院的判决理由和结论不做评价。仅从原告角度来说，其历时数年、投入数亿资金打造的项目付之东流，这不得不令人感到遗憾。原告的失误之处在于，在本案项目启动之前，并未对项目的技术工业化实施难度进行合理评估，轻信被告提供的技术资料和鉴定结论。尽管被告并未实施欺诈行为，但原告显然对被告提供的技术资料盲目轻信，最终导致作出错误的判断，投入大量资金、时间成本，却无法达到项目预期目的，不得不走向法庭。如果原告在项目启动前，能够自己聘请该领域技术专家，就项目的工业化生产进行技术评估，给出合理建议，并在与被告签订的技术开发合同中对被告研发行为进行监督和限制，包括约定因可归责于被告的原因导致项目无法实现时，被告应承担的法律后果等，原告的损失可能会在很大程度上予以降低。本案很好地诠释了事前法律风险预防的必要性。

案例4：精科绿源公司与中新蓝公司、李某计算机软件开发合同纠纷上诉案[①]

◆案情简介

2019年6月20日、6月24日，精科绿源公司作为甲方与中新蓝公司作为乙方先后签订及确认涉案合同、涉案软件需求确认书。合同约定：甲方委托乙方开发水客168项目；乙方按照需求书向甲方提供在开发中所列明的服务及内容；乙方应确保其交付的开发成果满足本合同的开发内容，开发成果应该达到的具体技术指标，以需求书为标准；乙方向甲方提交的本项目中开发成果形式为计算机软件产品及相关文档，乙方将程序部署到甲方指定的服务器上，保证系统能正常地运行；本项目之验收标准为本合同列明之应达到的技术指标，具体以需求书之功能点是否实现为验收标准；本项目开发合同总金额为275000元，分六期支付，包括首期款55000元（在合同签订后3日内支付）、第二笔款55000元（在UI效果图设计完成，验收合格后3日内支付）、第三笔款55000元（在提供一个已经开发完成的模块给甲方测试后3日内支付）、第四笔款55000元（在所有功能开发完成，提供给甲方测试后3日内支付）、第五笔款41250元（在系统上线运行30日后支付）、尾款13750元（质保期1年后支付）；乙方将上诉人李某（中新蓝公司的法定代表人和股

---

① 案号：（2020）最高法知民终1545号。该案入选《最高人民法院知识产权法庭裁判要旨（2020）》，载最高人民法院知识产权法庭官网，https://ipc.court.gov.cn/zh-cn/news/view-1068.html，最后访问时间：2022年3月17日。文书全文载最高人民法院知识产权法庭官网，https://enipc.court.gov.cn/zh-cn/news/view-1723.html，最后访问时间：2022年3月17日。

东）在中国工商银行的个人账户作为指定收款账户。涉案确认书的内容包括终端、模块、功能点、需求描述，终端包括手机端、小程序、管理后台、合作商 App 共计 4 项。

涉案合同第十六条“合同的解除”之 16.1 约定：“本合同生效后，除法律法规或本合同另有规定外，未经甲（即精科绿源公司）、乙（即中新蓝公司）双方协商一致，任何一方不得提前中止、终止或解除本合同。任何一方违反本规定的，应向守约方支付相当于合同总金额百分之五十的违约金，守约方有权解除本合同。”16.2 约定：“任意一方欲提前解除本合同，应提前通知对方，经双方协商签字同意后方可解除。甲方要求解除合同，无权要求乙方返还甲方向乙方已支付的费用，并应对乙方遭受的损失承担赔偿责任；乙方要求解除合同，应返还甲方已支付的费用，并赔偿由此引起甲方的损失。”

2019 年 6 月 21 日，精科绿源公司以银行转账方式向李某付款 55000 元。2019 年 7 月 25 日，精科绿源公司通过案外人的手机银行账户向李某付款 55000 元。2019 年 8 月 6 日，精科绿源公司与中新蓝公司共同签署《水客 168 项目 UI 设计效果图验收单》，确认中新蓝公司从 2019 年 6 月 21 日至 2019 年 7 月 23 日完成涉案软件项目的 UI 界面全部工作。2019 年 8 月 26 日，精科绿源公司向中新蓝公司发出通知，要求对方在 2019 年 8 月 26 日 17:30 前将完整 UI 设计图及说明、PSD/PNG 分层文件使用邮件的形式发送至指定邮箱。2019 年 8 月 28 日，中新蓝公司向精科绿源公司发出催款函，要求对方于 2019 年 8 月 30 日前支付第三笔涉案合同款 55000 元。同日，精科绿源公司发出解除合同并要求全额退款通知，称中新蓝公司至今未完成 UI 设计，尚未实际开发，且虚报进度收取 110000 元进度款。

精科绿源公司向法院提起诉讼，请求：1. 确认精科绿源公司与中新蓝公司签订的涉案合同于 2019 年 8 月 28 日解除；2. 判令中新蓝公司返还精科绿源公司支付的款项 110000 元，承担合同总金额 30% 的违约金，承担精科绿源公司的律师费；3. 判令李某对上述款项的清偿承担连带责任。

◆法院裁决

一审法院认为：中新蓝公司在项目开发周期内未交付符合涉案合同约定

验收标准的后续开发成果，且以对方不支付第三笔合同款项为由暂停项目开发工作，上述行为违反了按照约定完成项目开发、交付等合同义务；精科绿源公司在已接受UI效果图设计后，在项目开发周期内以对方未完成UI设计为由单方主张解除合同，违反了涉案合同关于合同解除的约定，亦不符合法律规定。鉴于中新蓝公司已完成水客168软件项目的UI效果图设计工作，且精科绿源公司已验收合格，故精科绿源公司已支付的第二笔合同款项55000元系中新蓝公司因实际投入开发工作而应获得的对价，中新蓝公司无须返还。中新蓝公司并无证据证明其在项目开发周期内还完成了符合合同约定标准的其他阶段性开发成果，故其已收取的首期款55000元无相应的有效开发成果，其应予返还。李某以股东的个人名义和个人银行账户收取中新蓝公司经营款的行为，造成公司财产与其个人财产的混同，系滥用公司法人独立地位和股东有限责任，损害了精科绿源公司作为债权人的利益。因此，李某对中新蓝公司应予返还的首期款55000元应当承担连带责任。

二审法院认为：计算机软件开发合同履行过程中委托方分期给付的每一期开发款，除有明确约定外，并不要求均必须有相应的开发成果为对价。一方面，涉案合同仅就协商解除作有约定，未赋予任何一方当事人以约定解除权，另一方面，涉案合同特别强调作为委托方的精科绿源公司如主动提出解除合同，便无权主张中新蓝公司返还已经收取的开发款。原审法院未注意到涉案合同双方关于付款方式、合同解除等事项的约定，特别是未统筹考量双方是否存在违约及各自过错大小、中新蓝公司已经投入的工作量和完成的开发成果等因素，就判令中新蓝公司在有权保有第二期开发款的同时须向精科绿源公司返还首期开发款，处理失当。精科绿源公司将软件开发款付至李某个人账户，系双方在订立涉案合同时协商一致的意思合意。故仅根据双方共同约定将软件开发款付至李某个人账户这一事实，并不足以认定李某作为中新蓝公司股东滥用了公司法人独立地位和股东有限责任。

◆案例评析及法律风险提示

本案系一起计算机软件开发合同纠纷，案件的主要焦点问题在于双方合意解除软件开发合同后，该如何承担解除后的法律责任。原告精科绿源公司认为应当返还自己已经支付的开发费用，包括一期和二期费用，并承担违约金。被告中新蓝公司认为自己并未违约，项目无法完成是由于原告不予配合导致，且合同也明确约定，乙方终止合同，无权向另一方要求返还已收取的开发费用。所以，法院查明双方在履行合同过程中的行为并认定过错程度就显得尤为重要。一审法院认为精科绿源公司已支付的第二笔合同款项 55000 元系中新蓝公司因实际投入开发工作而应获得的对价，中新蓝公司无须返还。但针对首期开发款，一审法院认为，中新蓝公司并无证据证明其在项目开发周期内还完成了符合合同约定标准的其他阶段性开发成果，故其已收取的首期款 55000 元无相应的有效开发成果相对应，其应予返还。

二审法院对此有不同意见，二审法院首先论述了计算机软件开发合同履行的行业特点，计算机软件开发合同履行过程中，委托方对于软件的功能需求往往并非一成不变，而是会在实际开发过程中根据具体情况对合同所欲实现的功能需求进行灵活、机动的相应调整，故计算机软件开发合同除呈现履行周期长、分阶段付款之特征外，还往往呈现软件功能需求随开发进程动态调整之特点。计算机软件开发过程中各阶段开发事项彼此是相互依存、紧密衔接的，某一阶段所对应的开发事项的完成情况和效果，往往决定了下一阶段开发工作能否顺利开展和完成，而下一阶段开发工作的完成情况又可作为检验前一阶段工作成果的参照。因此，将委托方在每一阶段支付的款项孤立地认为仅是对应该阶段工作成果之对价的观点，既不符合计算机软件开发合同的特点，也不符合计算机软件开发行业的特点和习惯。然后，二审法院解释了其对开发合同首付款的理解，涉案合同首期款既可以理解为是涉案软件开发项目的启动资金，也可以理解为是作为涉案软件委托方的精科绿源公司为软件开发方中新蓝公司组建研发团队、投入相关软、硬件资源所提供的物质条件。但是，于此阶段即要求中新蓝公司提交相应的开发成果以作为取得首期开发款的对价，既缺乏合同依据，亦不符合计算机软件开发行业的特点和习惯。由此可见，如果在软件开发合同中，并未明确约定首付款返还的条件，仅仅以未完成项目或首付款没有对应成果交付为由，要求返还首付款，可能得不到法院的支持。因此，企业在签订类似开发合同时，应当对付款和返还款项的条件进行明确约定，不能随意对合同条款进行解释，也不能随意单方解除合同。

本案还涉及公司股东或法定代表人代公司收款是否涉嫌滥用公司法人独立地位和股东有限责任的问题，最高人民法院归纳了公司股东因滥用公司法人独立地位和股东有限责任而对公司债务承担连带责任应当同时满足的三个构成要件：（1）客观要件，即公司股东滥用了公司法人独立地位和股东有限责任；（2）主观要件，即公司股东滥用公司法人独立地位和股东有限责任的目的是逃避债务；（3）后果要件，即公司股东的上述滥用行为严重损害了公司债权人的利益。这个案件中的自然人李某作为被告公司股东仅仅是按照原、被告双方合同约定进行收款，并没有其他证据证明其符合上述构成要件，故不应承担连带责任。但如果本案不是合同纠纷，而是第三方针对被告公司的侵权之诉，那么被告公司股东用自己的银行账号代公司收取侵权产品销售款项的行为，很有可能会被认为是帮助侵权行为，进而承担连带赔偿责任。

第五节　企业技术合同管理制度范本

一、总则

第一条　为使本公司的技术合同管理规范化，使公司在签订技术合同和履行技术合同过程中的权益受到有效保护，根据我国《民法典》及其他相关法律、法规的规定，结合本公司具体情况，制定本制度。

第二条　本公司技术合同管理的目标：建立规范的技术合同管理制度，使公司技术合同在科学、规范的制度下完成签约、履行的整个过程，降低技术合同的法律风险，减少技术合同纠纷，为本公司的技术开发、转让、许可、咨询、服务等提供有效的法律支持。

第三条　技术合同相关名词解释：

合同，是民事主体之间设立、变更、终止民事法律关系的协议。

技术合同，是指当事人就技术开发、转让、许可、咨询或者服务订立的确立相互之间权利和义务的合同。技术合同主要包括以下几类：

技术开发合同，是指当事人之间就新技术、新产品、新工艺、新品种或者新材料及其系统的研究开发所订立的合同。技术开发合同包括委托开发合同和合作开发合同。

技术转让（许可）合同，是指合法拥有技术的权利人，包括其他有权对外转让（许可）技术的人，将现有特定的专利、专利申请、技术秘密的相关权利让与他人，或者许可他人实施、使用所订立的合同，但就尚待研究开发的技术成果或者不涉及专利、专利申请或者技术秘密的知识、技术、经验和信息所订立的合同除外。技术转让合同包括专利权转让、专利申请权转让、技术秘密转让、专利实施许可、技术秘密实施许可合同。

技术咨询合同，是指当事人一方以技术知识为对方就特定技术项目提供可行性论证、技术预测、专题技术调查、分析评价报告等所订立的合同。

技术服务合同，是指当事人一方以技术知识为对方解决特定技术问题所订立的合同，但不包括建设工程合同和承揽合同。

技术培训合同，是指当事人一方委托另一方对指定的学员进行特定项目的专业技术训练和技术指导所订立的合同，但不包括职业培训、文化学习和按照行业、法人或者其他组织的计划进行的职工业余教育。

技术中介合同，是指当事人一方以知识、技术、经验和信息为另一方与第三人订立技术合同进行联系、介绍以及对履行合同提供专门服务所订立的合同。

技术进出口合同，是指当事人从中国境外向中国境内，或者从中国境内向中国境外，通过贸易、投资或者经济技术合作的方式转移技术而订立的合同。

二、技术合同管理部门

第四条　公司总经理主管和协调本公司技术合同管理工作，对公司技术合同管理工作全面负责。

第五条　公司设立知识产权部，知识产权部在总经理领导下具体负责公司的技术合同管理工作，以及与技术合同有关的法律事务。具体职责如下：

（一）对公司相关部门进行技术合同法律知识培训，并向公司各部门提供与技术合同有关的咨询；

（二）制定公司技术合同管理的各项规范，并监督执行；

（三）参与公司各类技术合同前期谈判，拟定和审核相关合同文本；

（四）建立公司技术合同管理档案，确保技术合同档案的完整性和安全性；

（五）监督技术合同履行情况，及时解决履行过程中出现的问题，做好法律风险的防控工作；

（六）负责应对各类技术合同纠纷，针对违约行为进行调查或提起诉讼，协调与外部律师的案件代理工作，监控案件办理进度，最大限度地维护公司合法利益；

（七）其他与技术合同管理有关的事务。

三、技术合同的主要条款

第六条 本公司技术合同应当包含以下主要条款：

（一）项目名称；

（二）标的的内容、范围和要求；

（三）履行的计划、进度、期限、地点、地域和方式；

（四）技术情报和资料的保密；

（五）风险责任的承担；

（六）技术成果的归属和收益的分成办法；

（七）验收标准和方法；

（八）价款、报酬或者使用费及其支付方式；

（九）违约金或者损失赔偿的计算方法；

（十）解决争议的方法；

（十一）名词和术语的解释。

第七条 与履行合同有关的技术背景资料、可行性论证和技术评价报告、项目任务书和计划书、技术标准、技术规范、原始设计和工艺文件，以及其他技术文档，可以作为合同的组成部分。

第八条　技术合同涉及专利的，应当注明发明创造的名称、专利申请人和专利权人、申请日期、申请号、专利号以及专利权的有效期限。

第九条　关于技术合同中约定的诉讼或仲裁地选择，应尽可能约定在本公司注册地的法院或仲裁机构管辖。

四、技术合同签订流程

第十条　知识产权部在技术合同谈判前期应对合同相对方的主体资格、资质条件、履约能力、社会信用等进行全面调查，排除可能的法律风险。

第十一条　知识产权部应将调查结果在合同签署单中加以陈述。合同相对方履约能力或资信状况有瑕疵的，不得与其签订合同。如需签订合同时，应要求其提供合法、真实、有效的担保，以保证形式做出的担保，其担保人必须是具有代偿能力的独立经济实体，并应对担保人适用本制度第十条进行审查。

第十二条　技术合同项目谈判，由知识产权部全程参与，知识产权部对谈判过程中的各类信息负责收集、整理，对谈判确定的条款进行记录，并根据谈判内容起草、修改、审核技术合同。

第十三条　本公司已经存在类似技术合同范本的，应当主要根据示范文本订立合同。公司未提供范本的，应参照其他范本起草，做到合同条款全面、完整，文字表述准确、逻辑性强，合同编排规范。技术性较强的合同，起草前应与专业技术部门、使用部门（或用户单位）沟通或评审，做到技术条款及验收条款全面、具体、明确、易操作。

第十四条　在涉及委托开发、合作开发的技术合同中，应确保相应技术成果权利归属于本公司。特别情况，应由知识产权部呈报总经理决定。

第十五条　知识产权部审核通过的技术合同文本，应连同合同审批单一起呈报总经理审批，总经理认为有必要的或技术合同金额在100万元人民币以上的，应提交董事长或董事会审议批准。

第十六条　经审批通过的技术合同，如果合同相对方为企业或其他组织的，应当由相对方加盖企业或组织公章作为确认依据，如果合同相对方为个人的，应当由其签字作为确认依据。合同相对方由委托代理人代为签署的，应当核查该代理人是否有授权委托书并保留授权委托书原件。

第十七条 技术合同须加盖本公司印章后，才能作为本公司真实意思表示。

第十八条 技术合同的订立、变更或解除一律采用书面形式，且本公司作为合同一方的，应当保留原件。

第十九条 所有已签署的技术合同，均应在签署之日起5日内报送知识产权部备案。知识产权部应当对公司技术合同建立档案，保留合同谈判、签约、履行、中止、解除、纠纷处理等全过程的文件资料，并设置专人保管。

五、技术合同履行监督

第二十条 知识产权部负责监督技术合同履行情况，确保合同在约定的权利、义务、时限、地域等范围内履行。

第二十一条 未签订书面技术合同的，该合同所涉技术项目不得开展，如特殊情况需要先行开展再签订合同的，应由知识产权部上报总经理批准后方可实施。

第二十二条 针对合同相对方的违约行为，各部门应及时将相关情况报告知识产权部，知识产权部应及时了解违约情形和原因，并提出解决方案上报总经理。

第二十三条 针对合同相对方的违约行为，知识产权部应及时通过书面方式要求对方继续履行，书面信函应送达对方的企业负责人、项目负责人及其他应当知晓的人员。

第二十四条 针对本公司在履行合同过程中出现的违约行为，各部门应将情况及时报告知识产权部，知识产权部应及时了解违约情形和原因，并提出解决方案上报总经理。

第二十五条 技术合同双方互负履行义务，没有先后履行顺序的，应当同时履行。本公司在对方履行之前有权拒绝其履行要求。本公司在对方履行义务不符合约定时，有权拒绝其相应的履行要求。

第二十六条　技术合同约定的义务有先后履行顺序，先履行一方未履行的，本公司作为后履行一方应当拒绝其履行要求。先履行一方履行义务不符合约定的，本公司作为后履行一方有权拒绝其相应的履行要求。

第二十七条　本公司作为先履行义务的当事人，有确切证据证明对方有下列情形之一的，可以中止履行：

（一）经营状况严重恶化；

（二）转移财产、抽逃资金，以逃避债务；

（三）丧失商业信誉；

（四）有丧失或者可能丧失履行债务能力的其他情形。

第二十八条　财务部依据合同履行情况办理收付款工作，对具有下列情形的业务，应当拒绝付款：

（一）应当订立书面合同而未订立书面合同的；

（二）收款单位与合同对方当事人名称不一致的（合同对方当事人出具合法有效的委托收款手续的除外）；

（三）合同对方当事人存在违约情形，经办部门或公司知识产权部等部门要求中止付款的。

第二十九条　知识产权部应当定期总结技术合同签约或履行过程中出现的各种问题和相应的解决方案，及时向公司各部门发布法律风险防范信息。

六、技术合同纠纷解决机制

第三十条　知识产权部负责公司技术合同纠纷具体事务的处理，对出现的违约行为，由知识产权部进行综合分析后提出应对措施建议，采取措施的决定由公司决策层做出，具体工作由知识产权部落实。

第三十一条　知识产权部可以根据案件的具体情况，呈报总经理批准后，委托外部律师进行案件的代理工作。知识产权部应当仔细核查律师的资质和专业能力，应当要求律师提供执业证复印件、律师简介、类似案件办理经历、初步的解决方案等材料，以评估律师的专业性。

第三十二条　委托外部律师办理案件的，知识产权部应当建立与外部律师的沟通机制，及时监控案件办理过程，审核律师提交的证据、法律文书、法律意见等材料，促使案件朝有利于公司的方向发展。

第三十三条　知识产权部应当在案件办理过程中，寻求技术合同纠纷的多种解决方式，在不损害公司利益的前提下，可以通过和解等非诉讼方式解决各类技术合同纠纷。和解协议需报总经理批准，特别重大的技术合同纠纷和解协议需由总经理报董事会批准。

七、责任与处罚

第三十四条　公司员工在签订和履行技术合同过程中，违反技术合同管理制度，给公司造成重大损失的，将按严重违反公司规章制度处理，造成严重后果的，公司将依法追究员工的法律责任。

第三十五条　凡违反本制度中的合同签订流程而签署的技术合同，本公司不予认可，由此造成的一切后果由责任人承担，本公司还将根据情况进行批评教育或给予相应的处罚。

第三十六条　知识产权部工作人员玩忽职守、履行职责不当，造成公司损失的，按照严重违反公司规章制度处理，且公司有权要求其进行赔偿，情节严重的，公司依法追究其相应的法律责任。

八、附则

第三十七条　本制度在执行过程中如有与国家发布的法律、法规相抵触的，以国家法律、法规为准。

第三十八条　本制度由公司董事会负责解释和修订。

第三十九条　本制度自发布之日起正式实施。

第七章 企业反不正当竞争管理

第一节　概述

经营者在生产经营活动中，应当遵循自愿、平等、公平、诚实信用的原则，遵守法律和商业道德。经营者违反上述原则，以不正当手段从事生产经营活动，损害其他经营者的合法权益，扰乱市场竞争秩序的行为，属于不正当竞争行为，是我国《反不正当竞争法》规制的对象。此处的“经营者”，是指从事商品生产、经营或者提供服务（以下所称商品包括服务）的自然人、法人和非法人组织。企业作为经营者，对于在市场交易过程中的不正当竞争行为应当有所认识，并且在自身经营管理过程中，也应当注意对不正当竞争行为做到及时发现、及时规制，以免产生纠纷。

一、常见的不正当竞争行为类型

我国 1993 年颁布和实施的《反不正当竞争法》规定了 11 种具体的不正当竞争行为类型。它们分别是：（一）采用假冒或仿冒等混淆手段从事市场交易，损害竞争对手的行为；（二）公用企业或其他依法具有独占地位的经营者强制交易的行为；（三）政府及其所属部门滥用行政权力限制竞争的行为；（四）商业贿赂行为；（五）引人误解的虚假宣传行为；（六）侵犯商业秘密行为；（七）以排挤竞争对手为目的，以低于成本价格销售商品的行为；（八）附条件交易行为；（九）违反规定的有奖销售行为；（十）商业诋毁行为；

（十一）串通招投标行为。

1993 年的《反不正当竞争法》（以下简称“旧《反不正当竞争法》”）的相关法律条文包括其中规定的不正当竞争行为类型已经明显滞后于我国社会经济发展。2017 年 11 月 4 日第十二届全国人民代表大会常务委员会第三十次会议对旧《反不正当竞争法》进行了大幅度修订，并对不正当竞争行为进行了修订和增减。2019 年 4 月 23 日，第十三届全国人民代表大会常务委员会第十次会议再次对《反不正当竞争法》（以下简称“新《反不正当竞争法》”）进行修改，现已正式实施。新《反不正当竞争法》删除了上述第（二）（三）（七）（八）（十一）项的不正当竞争行为，这些不正当竞争行为分别由其他专门法进行规制，增加了互联网领域利用技术手段实施不正当竞争行为的规定并对商业秘密相关条款进行了修订，增大了行政处罚和民事赔偿的责任。可以说，新《反不正当竞争法》更符合我国现阶段经济社会发展状况，有利于建立公平开放透明的市场规则，建设统一开放、竞争有序的市场体系目标，更好地维护公平竞争市场秩序，更好地保护消费者合法权益，同时在立法技术上更加科学、规范、合理。

因本书第五章已经就商业秘密的相关概念、侵权行为表现形式等作了详细介绍，故本章我们重点介绍除商业秘密不正当竞争行为外的其他不正当竞争行为。

二、仿冒行为

（一）仿冒行为的种类

旧《反不正当竞争法》规定的仿冒行为，主要是指经营者采用下列不正当手段从事市场交易，损害竞争对手：1. 假冒他人的注册商标；2. 擅自使用知名商品特有的名称、包装、装潢，或者使用与知名商品近似的名称、包装、装潢，造成和他人的知名商品相混淆，使购买者误认为是该知名商品；3. 擅自使用他人的企业名称或者姓名，引人误认为是他人的商品；4. 在商品上伪造或者冒用认证标志、名优标志等质量标志，伪造产地，对商品质量作引人误解的虚假表示。

新《反不正当竞争法》中规定的仿冒行为，主要是指经营者实施的下列混淆行为，引人误认为是他人商品或者与他人存在特定联系：1. 擅自使用与他人有一定影响的商品名称、包装、装潢等相同或者近似的标识；2. 擅自使用他人有一定影响的企业名称（包括简称、字号等）、社会组织名称（包括简称等）、姓名（包括笔名、艺名、译名等）；3. 擅自使用他人有一定影响的域名主体部分、网站名称、网页等；4. 其他足以引人误认为是他人商品或者与他人存在特定联系的混淆行为。可见，新《反不正当竞争法》对仿冒行为的具体类型作了较大改动，将“引人误认”作为核心判断标准，对于擅自使用他人的标识作出了限定，要求该标识在相关领域有一定影响，增加了对仿冒企业简称、笔名、艺名、网站域名、网站名称、网页等的规制。另外，还规定了“兜底条款”，即将“足以引人误认为是他人商品或者与他人存在特定联系的混淆行为”都纳入仿冒行为的范畴，这对于保护权利人利益、应对纷繁复杂的仿冒行为极为有利。

（二）擅自使用与他人有一定影响的商品名称、包装、装潢等相同或者近似的标识

擅自使用与他人有一定影响的商品名称、包装、装潢等相同或者近似的标识是仿冒行为中比较常见和重要的一类。有一定影响的商品名称、包装、装潢是经营者在从事经营活动过程中逐步形成的一种区别于其他商品的特有符号，有一定影响的商品名称、包装、装潢起着区别商品来源的功能，是经营者向公众提供商品或服务的重要区分标志，也是经营者逐步积累起来的一种竞争优势。在最高人民法院出台相关司法解释前，这里提及的“有一定影响”与旧《反不正当竞争法》规定的知名商品中的“知名”，笔者认为在认定标准上基本一致，均是指在中国境内具有一定的市场知名度，为相关公众所知悉。但它们所修饰的客体却有差别，“知名”对应的是“商品”，而“有一定影响”对应的是商品名称、包装、装潢。可见，后者更强调标识的影响力或知名度。根据相关司法解释，认定知名商品，应当考虑该商品的销售时间、销售区域、销售额和销售对象，进行任何宣传的持续时间、

程度和地域范围，作为知名商品受保护的情况等因素，进行综合判断。有学者认为："虽然对知名商品的保护首先和主要在知名的地域获得，但人民法院应当主要考虑当事人所实施行为的正当性。凡是属于恶意模仿的，即使超出知名商品知名的范围，也可以认定构成仿冒知名商品的不正当竞争；凡是属于善意使用的，就不应受到追究，而从规范市场秩序出发，可以要求在后使用人附加区别性标识。"[①] 可见，被控侵权人是否存在主观恶意，对认定商品知名度及不正当竞争都有重要的参考意义。

商品名称，是指商品在销售、推广、宣传过程中所使用的区别于该类商品通用名称的名字。商品的通用名称、图形、型号以及仅仅直接表示商品的质量、主要原料、功能、用途、重量、数量及其他特点的名称不能作为商品名称。商品包装，是指为识别商品以及方便携带、储运而使用在商品上的辅助物和容器。装潢，是指为辨别与美化商品而在商品或者其包装上附加的文字、图案、色彩及其排列组合。但仅由商品自身的性质产生的形状，为获得技术效果而需有的商品形状以及使商品具有实质性价值的形状，不能作为包装、装潢。由经营者营业场所的装饰、营业用具的式样、营业人员的服饰等构成的具有独特风格的整体营业形象，可以认定为"装潢"。

在此需要注意的是，新《反不正当竞争法》用有一定影响的"商业标识"替代了旧《反不正当竞争法》的知名"商品"，笔者赞同这样的修改，因为不论是"知名"还是"有一定影响"，均应指向商业标识（商品名称、包装、装潢等），而不能指向商品本身，《反不正当竞争法》中规定的商业标识，可以理解为一种"未注册商标"，这与《商标法》第三十二条"有一定影响的商标"性质相同，有必要在称谓上保持一致。

（三）擅自使用他人有一定影响的企业名称、社会组织名称、姓名

擅自使用他人有一定影响的企业名称、社会组织名称或者姓名，引人

① 蒋志培、孔祥俊、王永昌：《〈最高人民法院关于审理不正当竞争民事案件应用法律若干问题的解释〉的理解与适用》，载《最高人民法院知识产权司法解释理解与适用》，中国法制出版社2012年版，第251页。

误认为是他人的商品或者与他人存在特定联系的，属于不正当竞争行为。此处的“企业名称”主要是指企业登记主管机关依法登记注册的企业名称，以及在中国境内进行商业使用的外国（地区）企业名称。社会组织名称应当是依法成立并进行登记的非营利性社会团体的名称。姓名主要是指自然人的姓名，包括笔名、艺名、译名等。新法较旧法在此处的区别是，新《反不正当竞争法》要求使用他人的企业名称、社会组织名称、姓名需具备“一定影响”。笔者认为，此处不论企业名称或社会组织名称的全称还是简称，均要求“有一定影响”，不合理。至少目前，根据相关司法解释，仅要求简称具有“一定的市场知名度，为相关公众所知悉”才能获得保护，所以，擅自使用他人企业名称或社会组织名称的全称，只要达到引人误认就应当视为不正当竞争行为，而不必过分追求全称是否“有一定影响”。“擅自使用”可以理解为，在中国境内进行商业使用，包括将名称、姓名用于商品、商品包装以及商品交易文书上，或者用于广告宣传、展览以及其他商业活动中。需要注意的是，擅自使用他人有一定影响的企业名称、社会组织名称、姓名，还需要造成引人误认的后果或有误认的可能性，才属于仿冒行为。

三、商业贿赂行为

商业贿赂，是指经营者为销售或者购买商品而采用财物或者其他手段贿赂对方单位或者个人的行为。近年来商业贿赂在一些领域和行业滋生蔓延，严重破坏市场经济秩序，侵害群众利益，败坏社会风气，诱发腐败和经济犯罪，成为影响我国经济生活和社会发展的突出问题。

旧《反不正当竞争法》第八条规定：“经营者不得采用财物或者其他手段进行贿赂以销售或者购买商品。在账外暗中给予对方单位或者个人回扣的，以行贿论处；对方单位或者个人在账外暗中收受回扣的，以受贿论处。经营者销售或者购买商品，可以以明示方式给对方折扣，可以给中间人佣金。经营者给对方折扣、给中间人佣金的，必须如实入账。接受折扣、佣金的经营者必须如实入账。”

新《反不正当竞争法》第七条规定："经营者不得采用财物或者其他手段贿赂下列单位或者个人，以谋取交易机会或者竞争优势：（一）交易相对方的工作人员；（二）受交易相对方委托办理相关事务的单位或者个人；（三）利用职权或者影响力影响交易的单位或者个人。经营者在交易活动中，可以以明示方式向交易相对方支付折扣，或者向中间人支付佣金。经营者向交易相对方支付折扣、向中间人支付佣金的，应当如实入账。接受折扣、佣金的经营者也应当如实入账。经营者的工作人员进行贿赂的，应当认定为经营者的行为；但是，经营者有证据证明该工作人员的行为与为经营者谋取交易机会或者竞争优势无关的除外。"

新法对商业贿赂对象作了进一步明确，包括交易相对方的工作人员以及受交易相对方委托的单位和个人，还有利用职权和影响力影响交易的单位和个人。新法明确了商业贿赂中争取交易机会和竞争优势的目的性，突出了商业贿赂对商业活动的不良影响，即强调谋取"不正当利益"。对商业贿赂的厘清，将有助于推动商业交易的活跃，有效规制违法行为。

在认定商业贿赂行为时，应当注意贿赂行为常常通过"账外暗中"的形式进行。"账外暗中"，是指未在依法设立的反映其生产经营活动或者行政事业经费收支的财务账上按照财务会计制度规定明确如实记载，包括不记入财务账、转入其他财务账或者做假账等。但笔者在此需要提醒的是，商业贿赂的本质特点是采用财物或其他手段进行贿赂，以谋取竞争优势，损害其他经营者的合法利益，所以判断一种行为是否属于商业贿赂并不以是否采用"账外暗中"这一操作方式为构成要件。换句话说，经营者虽然没有通过"账外暗中"的方式，而是明示入账，但只要其符合商业贿赂的本质特点，仍应以商业贿赂论。值得注意的是，新《反不正当竞争法》已经将旧法中规定的"账外暗中"字眼删除。

同时，我们也要区分通过明示的折扣或给中间人佣金的方式并不属于商业贿赂。此处的"折扣"是指商品购销中的让利，即经营者在销售商品时，以明示并如实入账的方式给予对方的价格优惠，包括支付价款时对价款总额按一定比例即时予以扣除和支付价款总额后再按一定比例予以退还两种形式。此处的"佣金"是指经营者在市场交易中给予为其提供服务的具有合法经营资格中间人的劳务报酬。经营者给对方折扣、给中间人佣金的，必须如实入账。接受折扣、佣金的经营者也必须如实入账。

四、虚假宣传行为

虚假宣传是旧《反不正当竞争法》第九条所规定的不正当竞争行为。新《反不正当竞争法》第八条对旧法进行修订，具体为："经营者不得对其商品的性能、功能、质量、销售状况、用户评价、曾获荣誉等作虚假或者引人误解的商业宣传，欺骗、误导消费者。经营者不得通过组织虚假交易等方式，帮助其他经营者进行虚假或者引人误解的商业宣传。"司法实践中，认定虚假宣传，应当把握两个基本要件：宣传的内容是片面的或与客观事实不符；足以造成相关公众误解。此处的"误解"，是指产生不正确的认识，这里我们要将仿冒行为构成要件中的"混淆误认"与虚假宣传行为构成要件中的"引人误解"区分开来。虚假宣传是通过对商品质量等提供误导性的信息，误导相关公众。仿冒行为涉及造成商品来源的混淆，似乎也具有对商品来源的虚假宣传色彩，但其主要目的是搭他人商品声誉的便车，而不是制造虚假宣传意义上的误导行为。因此，两种不正当竞争行为的区别是非常明显的。①

鉴于电子商务领域虚假宣传的问题较为严重，甚至出现了专门组织虚假交易帮助他人进行虚假宣传以谋取不正当利益的情况，新《反不正当竞争法》对虚假宣传的条款进行了完善，对虚假宣传的具体内容进一步细化，对互联网刷单、炒信等问题作了专门规定。

尽管新法删除了"利用广告或者其他方法"进行虚假宣传的方式，但实践中绝大多数的虚假宣传是通过广告这种方式进行的。广告是指商品经营者或者服务提供者通过一定媒介和形式直接或者间接地介绍自己所推销的商品或者服务的商业活动。我国《广告法》规定，广告不得含有虚假或者引人误解的内容，不得欺骗、误导消费者。广告主应当对广告内容的真实性负责。

---

① 孔祥俊：《反不正当竞争法新原理·分论》，中国法制出版社 2019 年版，第 244 页。

广告中对商品的性能、功能、产地、用途、质量、成分、价格、生产者、有效期限、允诺等或者对服务的内容、提供者、形式、质量、价格、允诺等有表示的，应当准确、清楚、明白。广告使用数据、统计资料、调查结果、文摘、引用语等引证内容的，应当真实、准确，并表明出处。引证内容有适用范围和有效期限的，应当明确表示。未取得专利权的，不得在广告中谎称取得专利权。禁止使用未授予专利权的专利申请和已经终止、撤销、无效的专利作广告。

此外，《广告法》第二十八条第二款还对虚假广告进行了明确，广告有下列情形之一的，为虚假广告：（一）商品或者服务不存在的；（二）商品的性能、功能、产地、用途、质量、规格、成分、价格、生产者、有效期限、销售状况、曾获荣誉等信息，或者服务的内容、提供者、形式、质量、价格、销售状况、曾获荣誉等信息，以及与商品或者服务有关的允诺等信息与实际情况不符，对购买行为有实质性影响的；（三）使用虚构、伪造或者无法验证的科研成果、统计资料、调查结果、文摘、引用语等信息作证明材料的；（四）虚构使用商品或者接受服务的效果的；（五）以虚假或者引人误解的内容欺骗、误导消费者的其他情形。上述虚假广告是虚假宣传行为的典型表现形式。

《最高人民法院关于审理不正当竞争民事案件应用法律若干问题的解释》第八条还对司法实践中常见的虚假宣传行为进行了列举，即经营者具有下列行为之一，足以造成相关公众误解的，可以认定为旧《反不正当竞争法》第九条第一款规定的引人误解的虚假宣传行为：（一）对商品作片面的宣传或者对比的；（二）将科学上未定论的观点、现象等当作定论的事实用于商品宣传的；（三）以歧义性语言或者其他引人误解的方式进行商品宣传的。

以明显的夸张方式宣传商品，不足以造成相关公众误解的，不属于引人误解的虚假宣传行为。在判定是否造成“引人误解”时，应当根据日常生活经验、相关公众一般注意力、发生误解的事实和被宣传对象的实际情况等因素，对引人误解的虚假宣传行为进行认定。总之，在认定虚假宣传行为是否构成不正当竞争时，要根据虚假宣传内容的不同情况，综合考虑该虚假内容对相关产品或服务的识别作用，该内容可能对相关产品或服务造成引人误解的后果的可能性等因素，再判断其是否构成不正当竞争。

五、违反规定的有奖销售行为

有奖销售，是指经营者销售商品或者提供服务，附带性地向购买者提供物品、金钱或者其他经济上的利益的行为。包括：奖励所有购买者的附赠式有奖销售和奖励部分购买者的抽奖式有奖销售。正常的有奖销售行为，法律并不反对，违反公平竞争原则的有奖销售行为才是法律规制的对象。

旧《反不正当竞争法》第十三条规定："经营者不得从事下列有奖销售：（一）采用谎称有奖或者故意让内定人员中奖的欺骗方式进行有奖销售；（二）利用有奖销售的手段推销质次价高的商品；（三）抽奖式的有奖销售，最高奖的金额超过五千元。"新《反不正当竞争法》第十条规定："经营者进行有奖销售不得存在下列情形：（一）所设奖的种类、兑奖条件、奖金金额或者奖品等有奖销售信息不明确，影响兑奖；（二）采用谎称有奖或者故意让内定人员中奖的欺骗方式进行有奖销售；（三）抽奖式的有奖销售，最高奖的金额超过五万元。"可见，新法删除了旧法第十三条第（二）项，增加了"所设奖的种类、兑奖条件、奖金金额或者奖品等有奖销售信息不明确，影响兑奖"的规定，并且将抽奖式有奖销售的最高奖金额从"超过五千元"提高至"超过五万元"。

经营者举办有奖销售，应当向购买者明示其所设奖的种类、中奖概率、奖金金额或者奖品种类、兑奖时间、方式等事项。属于非现场即时开奖的抽奖式有奖销售，告知事项还应当包括开奖的时间、地点、方式和通知中奖者的时间、方式。经营者对已经向公众明示的上述事项不得变更。有关当事人因有奖销售活动中的不正当竞争行为而受到侵害的，可以根据新《反不正当竞争法》第十七条的规定，向人民法院起诉，请求赔偿，也可以根据第二十二条之规定，向监督检查部门投诉举报，由监督检查部门责令停止违法行为，处五万元以上五十万元以下的罚款。

六、商业诋毁行为

商业诋毁，是指经营者采用编造、传播虚假信息或者误导性信息的方式，损害竞争对手商业信誉或商品声誉的行为。对商业诋毁行为的规制主要体现在新《反不正当竞争法》第十一条。另外，在我国《广告法》中也有类似规定：广告不得贬低其他生产经营者的商品或者服务。

在认定商业诋毁行为时，首先应当明确的是，实施商业诋毁行为的主体是经营者，所谓经营者，主要是指从事商品经营或者营利性服务的法人、其他经济组织和个人，其与被诋毁的经营者存在市场竞争关系。非经营者实施的诽谤、侮辱等诋毁行为，应当按照一般侵权行为论，比如侵害名誉权等，此类行为并非《反不正当竞争法》所规制的对象。

商业诋毁行为客观上表现为采用编造、传播虚假信息或者误导性信息的方式来实施。这里的“编造”既可以是编造无中生有、根本不存在的信息，也可以是对已发生的事实进行夸大、歪曲等人为加工进而误导相关公众、损害有关市场主体商誉。此处的“传播”，一般是指通过公开的方式让不特定的多数人知晓，比如通过媒体宣传、网站宣传、散发广告、公开演讲、对比广告等方式进行散布，让相关公众知晓该虚假信息或者误导性信息，进而损害竞争对手。那么，未通过公开方式且仅向有限的特定人陈述虚假信息或者误导性信息，是否属于“传播”？笔者认为，如果该陈述虚假信息或者误导性信息的行为，确实造成了竞争对手商誉的损害，则应当将此行为视为“传播”，但因此种情形的“传播”不同于采用公开方式向不特定群体的“传播”，故对原告来说，应当承担更严格的举证责任，来证明被告向特定人传播虚假信息或者误导性信息的行为确实造成了原告的损害。

需要说明的是，构成商业诋毁需行为人编造并传播虚假信息或者误导性信息，如果仅仅编造并未传播，则相关公众没有获知虚假信息或者误导性信息的渠道，也就无法对经营者的商业信誉或商品声誉产生否定性评价，不会对经营者造成损害，不构成商业诋毁。当然，如果行为人为两人以上，相互分工，有人实施编造行为，有人实施传播行为，则均构成商业诋毁，属于共同侵权，应当承担连带责任。

商业诋毁的目的在于损害竞争对手的商业信誉、商品声誉。商业诋毁具有贬低竞争对手的目的性，通过直接打击、削弱竞争对手的竞争能力，来谋求自己的市场竞争优势。这里的商业信誉包括经营者的资产情况、经营能力、信用情况等，商品声誉主要包括商品的性能、用途、质量、功能效果等，商品声誉最终也反映了经营者的商业信誉，商业信誉也会直接影响商品声誉，故两者是相辅相成、相互依存的关系。

商业诋毁是典型的不正当竞争行为，其不但损害经营者的商业信誉、商品声誉，对经营者多年积累起来的信誉造成消极影响，还会破坏良好的市场竞争秩序，进而间接地造成对消费者合法权益的损害。

七、互联网领域不正当竞争行为

近年来，随着互联网技术的不断发展，互联网在经济活动中所起的作用越来越大。与此同时，不正当竞争行为也延伸至互联网领域。互联网领域的不正当竞争纠纷越发频繁。互联网技术的特殊性导致了互联网领域的技术竞争，从而更容易产生权利边界不太清楚的问题。但旧《反不正当竞争法》由于制定时间比较早，尚未规定互联网领域的不正当竞争行为类型。

新《反不正当竞争法》第十二条第二款规定："经营者不得利用技术手段，通过影响用户选择或者其他方式，实施下列妨碍、破坏其他经营者合法提供的网络产品或者服务正常运行的行为：（一）未经其他经营者同意，在其合法提供的网络产品或者服务中，插入链接、强制进行目标跳转；（二）误导、欺骗、强迫用户修改、关闭、卸载其他经营者合法提供的网络产品或者服务；（三）恶意对其他经营者合法提供的网络产品或者服务实施不兼容；（四）其他妨碍、破坏其他经营者合法提供的网络产品或者服务正常运行的行为。"

上述行为是现阶段互联网领域常见的不正当竞争行为，此类行为的特点是，利用技术手段，通过影响用户选择或其他方式，妨碍、破坏其他经营者合法提供的网络产品或服务的正常运行。这些行为均违反了自愿、平等、公平、诚实信用的原则和商业道德，损害其他经营者的合法权益，扰乱了互联网领域的竞争秩序。新法还在此部分设置了"兜底条款"，即凡是"妨碍、破坏其他经营者合法提供的网络产品或者服务正常运行的行为"，都可以被认定为不正当竞争。

适用该法第十二条，应把握的前提条件是：（一）实施的不正当竞争行为需要利用技术手段。至于什么类型的技术手段，该条并未限定，但基于该行为发生在互联网环境中，实践中大多是采用与互联网、远程通讯、计算机软件等有关联的技术措施实施不正当竞争行为，如果未使用技术手段，则不能适用该条款。（二）通过影响用户选择或其他方式。从消费者角度来看，互联网不正当竞争行为主要干预了用户选择，使用户无法自由、顺利地获取网络产品或服务。（三）实施的不正当竞争行为的后果是妨碍、破坏其他经营者合法提供的网络产品或者服务的正常运行。即其他经营者的正当、合法网络产品或服务因为侵权人的不正当竞争行为受到影响，无法正常向用户提供。由此可见，适用该法条的前提条件较多，而实践中，插入链接、强制进行目标跳转行为，误导、欺骗、强迫用户修改、关闭、卸载网络产品或者服务行为，恶意实施不兼容行为等，主要来源于"丛林法则"，是较为普遍的早期网络时代的竞争形态。随着互联网技术的发展，互联网治理环境的不断改善，上述互联网不正当竞争行为越来越少，但新类型的互联网不正当竞争行为仍层出不穷。所以，该法条显然已不适应现阶段的互联网竞争环境，大多数案件又转向了对《反不正当竞争法》第二条的适用。

第二节　企业反不正当竞争管理操作实务

企业作为市场经济活动的主体，在日常经营过程中，不可避免地会遇到各种不正当竞争问题，有些可能是企业自身超越法律界限，涉嫌构成不正当竞争，有些可能是其他市场主体的不正当竞争行为对我们的企业造成损害。因此，我们有必要建立企业反不正当竞争管理体系，防范可能发生的法律风险。

一、熟悉各种类型的不正当竞争行为

我国新《反不正当竞争法》规定了七种具体的不正当竞争行为类型，即（一）采用仿冒混淆手段从事经营活动，损害竞争对手的行为；（二）商业贿赂行为；（三）引人误解的虚假宣传行为；（四）侵犯商业秘密行为；（五）违反规定的有奖销售行为；（六）商业诋毁行为；（七）互联网不正当竞争行为。企业应当熟悉这些法律规定的不正当竞争行为，包括了解它们的概念、内涵、构成要件、法律责任等内容。只有熟悉这些内容，在遇到相关不正当竞争纠纷时，才能够正确认定并通过有效措施予以应对。

另外，针对实践中出现的新类型不正当竞争行为，因《反不正当竞争法》中并未给出明确界定，故如何认定是否构成不正当竞争会存在较大困难。此时，《反不正当竞争法》规定的一般原则性条款就可以发挥它的导向作用。该法第二条第一款规定："经营者在生产经营活动中，应当遵循自愿、平等、公平、诚信的原则，遵守法律和商业道德。"任何市场交易行为均应当遵循这些原则。相对地，任何不正当竞争行为都违反了上述原则。对这些原则的适用，可以让我们对法律规定的具体不正当竞争行为以外的行为是否构成不正当竞争给予判断和认定。

实践中，大量案例也是通过对该条原则的适用而认定构成不正当竞争行为的。但该原则性条款在司法诉讼中适用时需要注意它的适用条件，最高人民法院在"海带配额"不正当竞争案[①]中认为，适用《反不正当竞争法》第二条的原则规定认定构成不正当竞争应当同时具备以下条件：一是法律对该种竞争行为未作出特别规定，二是其他经营者的合法权益确因该竞争行为而受到了实际损害，三是该种竞争行为因确属违反诚实信用原则和公认的商业道德而具有不正当性或者说可责性。需要说明的是，这仅仅是在反不正当竞争民事诉讼中适用该原则的条件，企业在日常经营过程中，判断各种不正当竞争行为时，可以不必遵循上述条件而直接适用。

---

① （2009）民申字第1065号。

二、建立企业反不正当竞争合规审核制度

为有效预防企业不正当竞争行为产生，避免员工的不当行为给企业造成损失，规范企业日常经营行为，企业应当在内部建立反不正当竞争合规审核制度。合规审核主要体现在两个方面：一是对企业商业行为是否符合法律法规的规定进行审核；二是对员工的职务行为是否符合法律法规和公司内部规章制度进行审核。可见，合规审核是一个十分宽泛的概念，凡是需要合乎法律法规的商业行为都可以纳入企业合规审核的范畴，但囿于本章介绍的主题，我们在此主要探讨与不正当竞争有关的合规性审核。

对企业商业行为是否符合法律法规的规定进行审核，主要包括：企业生产、销售的商品是否存在仿冒风险；企业对外广告中是否存在虚假宣传；企业是否有对外行贿行为；企业对外发布的信息中是否存在商业诋毁；企业签订的协议中是否有附加不合理条件、限制竞争的条款等。总之，合规审核是对企业内外商业行为的全面合法性审查。

对员工职务行为是否符合法律法规和公司内部规章制度进行审核，主要包括：员工是否遵守公司制定的工作流程和商业交往规则；是否有商业贿赂行为和受贿行为；是否披露或未经许可使用单位商业秘密；是否存在其他给单位造成重大法律风险的不当行为等。

企业高层必须高度重视开展合规审核事务的必要性，有条件的，可以在单位内部设立合规审核机构，配备相关人员，建立合规审核目标、流程、标准等制度以有效开展合规审核工作。合规部门应当被赋予较高的调查和审批权限，并应当与企业其他部门建立比较顺畅的工作配合机制。另外，企业也可以聘请外部律师事务所、会计师事务所等第三方机构介入单位内部的合规性审核。但是，在引入外部第三方机构进行审核时，应当注意对企业商业秘密的保护，除与第三方机构签订服务协议外，还应当签署相应的保密协议。

在合规审核过程中，如果发现问题，应当及时上报相关负责人并制订应对方案，必要时可以寻求行政机关和司法机关的救济。

三、注意相关权益的证据形成和保存

在不正当竞争纠纷中，相关权益并非像商标权、专利权那样直接由国家机关授予，而是由权利人通过大量证据来证明享有该项权益。比如商业秘密权利人需要提交大量证据证明商业秘密的具体内容、非公知性、采取了合理的保密措施、具有商业价值等。再比如，擅自使用他人有一定影响的商品名称、包装、装潢案件中的权利人，需要大量证据证明自己的商品名称、包装、装潢“有一定影响”，从而获得相应权益。这些都说明，在日常的反不正当竞争管理过程中，企业应当有意识地对这些权益证据的形成进行关注，并及时采取措施，妥善保存相关证据。

笔者梳理后发现，类似的权益包括以下几种：（1）有一定影响的商品名称、包装、装潢；（2）企业或社会组织的名称及简称；（3）有一定影响的姓名、艺名、笔名；（4）有一定影响的企业名称、商号、字号；（5）有一定影响的域名主体部分、网站名称、网页；（6）商业秘密；（7）商业信誉、商品声誉等。这些权益的产生，需要企业提交证据来证明。上述权益中关于“有一定影响”的认定在司法实践中常常产生争议，甚至不同法院针对相同的证据却得出相反的结论。为此，笔者想着重谈谈对“有一定影响”的认定标准问题。

如本章第一节所述，笔者认为“有一定影响”与旧《反不正当竞争法》规定的知名商品中“知名”的认定标准基本相同，可以参照适用。知名商品，是指在中国市场上具有一定知名度，为相关公众所知悉的商品。《最高人民法院关于审理不正当竞争民事案件应用法律若干问题的解释》第一条第一款规定：“在中国境内具有一定的市场知名度，为相关公众所知悉的商品，应当认定为反不正当竞争法第五条第（二）项规定的‘知名商品’。人民法院认定知名商品，应当考虑该商品的销售时间、销售区域、销售额和销售对象，进行任何宣传的持续时间、程度和地域范围，作为知名商品受保护的情况等因素，进行综合判断。原告应当对其商品的市场知名度负举证责任。”

所以，对知名商品的认定，应当综合考虑该商品在特定市场的生产销售历史和市场占有率、商品的质量、信誉情况及其广告投资和覆盖面等因素进行判断。同时，作为原告应当对上述证明市场知名度的几个要素承担举证责任。比如，原告产品的销售合同、发票；产品的平面或多媒体广告宣传；产品的获奖证书等都可以成为证明市场知名度的证据。在认定知名商品仿冒纠纷案件中，被控侵权人是否存在主观恶意，对认定商品知名度及不正当竞争都有重要的参考意义。对此，有学者认为："虽然对知名商品的保护首先和主要在知名的地域获得，但人民法院应当主要考虑当事人所实施行为的正当性。凡是属于恶意模仿的，即使超出知名商品知名的范围，也可以认定构成仿冒知名商品的不正当竞争。"①

相应地，"有一定影响"的认定可以从该商品名称的使用时间、使用范围、宣传情况、获奖情况、受众群体、受保护历史等角度进行综合考虑，同时，对侵权人存在主观恶意或商品名称、包装、装潢近似度较高时，可以适当放宽"有一定影响"的认定标准。

四、对不正当竞争行为的补救措施

及时发现企业存在的不正当竞争行为，并及时采取补救措施，将企业法律风险降至最低是反不正当竞争管理者应该时刻关注的问题。一旦发现本企业的行为涉嫌不正当竞争，即应当采取以下措施应对：

（一）明确不正当竞争行为类型。只有分清构成哪一种不正当竞争行为，才能判断可能承担的法律责任，做到心中有数。

（二）及时停止正在进行的不正当竞争行为。比如企业投放的商业广告涉嫌虚假宣传的，应当立即联系广告发布者停止发布广告，并采取措施收回已经发布的广告材料。对于互联网上存在的虚假信息，应当第一时间删除，必要时还可以发布更正声明，以消除影响。

（三）积极与受损害者进行沟通，尽量通过协商的方式解决纠纷。一旦

---

① 蒋志培、孔祥俊、王永昌：《〈最高人民法院关于审理不正当竞争民事案件应用法律若干问题的解释〉的理解与适用》，载《最高人民法院知识产权司法解释理解与适用》，中国法制出版社2012年版，第251页。

受损害者通过法律途径追究本企业的法律责任时，我们应当以积极的态度来认真核查事实，与受损害者进行积极沟通，了解诉求，尽量通过协商的方式解决矛盾纠纷，避免进入诉讼或其他司法程序。

（四）及时对企业反不正当竞争管理机制进行修正，避免再次发生类似行为。企业如非因故意而实施不正当竞争行为，则应当深刻反思产生这种行为的根源在哪里，并应举一反三，对企业反不正当竞争管理机制进行修正，避免今后再次发生类似行为。

应当说，只要企业以积极的态度来面对已经发生的纠纷，及时采取正确的补救措施，就可以最大限度地降低相应的法律风险。

五、对不正当竞争行为的反击措施

针对他人实施不正当竞争行为给本企业造成的损害，我们也应当采取有效的反击措施，避免损失的进一步扩大，并通过法律途径追究他人的法律责任。一般来说，针对他人实施的不正当竞争行为应当先行证据固定措施，取得相关证据，之后可以通过警告函、律师函等方式要求对方停止不正当竞争行为并给予相应赔偿。根据对方的反馈和本企业受到的损害程度，结合企业的维权目的，我们可以采取行政和司法双重途径进行维权。

（一）行政途径

根据我国《反不正当竞争法》的规定，各级人民政府应当采取措施，制止不正当竞争行为，为公平竞争创造良好的环境和条件。县级以上人民政府履行工商行政管理职责的部门对不正当竞争行为进行查处；法律、行政法规规定由其他部门监督检查的依照其规定。这说明，针对他人实施的不正当竞争行为，县级以上履行工商行政（市场监督）管理职责的部门可以依法进行制止并实施处罚。新《反不正当竞争法》第十三条第一款规定：“监督检查部门调查涉嫌不正当竞争行为，可以采取下列措施：（一）进入涉嫌不正当竞争行为的经营场所进行检查；（二）询问被调查的经营者、利害关系人及其他有关单位、个人，要求其说明有关情况或者提供与被调查行为有关的其他资料；

（三）查询、复制与涉嫌不正当竞争行为有关的协议、账簿、单据、文件、记录、业务函电和其他资料；（四）查封、扣押与涉嫌不正当竞争行为有关的财物；（五）查询涉嫌不正当竞争行为的经营者的银行账户。"

所以，任何单位或个人对涉嫌不正当竞争行为，都有权向监督检查部门举报，由监督检查部门对不正当竞争行为依法进行处理。

（二）司法途径

当然，针对他人实施不正当竞争行为给本企业造成损害的，企业也可以向人民法院提起不正当竞争诉讼，要求侵权者承担相应的法律责任。《民事案件案由规定》中规定的不正当竞争纠纷类型主要有：仿冒纠纷；商业贿赂不正当竞争纠纷；虚假宣传纠纷；侵害商业秘密纠纷；有奖销售纠纷；商业诋毁纠纷；网络不正当竞争纠纷。其中，仿冒纠纷、虚假宣传纠纷、侵害商业秘密纠纷、商业诋毁纠纷、网络不正当竞争纠纷是司法实践中较为常见的不正当竞争纠纷类型。针对因不正当竞争行为遭受的损失如何计算，新《反不正当竞争法》第十七条第三款规定："因不正当竞争行为受到损害的经营者的赔偿数额，按照其因被侵权所受到的实际损失确定；实际损失难以计算的，按照侵权人因侵权所获得的利益确定。经营者恶意实施侵犯商业秘密行为，情节严重的，可以在按照上述方法确定数额的一倍以上五倍以下确定赔偿数额。赔偿数额还应当包括经营者为制止侵权行为所支付的合理开支。"同时，新《反不正当竞争法》还规定，经营者违反本法第六条（实施仿冒行为）、第九条（实施侵害商业秘密的行为）规定，权利人因被侵权所受到的实际损失、侵权人因侵权所获得的利益难以确定的，由人民法院根据侵权行为的情节判决给予权利人五百万元以下的赔偿。即新法明确了实施这两类不正当竞争行为的法定赔偿上限标准。

对于实施不正当竞争行为造成严重后果的，我国《刑法》也对部分不正当竞争行为进行规制和打击。

《刑法》第一百六十三条第一款、第二款规定了非国家工作人员受贿罪，即"公司、企业或者其他单位的工作人员，利用职务上的便利，索取他人财物或者非法收受他人财物，为他人谋取利益，数额较大的，处三年以下有期徒刑或者拘役，并处罚金；数额巨大或者有其他严重情节的，处三年以上十年以下有期徒刑，并处罚金；数额特别巨大或者有其他特别严重情节的，处十年以上有期徒刑或者无期徒刑，并处罚金。公司、企业或者其他单位的工作人员在经济往来中，利用职务上的便利，违反国家规定，收受各种名义的回扣、手续费，归个人所有的，依照前款的规定处罚”。

《刑法》第一百六十四条第一款规定了对非国家工作人员行贿罪，即“为谋取不正当利益，给予公司、企业或者其他单位的工作人员以财物，数额较大的，处三年以下有期徒刑或者拘役，并处罚金；数额巨大的，处三年以上十年以下有期徒刑，并处罚金”。

《刑法》第二百二十一条规定了损害商业信誉、商品声誉罪，即“捏造并散布虚伪事实，损害他人的商业信誉、商品声誉，给他人造成重大损失或者有其他严重情节的，处二年以下有期徒刑或者拘役，并处或者单处罚金”。

《刑法》第二百二十二条规定了虚假广告罪，即“广告主、广告经营者、广告发布者违反国家规定，利用广告对商品或者服务作虚假宣传，情节严重的，处二年以下有期徒刑或者拘役，并处或者单处罚金”。

当然，《刑法》第二百一十九条还规定了侵犯商业秘密罪，因该罪名的相关规定和构成要件在本书第五章第二节已经阐述，故在此不再赘述。

六、对涉互联网不正当竞争行为的规制

如上节所述，随着互联网科技的发展，新类型的不正当竞争行为已经延伸至互联网领域，它们与互联网技术、互联网环境相融合，对公平的竞争环境造成冲击，给权利人和消费者造成损害，同时，旧《反不正当竞争法》并未规定互联网领域不正当竞争行为类型，法院在审理这些新类型案件时，也因为相关法律的缺失而不得不寻求《反不正当竞争法》一般原则性条款的适用。

笔者认为，通过对《反不正当竞争法》的修改，立法机关已经将一些常见的涉互联网不正当竞争行为类型化，用以规制实践中频繁发生的互联网不正当竞争行为，同时还设置了“兜底条款”，权利人未来维权会更加顺畅。

结合对近年来互联网不正当竞争典型案例的分析和解读，以下几点趋势应当引起互联网企业的重视[①]：

首先，除了法律法规之外，互联网行业惯例和公约也应作为企业经营的准则。

其次，从近年来案件的裁判结果来看，以不存在竞争关系作为不正当竞争行为的抗辩已很难成立。

再次，由于商业诋毁的范围有所扩大，互联网企业应当更加谨言慎行。一切涉及竞争对手的评述无论是否真实，只要引人误解且最终导致了损害竞争对手商誉的结果，都有构成商业诋毁的可能性。

最后，在遭遇对手不正当竞争行为损害之时，向法院申请行为禁令可以作为互联网企业优先考虑的反制措施。

第三节　常见法律风险与防范措施

我们知道，《反不正当竞争法》是知识产权专门法（即专利法、商标法、著作权法等）的重要补充，当知识产权专门法无法规制侵权行为时，《反不正当竞争法》将发挥其作用来维护市场竞争秩序和公正、公平的竞争环境。近几年来，与不正当竞争有关的纠纷呈现上升趋势，特别是随着互联网、大数据等新兴产业和科技的发展，不正当竞争纠纷无论在数量还是在案件难度上都有较大提升。有鉴于此，企业应当了解现阶段不正当竞争纠纷的法律风险并做好防范措施。

一、因商品名称、包装、装潢知名度证据不足而未能获得保护

在不正当竞争纠纷中，擅自使用与他人有一定影响的商品名称、包装、

---

① 宿迟、陈锦川、杨柏勇：《网络知识产权保护热点疑难问题解析》，中国法制出版社 2016 年版，第 335 页。

装潢等相同或者近似的标识是较为常见的一类。通常出现这类纠纷的原因主要是权利人没有及时将自己使用多年且具有区分商品来源功能的商品名称、包装、装潢申请商标或专利，导致无法通过商标法、专利法等方式来保护，只能寻求《反不正当竞争法》的保护。与商标法、专利法等知识产权专门法律的强保护相比，《反不正当竞争法》对知识产权的保护相对复杂，且对权利人的举证要求比较高。

就擅自使用有一定影响的商品名称、包装、装潢而言，权利人首先要证明自己的商品名称、包装、装潢在中国境内有一定影响，但实践中，很多权利人恰恰没有有力的证据来证明这一事实。部分权利人虽然有证据来证明，但由于各地法院在这一问题上存在不同认识，对证据的要求不一致，也可能导致不同地域裁判的差异。

笔者曾代理“毕加索”书写工具全国打假维权系列案件，涉及上海、四川、陕西、广东等地多个法院。该案原告主张“毕加索”书写工具是中国境内的知名商品①，并向法院提交了销售合同、销售发票、广告宣传、获奖证书、网络排名、司法行政机关认定知名商品的记录等证据，但各地法院的认定结论存在差异：

上海市第一中级人民法院认为：原告在本案中并未提供其他证据证明其对商品在相关市场进行宣传推广、商品销售以及获得消费者认可的情况，因此无法认定原告的商品在某一地域范围内具有相应的知名度。②

上海市高级人民法院认为：从培育、保护品牌以及维护市场公平竞争秩序的目的出发，综合考虑上述各因素，“毕加索”书写工具在相关公众中已经具有一定的知名度，可以认定为知名商品。③

四川省成都市中级人民法院认为：市场处于动态变化中，商品的知名度亦会随着市场的变化而发生变化，原告所举证据材料不足以证明其“毕加索”

① 当时适用的是旧《反不正当竞争法》第五条第（二）项“擅自使用知名商品特有的名称、包装、装潢，或者使用与知名商品近似的名称、包装、装潢，造成和他人的知名商品相混淆，使购买者误认为是该知名商品”。

② （2009）沪一中民五（知）初字第20号。

③ （2010）沪高民三（知）终字第3号。

书写工具为知名商品。①

广东省广州市海珠区人民法院认为：上述情况可以认为原告对“毕加索”书写工具进行了持续宣传广告。因此，原告的“毕加索”书写工具在相关公众中已经具有一定的市场知名度，可以认定为知名商品。②

陕西省西安市中级人民法院认为：本案原告关于“毕加索”书写工具在西安市场是知名商品的主张尚缺乏充分确实的证据支持，本案诉争的商品缺乏足够的证据证明其为知名商品。③

广东省深圳市罗湖区人民法院认为：当知名商品的知名度和影响力一旦形成，只要经营者能正常持续进行经营，其知名度和影响力并不会在短时间内无故丧失。在没有相反证据足以推翻的情况下，据此可以认定原告的“毕加索”书写工具为知名商品。④

可见，通过适用《反不正当竞争法》的相关规定，存在举证责任要求高及司法认定主观性大等不利因素，对于企业来说，无疑增加了败诉的风险。为此，笔者建议，企业针对商品名称、包装、装潢，应当首先考虑是否能够用商标法、著作权法、专利法等知识产权专门法律进行保护，比如商品名称可以申请注册商标；包装可以申请外观设计专利；装潢可以申请外观设计专利，也可以通过著作权保护。同时，应当尽量保存好与商品名称、包装、装潢知名度相关的证据，以便不得已而适用《反不正当竞争法》时作为认定“有一定影响”的依据。

二、企业名称的使用证据不足导致维权困难

企业登记主管机关依法登记注册的企业名称，以及在中国境内进行商业使用的外国（地区）企业名称，应当认定为《反不正当竞争法》第六条第（二）项规定的“企业名称”。在对外宣传中，企业可以使用全称，也可以仅使用名

① （2012）成民初字第 1056 号。
② （2012）穗海法知民初字第 424 号。
③ （2013）西民四初字第 62 号。
④ （2012）深罗法知民初字第 759 号。

称中具有显著性的部分——简称、字号。但根据《反不正当竞争法》规定，企业名称（包括简称、字号等）必须达到有一定影响，才能有获得保护的可能性。

所以，企业名称如果要得到《反不正当竞争法》保护，必须大量使用，使用的目的一是说明企业认可该名称、字号，将其作为企业的标识加以使用；二是通过大量使用才能够说明该字号在相关公众中的知名度、为相关公众所知悉，具有一定影响。因此，未广泛使用的企业名称由于缺乏市场知名度，没有达到一定影响，故一旦被他人使用，可能无法认定构成引人误认，将难以受到《反不正当竞争法》保护。

三、商业广告中的用语不当导致虚假宣传

我国《广告法》第四条第一款规定："广告不得含有虚假或者引人误解的内容，不得欺骗、误导消费者。"企业在商业广告中因用语不当极易导致构成虚假宣传从而受到行政处罚或承担民事责任。

通常来说，广告有下列情形之一的，为虚假广告：（一）商品或者服务不存在的；（二）商品的性能、功能、产地、用途、质量、规格、成分、价格、生产者、有效期限、销售状况、曾获荣誉等信息，或者服务的内容、提供者、形式、质量、价格、销售状况、曾获荣誉等信息，以及与商品或者服务有关的允诺等信息与实际情况不符，对购买行为有实质性影响的；（三）使用虚构、伪造或者无法验证的科研成果、统计资料、调查结果、文摘、引用语等信息作证明材料的；（四）虚构使用商品或者接受服务的效果的；（五）以虚假或者引人误解的内容欺骗、误导消费者的其他情形。

所以，企业应当规范商业广告用语。广告中对商品的性能、功能、产地、用途、质量、成分、价格、生产者、有效期限、允诺等或者对服务的内容、提供者、形式、质量、价格、允诺等有表示的，应当准确、清楚、明白。在商业广告中不得使用"国家级""最高级""最佳"等用语。广告使用数据、统计资料、调查结果、文摘、引用语等引证内容的，应当真实、准确，并表明出处。引证内容有适用范围和有效期限的，应当明确表示。广告中涉及专利产品或者专利方法的，应当标明专利号和专利种类。未取得专利权的，不

得在广告中谎称取得专利权。不可使用未授予专利权的专利申请和已经终止、撤销、无效的专利做广告。

四、刷单炒信行为构成不正当竞争

刷单炒信，是指在网络交易平台上通过刷单的方式炒作商家信用的行为，属于《电子商务法》《反不正当竞争法》等法律中禁止的以虚构交易、编造用户评价等方式进行虚假或者引人误解的宣传，欺骗、误导消费者的行为。它分为“正向刷单炒信”和“反向刷单炒信”两种行为。“正向刷单炒信”是指商家自己或者通过他人刷单购买自己的商品并给予好评，以此提升商品销量和商家信誉。“反向刷单炒信”是指商家自己或者通过他人刷单购买竞争对手的商品，导致电商平台认为其通过刷单炒信进行不正当竞争而给予其信用降级、搜索降级等处罚的行为。

随着互联网电商产业的发展，线上销售模式大量应用于各个产业领域，消费者面对海量商家，通常会从商家的销量、信誉、级别、经营时间等维度来选择自认为可靠的、有保障的商家进行交易，这就给刷单炒信行为提供了市场，一些经营者通过这种行为迅速提升评级，造成表面交易繁荣，误导消费者交易，并给其他合法、正当经营的商家造成损害，形成了不公平的网络竞争环境。该种行为，不但违反了《消费者权益保护法》《电子商务法》，也属于《反不正当竞争法》规制的虚假宣传行为。国家市场监督管理总局发布的《网络交易监督管理办法》第十四条第二款明确规定了以下几种常见的刷单炒信行为：（一）虚构交易、编造用户评价；（二）采用误导性展示等方式，将好评前置、差评后置，或者不显著区分不同商品或者服务的评价等；（三）采用谎称现货、虚构预订、虚假抢购等方式进行虚假营销；（四）虚构点击量、关注度等流量数据，以及虚构点赞、打赏等交易互动数据。

另外，企业还需要注意的是，某些行为表面上看似不属于刷单炒信，但其实质仍然是进行虚假交易，构成虚假宣传。比如，以免费试用为名组织消费者下单购买电商平台商品并评价后，进行款项返还的商业模式，是否构成帮助其他经营者进行虚假或者引人误解的商业宣传行为？浙江省杭州市中级人民法院在某宝公司与某名公司不正当竞争纠纷案[①]中作出了判断，法院认为：商家通过平台发布免费试用活动，而在平台的相应店铺上不但没有对此类促销活动进行明示以有别于正常的交易，相反，某名公司还引导试用用户通过货比三家等方式模拟消费者正常的购物行为和流程，严令禁止试用用户在聊天、评价内容中提及试用等，以此种不透明、不公开的方式，掩盖免费试用并非正常交易的事实。最终，免费试用形成的是正常的交易订单，直接计入交易数据，试用用户发表的评价亦计入交易评价体系，两者无法区分。因此，该交易数据和评价内容，同样不能够反映商家在平台上所经营的商品、服务真实的交易和评价状况，一般消费者通过搜索排名和查看宝贝评价作出相关购买决定时，无疑会受到上述交易数据和评价内容的误导，属于引人误解的虚假宣传行为。

因此，企业通过网络平台提供产品或服务，应当特别注意是否存在上述不当行为，这些刷单炒信行为不但会面临其他经营者和消费者的索赔，也会面临市场监管部门的行政处罚，对企业长远经营和商业信誉反而是一种损害。

五、企业对外宣传不当构成商业诋毁

企业在市场竞争过程中，常常通过广告宣传、媒体报道等方式传播企业理念，介绍企业商品和服务。在这个过程中，有时会牵扯到对竞争对手的评价，如果对竞争对手评价不当或者在对外宣传中将自己的商品与竞争对手进行比较，贬低竞争对手，则会构成商业诋毁行为。

构成商业诋毁行为应承担何种民事责任，我们可以依照新《反不正当竞争法》第十七条来确定。另外，根据商业诋毁行为造成的损害，被侵害的经营者还可以要求法院判令被告停止实施商业诋毁行为以及消除影响等民事责任。同时，新《反不正当竞争法》第二十三条还规定了构成商业诋毁应承担的行政责任。

因此，企业在对外宣传中，切记要实事求是，不得编造、传播虚假信息

---

① 案号：(2018)浙01民初3845号。

或者误导性信息，损害竞争对手的商业信誉或商品声誉。在接受媒体采访时，也要时刻注意自己的言行，尽量避免不当言论，不要对竞争对手做贬低性的评价。在媒体发稿之前，应当仔细审核稿件，确认没有问题再通知媒体刊发。谨慎采用“比较广告”的方式进行商品宣传。

六、因商业贿赂行为受到行政处罚

商业贿赂行为是指经营者采用财物或者其他手段贿赂交易相对方工作人员、受交易相对方委托办理相关事务的单位或者个人、利用职权或者影响力影响交易的单位或者个人，以谋取交易机会或者竞争优势的行为，这也是企业日常经营过程中高发的不正当竞争行为之一。笔者通过检索商业贿赂行政处罚案例发现，商业贿赂案件多发于浙江、上海、北京、江苏、广东等地，这说明商业贿赂行为与经济活跃度呈正相关，在经济高速发展的过程中，企业极易实施该类不正当竞争行为。实践中，该类不正当竞争行为通过行政处罚处理的较多，而通过民事诉讼解决的较少，大概是因为商业贿赂行为较为隐蔽，原告取证难度较大。另外，通过民事诉讼程序起诉该类行为，原告还需要向法院证明自己与被诉行为有利害关系，这也不容易。

根据市场监督管理部门的行政执法案例分析可知，商业贿赂案件多见于医疗、广告、生产原料及设备等的制造销售、第三方检测服务、物流运输、食品贸易、土地及房屋租赁、通讯、建设工程咨询服务等行业。关于商业贿赂的手段，主要通过以“好处费”“感谢费”等名义支付现金或购物卡、给予回扣或返利、提供免费医疗设备获取耗材的交易机会、提供旅游等方式。因此，随着行政执法机关对该类行为打击力度的增大，企业内部需要做好与商业贿赂有关的培训和宣传，告知员工该行为的违法性，不能支持或变相支持员工的该种行为，企业更不能以此作为经营手段，损害其他经营者和用户的合法权益。

七、网络恶意竞价排名构成不正当竞争

竞价排名是随着网络技术的发展而衍生出来的一种商业模式，是一种按

效果付费的网络推广方式，主要是指通过竞争出价的方式，获得某个网站的有利排名位置，其中搜索引擎主要是以点击付费的形式，点击价钱高的信息获得搜索引擎的排名靠前，如果没有被用户点击，则不收取推广费。企业向搜索引擎运营商付费，设置关键词，并在消费者搜索该关键词后，将推广信息排列在搜索结果靠前的位置。竞价排名，用少量的投入就可以给企业带来大量潜在客户，有效提升企业销售额和品牌知名度。

实践中，有些经营者擅自将他人的企业名称、简称或者商标等作为互联网竞价排名关键词，使公众产生混淆误认，利用他人的知名度和商誉，达到宣传推广自己的目的，这属于违反诚实信用原则和公认的商业道德的不正当竞争行为。因此，企业在网络竞价排名时，应当确保未使用他人的企业名称、字号、商标等作为搜索关键词，以免承担民事法律责任。

八、非法使用大数据信息构成不正当竞争

什么是大数据呢？麦肯锡全球研究所给出的定义是：一种规模大到在获取、存储、管理、分析方面大大超出了传统数据库软件工具能力范围的数据集合，具有海量的数据规模、快速的数据流转、多样的数据类型和价值密度低四大特征。[①] 在互联网时代，大数据信息已经成为经营者的一项新的无形财产，并且可以给经营者带来巨大收益。

《国家信息化发展战略纲要》明确指出，“信息资源日益成为重要的生产要素和社会财富”。在信息时代，数据信息资源已经成为重要的资源，是竞争力也是生产力，更是促进经济发展的重要动力。大数据持续激发商业模式创新，不断催生新业态，已成为互联网等新兴领域促进业务创新增值、提升企业核心价值的重要驱动力。

如何更好地保护大数据的知识产权成为目前我们亟待解决的问题。无论是在立法还是在司法层面，都需要我们进行开创性的工作。根据我国法律，

① 《大数据时代要有大数据思维》，载中国大数据网，http://www.thebigdata.cn/html/c3/14416.html，最后访问时间：2017 年 5 月 10 日。

大数据的知识产权保护在不同情况下可以受到诸如著作权、商业秘密、隐私权、人身权、合同债权以及反不正当竞争保护等多项法定权利的保护。具体到反不正当竞争领域，非法使用他人运营的大数据信息为自己获取商业竞争力显然是一种违反诚实信用原则的不正当竞争行为。上海市浦东新区人民法院在某涛公司与某度公司、某图公司不正当竞争纠纷案[①]中认为：市场经济鼓励市场主体在信息的生产、收集和使用等方面进行各种形式的自由竞争，但是这种竞争应当充分尊重竞争对手在信息的生产、收集和使用过程中的辛勤付出。某度公司通过技术手段，从某点评网等网站获取点评信息，用于充实自己的“某度地图”和“某度知道”。某度公司此种使用方式，实质上替代了某点评网向用户提供信息，对某涛公司造成损害。某度公司的行为具有明显的“搭便车”“不劳而获”的特点。该判决进一步认为对涉及信息使用的市场竞争行为是否具有不正当性的判断应当综合考虑以下因素：（一）涉案信息是否具有商业价值，能否给经营者带来竞争优势；（二）信息获取的难易程度和成本付出；（三）对信息的获取及利用是否违法、违背商业道德或损害社会公众利益；（四）竞争对手使用信息的方式和范围。

针对电商平台上收集、掌握的用户数据信息，如何合理、合法地授权第三方使用，司法实践也提供了有价值的案例。例如，在本章的案例 3 中，法院认为：Open API（开放应用编程接口）开发合作模式中数据提供方向第三方开放数据的前提是数据提供方取得用户同意，同时，第三方平台在使用用户信息时还应当明确告知用户其使用的目的、方式和范围，再次取得用户的同意。因此，在 Open API 开发合作模式中，第三方通过 Open API 获取用户信息时应坚持“用户授权 + 平台授权 + 用户授权”的三重授权原则。

上述司法案例对企业在收集、使用、提供大数据信息过程中应当如何正确行使权利、履行义务给出了很好的借鉴。总之，企业在此过程中应当遵循诚实信用的原则及商业道德，以是否会给其他经营者和消费者的合法权益造

---

① 案号：（2015）浦民三（知）初字第 528 号，载上海市高级人民法院网，http://www.hshfy.sh.cn/shfy/gweb2017/flws_view.jsp?pa=adGFoPaOoMjAxNaOpxtbD8cj9KNaqKbP119a12jUyOLrFJndzeGg9MgPdcssPdcssz，最后访问时间：2021 年 12 月 28 日。

成损害作为根本准则，来判断自身行为的合法性、正当性。

九、流量劫持行为构成不正当竞争

流量劫持，就是利用各种恶意软件修改浏览器、锁定主页或不停弹出新窗口，强制用户访问某些网站，从而造成用户流量损失的情形。对于网络用户而言，流量劫持行为会使其面临购买的流量被无端浪费的经济损失，同时面临主页被篡改、弹窗不断、网页强制跳转等，直接导致网络使用体验感极差，且因恶意软件、代码强行植入造成计算机信息系统破坏，可能泄露各类账户、密码等重要个人信息资料，危及网络账户安全。对于网络服务提供商而言，流量劫持行为将影响其网站的用户访问量和市场份额，致使网站用户大量流失，造成经济损失和名誉损害，商业利益受损，更会严重影响互联网行业的健康发展。[①]

最高人民法院在某虎公司与某度公司不正当竞争纠纷再审一案[②]中认为：某虎公司在网址导航站的某度搜索框中设置直接指向某虎公司相关网页内容的下拉提示词，直接指向某虎公司经营的影视、游戏等页面，而非以该提示词为搜索关键词的某度搜索结果页面。在用户设置其他搜索方向时仍插入与该搜索方向关联性很小的提示词，如在用户搜索 mp3、图片甚至地图时仍然插入相关影视剧提示词，点击即进入某虎公司经营的相关页面。在用户并未输入搜索关键词、仅选择了搜索方向时，也会进入某虎公司相关网页。上述行为干扰了某度网站正常的搜索服务以及用户对某度搜索结果的正常使用，有可能引导用户访问与其搜索目的无关的网站，而且该行为不出于任何公共利益的需要，仅仅是为某虎公司网站获取更多用户访问量的手段，超出了正当的商业竞争的限度，其违反《反不正当竞争法》第二条的规定，构成不正当竞争。

---

① 《流量劫持行为的司法认定》，载法治网，http://www.legaldaily.com.cn/fxjy/content/2017-01/05/content_6943121.htm?node=70689，最后访问时间：2017 年 5 月 10 日。

② 案号：（2014）民申字第 873 号。

浙江省杭州市中级人民法院在 × 车公司、× 宝网络公司等不正当竞争纠纷二审民事判决书[①]认为：× 车公司的被诉行为客观上导致用户在安装 × 车 App 后，欲通过各应用软件打开手机 × 宝时，无法实现正常跳转至 × 宝 App，而是被 × 车 App 强制进行目标页面跳转，妨碍了该部分用户流量进入 × 宝 App，无疑攫取了本应属于 × 宝网络公司、× 宝软件公司的潜在交易机会，妨碍了 × 宝网络公司、× 宝软件公司合法提供的 × 宝网络产品的正常运行，破坏了互联网经营者间的良性竞争关系，扰乱了市场竞争秩序。就消费者而言，× 车公司不当引流的行为干扰了其正常的网上购物，侵害了消费者的知情权和自主选择权等合法权益。该行为有违诚信原则，也有损市场竞争秩序和消费者利益。原审法院认定其构成《反不正当竞争法》第十二条第二款规定的不正当竞争行为并无不当。

可见，流量劫持行为显然也是违反诚实信用原则和商业道德的不正当竞争行为，如果不加以规制，则会导致互联网行业持续的不健康发展，最终会损害消费者的合法权益。当然，旧《反不正当竞争法》并未明确规定此具体不正当竞争行为，但新《反不正当竞争法》中规定了“经营者不得利用技术手段，通过影响用户选择或者其他方式，实施下列妨碍、破坏其他经营者合法提供的网络产品或者服务正常运行的行为：（一）未经其他经营者同意，在其合法提供的网络产品或者服务中，插入链接、强制进行目标跳转”，这可以说是对流量劫持行为不正当性的明确认定。所以，企业在互联网领域进行商业模式创新的同时，应当时刻注意自身行为的合法性、合理性、正当性，对于《反不正当竞争法》中没有具体明文规定的不正当竞争行为，还应当多从该法第二条的原则性规定出发，来衡量自身行为是否符合法律的要求。

十、因主体不适格导致维权障碍

在不正当竞争纠纷中，企业要特别注意主体的适格问题，这里的主体不适格，既包括权益主体不适格，也包括义务主体不适格，前者针对的是因不

---

① 案号：（2020）浙 01 民终 8743 号。

正当竞争行为遭受损害的主体，后者针对的是实施不正当竞争行为的主体。如果权益主体不适格，将导致维权障碍，既花费了人力物力，也错失了维权时机。比如在擅自使用与他人有一定影响的商品名称、包装、装潢等相同或者近似的标识纠纷案件中，就应当特别注意商品名称、包装、装潢的权益主体，特别是存在品牌许可关系、经销代理关系、推广合作关系的情形下，更应该正确界定权益主体。如果义务主体不适格，将导致不正当竞争行为无法及时被制止，或原告损失无法获得赔偿，同时也使真正的不正当竞争者逍遥法外。例如，在一起故意通过广告实施虚假宣传的案件中，各方主体明知宣传的内容是虚假的或引人误解的，仍制作、发布虚假广告，损害其他经营者和消费者的合法权益，此时就应当将广告主、广告发布者，甚至广告经营者都作为维权对象，才能及时制止侵权，获得最大化赔偿。

所以，发生不正当竞争纠纷后，我们应当认真分析其中的法律关系，确定权益主体和义务主体，再进行有针对性的取证、维权或协商谈判。在此过程中，我们还需要注意是否存在共同权益人或共同侵权人的情况。

第四节　典型案例评析

案例 1：艺 × 公司与帕 × 洛公司擅自使用知名商品特有名称、包装、装潢纠纷再审案[①]

◆案情简介

帕 × 洛公司成立于 2003 年，主要生产、经营“毕加索”品牌书写工具，在“毕加索”书写工具推出伊始，即为该商品设计了以“红黄色块”为主要元素的包装装潢图案，经过多年的积极推广，使得销售范围遍及全国各省市，并在十几个城市的高端商场、超市设立专柜。帕 × 洛公司参加了 2005 年至

① 案号：（2011）民申字第 623 号，载最高人民法院官网，http://www.court.gov.cn/wenshu/xiangqing-7328.html，最后访问时间：2022 年 2 月 17 日。

2008年的行业展会，并获得了由2005中国国际文化用品博览会组委会颁发的“2005中国国际文化用品博览会最佳展示奖”。

艺×公司成立于2008年5月，与此同时，艺×公司的法定代表人在我国香港特别行政区注册“毕卡索国际开发有限公司”和“法国毕加索家族国际集团有限公司”，并由上述两个香港公司授权艺×公司生产、销售“毕加索”钢笔，艺×公司生产、销售的书写工具在商品名称、外观款式、包装装潢等方面均与帕×洛公司的“毕加索”钢笔十分近似。

2008年12月，帕×洛公司以艺×公司擅自使用知名商品特有名称、包装、装潢为由将其诉至上海市第一中级人民法院。一审判决后，原、被告双方均不服，均向上海市高级人民法院提起上诉。二审法院另查明：2010年1月5日，帕×洛公司在“http://www.google.cn”网页上搜索“毕加索钢笔”，共得到44100条结果。同日，帕×洛公司在“http://www.baidu.com”网页上搜索“毕加索钢笔”，共得到47300篇网页；上述网页搜索结果的内容大部分是“毕加索”钢笔的产品、销售信息以及网友询问“毕加索”钢笔的价格、质量、使用情况等内容。

本案二审判决后，艺×公司仍不服判决，向最高人民法院申请再审。艺×公司在申请再审过程中，提交了2002年8月出版的《时尚》杂志，该杂志刊登的一则广告中出现了“毕加索”字样和“红黄色块”图案，欲证明在帕×洛公司成立之前就有他人使用“毕加索”中文名称和“红黄色块”的包装装潢。同时还认为“毕加索”中文名称侵犯了法国知名画家PABLO PICASSO的姓名权。帕×洛公司则提交了该广告发布者的证言，证明该广告上的“红黄色块”图案系帕×洛公司总经理创作，并授权给广告发布者使用。再审审查过程中，艺×公司当庭认可曾有经销商将帕×洛公司“毕加索”书写工具产品寄给其维修，艺×公司的涉案被诉产品与帕×洛公司“毕加索”书写工具产品有相互混淆的事实存在。

◆法院裁决

一审法院认为：帕×洛公司提供的证据只能表明其产品的销售范围较广，但尚不足以证明其销售的商品在上述所有或某一销售区域已具有知名度。帕

× 洛公司的商品名称、装潢为其特有的名称、装潢，但其主张的特有包装不能成立。尽管帕 × 洛公司的商品不属于知名商品，但基于帕 × 洛公司成立在先，经过数年经营已形成一定规模并有相应的消费群体，而艺 × 公司生产、销售故意仿冒帕 × 洛公司“毕加索”商品名称与包装装潢的商品，违反了公平与诚实信用原则，故艺 × 公司的行为对帕 × 洛公司构成不正当竞争。

二审法院认为：从培育、保护品牌以及维护市场公平竞争秩序的目的出发，综合考虑各种因素，帕 × 洛公司的“毕加索”书写工具在相关公众中已经具有一定的知名度，可以认定为知名商品。帕 × 洛公司使用在涉案商品上的商品名称、装潢为其特有的名称、装潢。艺 × 公司从设立之初就存在仿冒帕 × 洛公司知名商品特有名称、包装装潢的故意，且主观恶意明显。艺 × 公司的行为构成不正当竞争，应当承担停止侵权、消除影响、赔偿损失的民事责任。

再审法院认为：帕 × 洛公司的“毕加索”书写工具在相关公众中已经具有一定的市场知名度，可以认定为《反不正当竞争法》意义上的知名商品。帕 × 洛公司对“毕加索”标识的使用已经使其具有区别商品来源的意义，构成商品的特有名称。帕 × 洛公司红黄色块组合图案的包装装潢设计独特新颖，不同于在先同类商品的装潢，已经起到区别商品来源的作用，可以认定是特有的装潢。二审判决适用法律正确，遂驳回再审申请。

◆案例评析及法律风险提示

本案是较为典型的仿冒纠纷，曾被评为 2013 年中华全国律师协会知识产权专业委员会十佳案例。案件具体涉及的是擅自使用知名商品特有的名称、包装、装潢纠纷。新《反不正当竞争法》将此部分修改为：“经营者不得实施下列混淆行为，引人误认为是他人商品或者与他人存在特定联系：（一）擅自使用与他人有一定影响的商品名称、包装、装潢等相同或者近似的标识……”即将“知名商品特有的名称、包装、装潢”的表述，修改为“有一定影响的商品名称、包装、装潢等”，以“一定影响”取代了“知名”，扩大了商业标识涵盖的范围。鉴于本案审理时适用的是旧《反不正当竞争法》，且新法和旧法在认定“有一定影响”和“知名”标准方面基本相同，故笔者仍沿用旧法对本案进行评析。

关于本案主要的争议焦点，帕 × 洛公司的“毕加索”书写工具是否构成知名商品，一审法院和二审法院存在截然不同的观点。一审法院根据帕 × 洛公司提交证据认为尚不足以认定是知名商品。可见，一审法院对“知名商品”的认定采取了较高的标准。二审法院则纠正了一审法院的观点，认为从培育、保护品牌以及维护市场公平竞争秩序的目的出发，综合考虑各种因素，帕 × 洛公司的“毕加索”书写工具在相关公众中已经具有一定的知名度，可以认定为知名商品。

再审法院支持了二审法院的观点，同时对知名商品的认定进行了明确。再审法院认为，商品的知名性是商品特有名称、包装和装潢受《反不正当竞争法》保护的重要门槛。知名性要求的本质在于，在商品具有一定知名度的情况下，除一些特殊情况外，商品的特有名称、包装和装潢一般会具有区别商品来源的作用。《反不正当竞争法》对在相关市场上已经具有区别商品来源作用的商品特有名称、包装和装潢进行保护，赋予其制止他人搭车模仿的权利，其目的在于为知名品牌的培育和成长创造有利空间，防止因仿冒行为影响知名品牌的发展。因此，认定《反不正当竞争法》所称的知名商品是为保护具有区别商品来源意义的商品特有名称、包装和装潢服务的，只要其在相关公众中具有一定的知名度即可，并不要求为相关公众广为知晓。

笔者认为，从维护合法经营者权益、保护和培育市场品牌、维护正常的市场竞争秩序、制止不正当竞争行为的角度出发，司法机关对“知名商品”的认定标准不应过于严苛。只要某种商品在一定范围内为相关消费者所知晓，具有一定的市场占有率和市场覆盖率，就应当认定为“知名商品”。相关消费者是否知晓、商品是否有很高的市场占有率或很高的市场覆盖率，均不能成为认定“知名商品”的实质障碍。评判某种商品是否为“知名商品”，还应考虑仿冒此种商品是否客观上会造成相关消费者的混淆和误认，从而损害消费者的合法权益及合法经营者的正常经营活动。如果仿冒行为确实造成相关消费者的混淆和误认，破坏了市场竞争秩序，就应当依法认定被仿冒商品为“知名商品”，以体现我国《反不正当竞争法》对不正当竞争行为的否定性评价，更好地发挥反不正当竞争法在市场经济活动中的规范作用。

本案中，艺 × 公司使用的商品名称、包装装潢与帕 × 洛公司使用的商品名称、包装装潢在视觉上基本无差别，足以使购买者误认为艺 × 公司与帕 × 洛公司存在某种关联，造成购买者无法区别两者的商品，这不但误导了广大消费者，也扰乱了正常的市场竞争秩序。艺 × 公司也承认有消费者将其生产的钢笔寄至帕 × 洛公司处维修。这足以说明，相关公众已经对商品的来源产生误认，完全符合我国《反不正当竞争法》所规定的仿冒行为构成要件。

本案中，原告商品名称为"毕加索"，但并未将此名称注册为商标，发现自身产品被仿冒后，不能寻求《商标法》保护，只能使用《反不正当竞争法》进行维权。而《反不正当竞争法》对商品名称的保护，需要证明该商品名称"有一定影响"，这无疑加大了原告维权的证明责任和维权难度。倘若原告在使用商品名称之初就申请注册商标，则在后续维权过程中就会便利很多。另外，原告在设计完成涉案包装装潢后，曾向国家知识产权局申请外观设计专利并获得授权，但因原告认为外观设计对企业没有价值，故中途放弃缴纳专利维持费致使专利权终止。后续发现仿冒包装装潢后，也无法使用外观设计专利进行维权。从本案可以看出，知识产权法对智力成果的保护是全方位的，但因为《商标法》《专利法》等法律在证明权利基础方面较《反不正当竞争法》更为直接和明确，所以权利人采用《商标法》《专利法》进行维权较《反不正当竞争法》更便捷，《反不正当竞争法》只是权利人无法使用《商标法》《专利法》维权时，对权利保护的一种补充。笔者希望企业能够认识到这一点，尽量挖掘智力成果可能涉及的知识产权，并分别申请商标、专利、版权等，而且应做好这些知识产权的维护工作，防止因为疏于维护，导致权利终止，造成维权障碍。

案例 2：某牛公司与某程公司不正当竞争纠纷上诉案[①]

◆案情简介

某牛公司成立于 2006 年 12 月 18 日，某牛公司旗下的某牛旅游网提供在

① 案号：（2016）苏民终 675 号。

线旅游服务，包括全国64个城市出发的旅游产品预订服务，还提供跟团游、自助游、自驾游及出境游等多种旅游产品。某程公司成立于2004年3月10日，某程公司创建的某程旅游网为国内电子旅游商务平台，提供出境游、国内游、酒店预订等旅游服务。

一审法院查明，点击进入某程旅游主界面，上端有以下文字："爆牛放血价出境戳戳立减。"某程旅游页面中显示以下文字和图案："出境全面超越某牛，同时配有拳击牛魔王的图案；屠牛行动，每日一图。配图：牛魔王，配文：妖言惑众牛魔王，花样百出爱浮夸！……咱们就是要'屠'牛价格、'屠'牛脾气！……画面文案：有啥好牛，TO某牛，没有同样低价！只有至少比你再低100！我比某牛低4000……"某牛公司的委托代理人使用公证处电话拨打某程网客服电话进行通话，询问在其广告中所称某牛指哪家，某程网客服答复：应该是某牛。

某牛公司一审诉称：某程公司在其公司网站、手机App、微信公众号、公共场所实施了一系列恶意宣传行为，其矛头直接指向某牛公司，严重破坏了某牛公司的形象，损害了公众对某牛公司旅游服务的信赖，并通过贬损某牛公司旅游服务的方式抬高某程公司自身的旅游服务，属于针对某牛公司的商业诋毁以及不正当竞争行为。某程公司的上述行为，违背基本的商业道德和诚信原则，严重侵害了某牛公司的商业信誉、商品声誉，并给某牛公司造成了重大经济损失。遂诉至法院，请求判令某程公司停止侵犯某牛公司权益的不正当竞争行为；赔礼道歉、消除影响；赔偿某牛公司经济损失人民币200万元，承担本案诉讼费以及某牛公司为制止侵权行为支付的律师费23万元、公证费6000元及其他合理费用等。

某程公司一审辩称：1. 其未利用广告或其他方法，对商品质量等作引人误解的虚假宣传，亦未捏造、散布虚假事实损害某牛公司的商业信誉。其在微信公众号中使用了"牛魔王"作为故事素材，属于文学再创作，并未指向某牛公司。"屠牛""爆牛"系网络语言，并无贬损某牛公司之意。其使用"屠牛""爆牛"文字是针对旅游行业的价高、服务差等违法行为。其宣传图文均未指向某牛公司，并没有对某牛公司构成诋毁的不正当竞争行为。2. 其享有较高的声誉，无须诋毁他人抬升自己的地位获取利益。3. 某牛公司主张的经济赔偿无任何事实和法律依据，且明显过高。

◆法院裁决

一审法院认为：某牛公司与某程公司同属在线旅游服务提供商，其业务范围均有网络在线旅游服务业务，两者具有商业竞争关系。某程公司将系列图片配以“屠牛”“爆牛”及相应文字置于微信公众号、手机 App 及其公司网站等特定场所，通过明示或暗示语言指向竞争对手，进行广告宣传，易使相关公众对上述图案产生联系及想象。某程公司的上述行为，以明显夸张的方式丑化竞争对手的商业形象，并通过对比宣传诋毁竞争对手，进行恶意竞争，损害竞争对手的商业信誉、商品声誉，导致某牛公司客户的流失，进而导致某牛公司市场份额减损。某程公司的行为属于散布虚伪事实、损害竞争对手的商业信誉的不正当竞争行为，应承担相应的民事责任。

二审法院认为：某程公司的行为很容易使相关公众联想到某牛公司，具有明确的指向。某程公司的宣传内容指向某牛公司，在贬损某牛公司服务和商誉的同时，片面、夸张地宣传自己的服务，即进行所谓的“对比宣传”，且用语激烈、图案夸张，甚至含有暴力的内容，其行为明显超出正当宣传、合法竞争的边界。某程公司的行为足以导致相关公众对于某牛公司的产品和服务产生错误认识，亦必将对某牛公司的商誉产生负面影响。据此，一审判决判定某程公司实施了虚假宣传和商业诋毁行为，构成不正当竞争，并无不当。

◆案例评析及法律风险提示

本案涉及适用我国《反不正当竞争法》中关于虚假宣传和商业诋毁方面的法律条款。虚假宣传和商业诋毁是企业在日常经营过程中，较为常见的两类不正当竞争行为，特别是在同行竞争对手之间，时常因为在广告中散布不实信息或恶意诋毁他人而构成不正当竞争。《反不正当竞争法》第八条第一款规定：经营者不得对其商品的性能、功能、质量、销售状况、用户评价、曾获荣誉等作虚假或者引人误解的商业宣传，欺骗、误导消费者。第十一条规定：经营者不得编造、传播虚假信息或者误导性信息，损害竞争对手的商业信誉、商品声誉。

本案中，首先，某程公司与某牛公司均属知名度较高的在线旅游服务提供商，某程公司在宣传中大量使用“牛”的图案、“屠牛行动”等用语，而某牛公司的字号为“某牛”，结合某牛公司的行业地位、字号的知名度以及与某程公司的竞争关系，很容易使相关公众联想到该宣传具体指向某牛公司。其次，某程公司在微信公众号中宣称“九大保障？有啥好牛！”“服务中心 50 家？有啥好牛！”“0 元 Wi-Fi？有啥好牛！”“旅游金融？有啥好牛！”等，而“九大保障”“服务中心 50 家”“0 元 Wi-Fi”“旅游金融”等均系某牛公司的主要产品和特色服务。另外，某牛公司与某程公司客服人员的电话录音，也在一定程度上印证了某程公司的行为直接指向某牛公司。某程公司的宣传内容指向某牛公司，在贬损某牛公司服务和商誉的同时，片面、夸张地宣传自己的服务，即进行所谓的“对比宣传”，且用语激烈、图案夸张，甚至含有暴力的内容，其行为明显超出正当宣传、合法竞争的边界。

本案某程公司的行为及法院最终的判决，值得我们深思。诚然，广告作为企业宣传自身形象及商品或服务的有力手段，在市场经济中发挥着越来越重要的作用，但因广告的传播速度较快，传播范围较广，故一旦广告宣传超出合理边界，极容易引发不正当竞争。特别是有些企业，喜欢拿自己的商品与竞争对手进行对比，以此来说明自身产品的质量、性能优越。殊不知，这种“对比广告”极易涉嫌虚假宣传或商业诋毁，这需要我们的企业在反不正当竞争管理方面或广告审核方面加大力度，杜绝此类广告的传播。

另外，诚实信用原则和商业道德，是判断是否构成不正当竞争行为的根本准则，企业任何的市场竞争行为均应在该原则下进行。事实上，只要心中装着这两个原则，任何个人或单位均有能力去判断某种行为是否构成不正当竞争，从而可以最大限度地避免今后因为不正当竞争行为引发的各种纠纷。

案例 3：甲公司与乙技术公司、乙科技公司不正当竞争纠纷上诉案[①]

◆案情简介

甲公司是 ×× 微博的经营人，是网站 www.w××bo.com、www.w××bo.com.cn、www.w××bo.cn 的备案人。乙技术公司、乙科技公司共同经营 × 脉软件及 × 脉网站（网址为 http://×××mai.cn）。乙科技公司为 × 脉网站备案人。

一审中，双方均提交了 ×× 微博开放平台的《开发者协议》，证明双方曾通过微博平台 Open API 进行合作。甲公司表示，根据《开发者协议》，乙技术公司、乙科技公司仅为普通用户，可以获得 ×× 微博用户的 ID 头像、好友关系（无好友信息）、标签、性别，无法获得 ×× 微博用户的职业和教育信息，但乙技术公司、乙科技公司违反了《开发者协议》，使大量未注册为 × 脉用户的 ×× 微博用户的相关信息也展示在 × 脉软件中，且双方合作终止后，乙技术公司、乙科技公司仍使用大量非 × 脉用户的微博用户信息。乙技术公司、乙科技公司认为，甲公司在微博开放平台对开发者获取用户信息给予不同的访问授权级别，乙技术公司、乙科技公司为最高级别权限。

甲公司主张乙技术公司、乙科技公司实施了四项不正当竞争行为：第一项行为指非法抓取、使用 ×× 微博用户信息，用户信息包括头像、名称、职业信息、教育信息、用户自定义标签及用户发布的微博内容；第二项行为指非法获取并使用 × 脉注册用户手机通信录联系人与 ×× 微博用户的对应关系；第三项行为指乙技术公司、乙科技公司模仿 ×× 微博加 V 认证机制及展现方式；第四项行为指乙技术公司、乙科技公司发表的网络言论对其构成商业诋毁。甲公司向一审法院起诉请求：1. 乙技术公司、乙科技公司立即停止四项不正当竞争行为；2. 在 www.×××mai.cn 网站首页显著位置及 App 应用显著位置连续三十天刊登声明，消除影响；3. 赔偿甲公司经济损失 1000 万元及合理开支 30 万元。

乙技术公司、乙科技公司辩称：1. 乙技术公司、乙科技公司在与甲公司

---

① 案号：（2016）京 73 民终 588 号。

合作期间取得并使用××微博用户的职业信息、教育信息系合法获取、合法使用；2. 乙技术公司、乙科技公司获取并使用非×脉用户的××微博信息具有合法性，并未违反《开发者协议》或《×脉服务协议》之约定；3. 获取并使用用户的职业信息、教育信息正是×脉作为职场社交软件最核心的功能之一，×脉软件获取并使用用户的职业信息、教育信息属于为程序运行和实现功能之必要目的，符合《开发者协议》的约定，具有正当性；4. 乙技术公司、乙科技公司在合作结束后已按照《开发者协议》的约定删除从××微博获取的相关用户信息，并不存在合作结束后非法使用××微博用户信息的行为，且数据清理过程中尽到了合理、审慎的注意义务，并体现出诚信原则，不存在违反《开发者协议》的情形；5. 乙技术公司、乙科技公司从未展示×脉用户手机通信录联系人与××微博用户的对应关系，其获取该等对应关系并非通过手机号进行匹配，且获取和使用该等对应关系并未侵犯××微博的竞争商业利益，亦未危害××微博用户的信息安全；6. 乙技术公司、乙科技公司在相关网络媒体发表的声明及陈述的内容均具有事实依据和真实来源，并未捏造和散布虚伪事实。

◆法院裁决

一审法院认为：双方在对相关用户社交类信息的使用等方面存在竞争利益，具有竞争关系。乙技术公司、乙科技公司在合作期间未根据与甲公司的协议，申请职业信息、教育信息 Open API 接口，即从微博开放平台获取××微博用户的职业信息、教育信息。在双方合作结束后，乙技术公司、乙科技公司未按协议要求及时删除相关用户信息，仍将包括××微博用户职业信息、教育信息在内的相关信息用于×脉软件，该行为不符合《开发者协议》的约定。乙技术公司、乙科技公司的行为违反了诚实信用的原则，违背了公认的商业道德，危害到××微博平台用户信息安全，损害了甲公司的合法竞争利益，对甲公司构成不正当竞争。

二审法院认为：乙技术公司、乙科技公司获取××微博信息的行为存在主观过错，违背了在 Open API 开发合作模式中，第三方通过 Open API 获取用户信息时应坚持“用户授权”+“平台授权”+“用户授权”的三重授权原则，违反了诚实信用原则和互联网中的商业道德，故，乙技术公司、乙科技公司获取并利用 ×× 微博用户信息的行为不具有正当性。乙技术公司、乙科技公司未经 ×× 微博用户的同意及 ×× 微博的授权，获取、使用 × 脉用户手机通信录中非 × 脉用户联系人与 ×× 微博用户对应关系的行为，违反了诚实信用原则及公认的商业道德，损害了互联网行业合理有序公平的市场竞争秩序，构成不正当竞争。乙技术公司、乙科技公司在公开声明中没有客观、完整地呈现双方终止合作的前因后果，披露方式显属不当，将会误导 ×× 微博用户及其他相关公众对甲公司产生泄露用户信息、非法获取用户信息的错误评价，损害甲公司的商业信誉，构成商业诋毁。

◆案例评析及法律风险提示

本案是一起涉及互联网不正当竞争方面的案例，也是近几年来在互联网领域时常发生的典型案件。案件的争议焦点主要是：一、乙技术公司、乙科技公司获取、使用 ×× 微博用户信息的行为是否构成不正当竞争行为；二、乙技术公司、乙科技公司获取、使用 × 脉用户手机通信录联系人与 ×× 微博用户对应关系的行为是否构成不正当竞争行为；三、乙技术公司、乙科技公司是否对被上诉人甲公司实施了商业诋毁行为。两审法院都认为乙技术公司、乙科技公司的行为构成不正当竞争，应当承担相应的责任。

本案主要适用了旧《反不正当竞争法》第二条“一般条款”及第十四条“商业诋毁条款”。鉴于实践中新类型的不正当竞争行为层出不穷，对于我国《反不正当竞争法》尚未纳入具体不正当竞争规制范围的行为，司法机关通常会寻求“一般条款”的支持。但并非任何不正当竞争行为均可以适用一般条款进行规制。最高人民法院在“某食品进出口公司等与某贸易有限公司等不正当竞争纠纷再审案”[①]中提出，适用《反不正当竞争法》第二条认定构成不正当竞争应当同时具备以下条件：1. 法律对该种竞争行为未作出特别规定；2. 其他经营者的合法权益确因该竞争行为而受到了实际损害；3. 该种竞争行为因确属违反诚实信用原则和公认的商业道德而具有不正

---

① 案号：（2009）民申字第 1065 号。

当性。

二审法院基于互联网行业中技术形态和市场竞争模式与传统行业存在显著差别，为保障新技术和市场竞争模式的发展空间，认为在互联网行业中适用《反不正当竞争法》第二条更应秉持谦抑的司法态度，在满足上述三个条件外还需满足以下三个条件才可适用：4. 该竞争行为所采用的技术手段确实损害了消费者的利益，例如：限制消费者的自主选择权、未保障消费者的知情权、损害消费者的隐私权等；5. 该竞争行为破坏了互联网环境中的公开、公平、公正的市场竞争秩序，从而引发恶性竞争或者具备这样的可能性；6. 对于互联网中利用新技术手段或新商业模式的竞争行为，应首先推定具有正当性，不正当性需要证据加以证明。可见，二审法院在互联网领域适用该条款时，还重点考虑了该竞争行为对消费者利益的损害及对互联网新技术和商业模式的影响。

此外，二审法院还指出：从本案中被上诉人甲公司的举证情况可以看出，作为拥有上亿用户的大型社交网络平台的运营主体，其网站后台记录却未能保留全部获取 / 抓取日志，对于是否被爬虫抓取或通过其他手段抓取相关用户信息均存在举证不能的情况，这暴露出被上诉人甲公司作为大型互联网运营平台对于用户信息保护的责任意识与技术水平十分欠缺，亟待提高。互联网时代，保护用户信息是互联网企业的社会责任。互联网企业应当采取相应的技术措施反爬虫抓取用户数据信息并在后台就所有爬虫记录留存。

本案亦暴露出 Open API 合作开发模式存在的不足。Open API 即开放应用编程接口，是服务型网站常见的一种应用，网站的服务商将自己的网站服务封装成一系列 API 开放出去，供第三方开发者使用。Open API 是互联网新的应用开发模式，这种网络应用开发模式能够更好地发挥数据资源价值，实现开放平台方和第三方应用方之间的合作共赢。本案中，被上诉人甲公司作为 Open API 平台提供方，在其认为没有授予上诉人乙技术公司、乙科技公司相应权限的情况下，上诉人乙技术公司、乙科技公司已然通过 Open API 接口获取了相应信息，暴露出被上诉人对于 Open API 权限控制的漏洞。二审法院认为：鉴于 Open API 合作开发模式的巨大潜力以及在互联网大数据时代的积极作用，互联网企业在运用 Open API 开展合作开发时，不仅应将用户数据信息作为竞争优势加以保护，还应将保护用户数据信息作为企业的社会责任，采取相应的技术措施提升 Open API 合作模式中相应权限的控制，不断完善 Open API 合作模式。

本案在审理过程中所暴露出来的互联网企业在用户信息或大数据管控方面的漏洞是值得我们深思的。互联网经济已经渗透至我们生活的方方面面，任何以用户流量为基础进行营利的互联网商业公司均掌握着大量的用户信息，如果企业没有完善的技术措施和管理制度，这些用户信息很容易被盗用，从而损害社会公共利益和消费者的合法权益。互联网企业在飞速成长的同时，还应当有法律风险意识，应当遵守互联网环境中的公开、公平、公正的市场竞争秩序，不能为追逐利益而无视竞争规则和用户权益。正如二审法院在判决书中所说的：互联网 + 大数据时代，用户数据安全与商业化利用是形影不离的两个问题，只有在充分尊重用户意愿，保护用户隐私权、知情权和选择权的前提下，才能更好地利用数据信息，促进网络经济的发展，进而增进消费者福祉，营造公平有序的互联网竞争环境。

案例 4：晶华宝岛北京公司与福建宝岛公司侵害商标权及不正当竞争纠纷再审案[①]

◆案情简介

案外人宝岛光学股份有限公司（FORMOSA POTICAL CO.,LTD）系在我国台湾地区注册成立的公司，分别于 1994 年 11 月 28 日和 2000 年 5 月 7 日注册取得第 772859 号图文组合商标和第 1394755 号“宝岛”文字商标（以下简称涉案两商标）在第 42 类眼镜行（包括验光、配镜、修缮等服务）上的注册商标专用权。其后十年间，涉案两商标经历了四次转让和两次注册

① 案号：（2020）最高法民再 380 号。该案取自《最高人民法院知识产权案件年度报告（2020）》，参见最高人民法院民事审判第三庭编：《最高人民法院知识产权审判案例指导：最高人民法院知识产权案件年度报告及案例全文（第 13 辑）》，中国法制出版社 2021 年版，第 694~709 页。

人名义变更。具体为：2000 年 8 月 7 日，宝岛光学股份有限公司变更注册人名义为“宝岛光学股份有限公司（台湾）”；2002 年 5 月 31 日，该公司被转让给位于江苏省丹阳市的宝岛光学科技有限公司；2006 年 1 月 21 日，又被转让给位于江苏省丹阳市的丹阳海伦隐形眼镜有限公司；2008 年 9 月 9 日，注册人名义和地址变更为位于江苏省丹阳市的江苏海伦隐形眼镜有限公司；2009 年 6 月 21 日，再次被转让给了位于江苏省丹阳市的江苏东方光学有限公司；2010 年 8 月 13 日，涉案两商标被转让给了位于我国香港特别行政区的宝岛眼镜商业咨询有限公司。2010 年 9 月 1 日，宝岛眼镜商业咨询有限公司与再审申请人（一审原告、二审上诉人）晶华宝岛北京公司签订许可合同，许可晶华宝岛北京公司在 2010 年 8 月 25 日至 2014 年 11 月 27 日独占享有在第 42 类眼镜行服务上使用该注册商标的权利，若在该许可期限内发生针对该商标的侵权行为，晶华宝岛北京公司有权单独向人民法院提起诉讼。

2005 年 12 月 9 日，福建省莆田市中级人民法院审理了案外人宝岛光学科技有限公司与福州康明宝岛眼镜有限公司、福州宝岛公司侵害商标权及不正当竞争纠纷一案，并于 2006 年 9 月 28 日作出判决，认定福州康明宝岛眼镜有限公司成立于 2004 年 1 月 9 日，并于同年开始承包经营福州宝岛公司的第一经营部；福州康明宝岛眼镜有限公司在店面招牌、玻璃门窗、眼镜盒、眼镜布上仅仅使用“宝岛眼镜”文字的行为构成商标侵权；福州宝岛公司虽曾于 2004 年 12 月 6 日与宝岛光学科技有限公司达成和解，约定停止在店招、眼镜盒、眼镜布及交易文书、广告宣传（促销）单上仅使用“宝岛眼镜”字样，但未能制止其承包商——福州康明宝岛眼镜有限公司的上述突出使用“宝岛眼镜”字样的行为，因而应就福州康明宝岛眼镜有限公司向宝岛光学科技有限公司负有的赔偿义务承担连带责任。

2013 年 5 月 21 日，晶华宝岛北京公司通过公证方式发现被申请人（一审被告、二审被上诉人）福建宝岛公司在其公司网站的页面上，以及特许经营过程中，使用有“宝岛眼镜（连锁）公司”“宝岛眼镜”“宝岛眼镜（连锁）”字样。福建宝岛公司法定代表人兼股东陈某在 2006 年前担任福州宝岛公司总经理。

◆法院裁决

一审法院认为：福建宝岛公司在网页宣传和特许经营活动中使用“宝岛眼镜”“宝岛眼镜（连锁）”“宝岛眼镜（连锁）公司”字样的行为，突出使用了其企业字号“宝岛”，且造成了相关消费者的误认，构成对涉案两商标权的侵害。但没有证据证明福建宝岛公司在企业名称中使用“宝岛”字样的行为具有攀附涉案两商标商誉的故意，相反，福建宝岛公司举证证明了其将“宝岛”字样用于企业名称具备正当理由，再考虑到晶华宝岛北京公司亦未能举证证明涉案两商标在福建宝岛公司成立时已达到了其他企业的名称避让“宝岛”字样的知名程度，且“宝岛”字样在眼镜行业中的商誉并非仅来源于涉案两商标的使用，福建宝岛公司对此也有贡献，眼镜行市场中混淆了“宝岛”字样所指示服务提供者及消费者有所误认的局面，既是福建宝岛公司不规范使用企业名称的后果，也与涉案两商标的利害关系人怠于行使权利和广告宣传不当相关，故福建宝岛公司在企业名称中使用“宝岛”字样的行为不构成对晶华宝岛北京公司的不正当竞争，不应当承担停止在企业名称中使用“宝岛”字样的法律责任。

二审法院认为：福建宝岛公司在其公司网页上，以及特许经营活动中突出使用“宝岛眼镜”“宝岛眼镜（连锁）”“宝岛眼镜（连锁）公司”等字样的行为侵犯了涉案两商标专用权。但福建宝岛公司在注册成立时，在企业名称中使用“宝岛”字样，是经案外人福州宝岛公司授权使用，具有合法性。福州宝岛公司成立于 1992 年，早于涉案注册商标。在福建宝岛公司设立时，福州宝岛公司根据福州市工商行政管理局的要求出具了申明函，并且作为福州宝岛公司的唯一股东即康明集团也向福州市工商行政管理局出具了相应的授权书和声明，明确表达了福州宝岛公司及其股东均同意福建宝岛公司在企业名称中使用“宝岛”字样的意思表示。另外，“宝岛”品牌的知名度不仅来源于涉案两商标的使用，也来源于福建宝岛公司的经营活动。故福建宝岛公司注册含有“宝岛”字样的企业名称并使用至今不构成不正当竞争。

再审法院认为：从现有证据来看，尚不足以证明福建宝岛公司在注册时已经从福州宝岛公司处获得了“宝岛”字号的绝对权益并可以据此对抗他人在先注册商标专用权。涉案两商标在眼镜行等服务上享有在先注册商标专用权，且在福建宝岛公司成立之时已经具有一定的知名度，福建宝岛公司企业名称“宝岛”与涉案两商标的主要识别部分相同，容易引起公众对其服务来源产生混淆。福建宝岛公司主要是通过简化企业名称的方式突出使用“宝岛”字号，这种突出使用方式在一定程度上能够证明福建宝岛公司在注册“宝岛”字号及使用时具有攀附“宝岛”商标声誉、搭便车的主观故意，其行为在性质上属于违背诚实信用原则。对于违反诚实信用原则，使用与他人注册商标中的文字相同或者近似的企业字号，足以使相关公众对其商品或者服务的来源产生混淆的，构成不正当竞争。为了避免消费者的混淆，保护经营者和消费者的合法权益，维护公平的市场竞争秩序，福建宝岛公司应当停止在企业名称中使用“宝岛”字号。

◆案例评析及法律风险提示

本案是关于商标侵权及不正当竞争纠纷案件，针对被告福建宝岛公司在网页宣传和特许经营活动中使用“宝岛眼镜”“宝岛眼镜（连锁）”“宝岛眼镜（连锁）公司”字样的行为，突出使用其企业字号“宝岛”，是否构成商标侵权，各级法院均观点一致，认为被告的这种行为造成了相关消费者的误认，构成商标侵权。但针对被告福建宝岛公司在企业名称中使用“宝岛”字样的行为是否构成不正当竞争，一、二审法院与再审法院观点不同。一审法院和二审法院均认为，被告在注册成立时，在企业名称中使用“宝岛”字样，是经案外人福州宝岛公司授权使用，具有合法性和合理理由，且“宝岛”品牌的知名度不仅来源于涉案两商标的使用，也来源于福建宝岛公司的经营活动，若仅通过福建宝岛公司停止在企业名称中使用“宝岛”字样的方式来达到防止误认、消除混淆的效果，有失公允。

再审法院则认为，本案涉及企业名称、字号与在先商标权的冲突。对于注册商标与企业名称、字号之间的冲突，应当区分不同情况，按照诚实信用、保护在先权利、维护公平竞争和避免混淆等原则，依法处理。如果注册使用企业名称的行为本身并不具有恶意，只是在实际使用过程中，由于企业名称的简化使用、突出使用等不规范使用行为，导致相关公众将其与他人注册商标产生混淆误认的，属于商标侵权行为，可以要求相关企业规范使用其企业名称。如果注册使用企业名称的行为本身缺乏正当性，不正当地将他人具有较高知名度的在先注册商标作为字号注册登记为企业名称，即使规范使用仍容易产生市场混淆的，也可以按照不正当竞争行为加以处理。福建宝岛公司在福州设立时，其明知涉案两商标已经在眼镜行服务上获准注册，且在眼镜行业具有一定的知名度，仍注册并使用，有违诚实信用原则。对于违反诚实信用原则，使用与他人注册商标中的文字相同或者近似的企业字号，足以使相关公众对其商品或者服务的来源产生混淆的，构成不正当竞争。

本案再审法院改判被告构成不正当竞争，主要是从被告主观恶意、客观上突出使用“宝岛”字样的行为，以及与在先注册商标权产生冲突等方面来论述被告构成不正当竞争，并在判决中确立了解决知识产权权利冲突的处理原则，即诚实信用、保护在先权利、维护公平竞争和避免混淆，为类似案件提供了借鉴。本案中，被告在成立时，其实已经知晓在先的涉案“宝岛”商标，但仍然使用“宝岛”字号注册企业名称，没有进行主动避让，且在实际经营过程中突出使用该字号，造成相关公众混淆误认，最终被法院判决更改字号。可见，其多年来为该字号投入的宣传付之东流。所以，企业在市场经济活动中，应当遵循诚信原则，不要存在侥幸心理，故意傍名牌，特别是打算长期经营的企业，在设立之初，就应当做好企业名称、字号、商标、品牌规划，主动避让在先的、相同或近似商业标识，为自己后续的品牌宣传和投入奠定合法基础。

另外，作为原告，晶华宝岛北京公司也没有积极维权，一审判决指出，晶华宝岛北京公司虽明知福建宝岛公司的企业名称与涉案两商标权存在冲突，但并未及时对福建宝岛公司的企业名称注册和使用行为提出过异议，自福建宝岛公司 2006 年成立后，直至 2013 年才提起本案诉讼。在其间的七年内，晶华宝岛北京公司作为涉案两商标的独占被许可使用人，怠于行使权利，放任了权利冲突导致的市场混淆局面和相关消费者的误认发生并持续存在。这也导致了一审法院和二审法院认为，如若造成了市场混淆的后果，晶华宝岛北京公司也负有不可推卸的责任。笔者认为，这其实对作为权利人的原告企业也提出了警示，《反不正当竞争法》除了要保护经营者之间的公平竞争、合法权益，还要保护消费者的合法权益，所以权利人一旦发现市场混淆行为，应当积极维权，这不仅是在维护自身权益，更是对消费者负责任的体现。放任混淆行为，会损害消费者的利益，最终也不利于自己的维权活动。

第五节　企业反不正当竞争管理制度范本

一、总则

第一条　为规范本公司的市场竞争行为，防范可能出现的不正当竞争法律风险，保护好本公司的知识产权和商业信誉、商品声誉，有力地打击侵害本公司商业利益的不正当竞争行为，根据我国《反不正当竞争法》，结合本公司具体情况，制定本制度。

第二条　本公司反不正当竞争管理制度目标：建立合法、有效的反不正当竞争管理体系，使企业在市场交易过程中，严格遵守法律、法规，从事公平的竞争行为，使本公司员工在日常工作中牢固树立不正当竞争风险意识，自觉遵守商业道德，维护企业声誉和商品信誉，保障公司的各项市场行为健康发展。同时，针对他人实施的不正当竞争行为，能够有效应对，减少对企业产生的不利影响。

第三条　反不正当竞争有关的名词解释：

不正当竞争行为，是指经营者在生产经营活动中，违反本法规定，扰乱市场竞争秩序，损害其他经营者或者消费者的合法权益的行为。

经营者，是指从事商品生产、经营或者提供服务（以下所称商品包括服务）的自然人、法人和非法人组织。

企业名称，是指企业登记主管机关依法登记注册的企业的名字，以及在中国境内进行商业使用的外国（地区）企业的名字。具有一定的市场知名度、为相关公众所知悉的企业名称中的字号，也可以认定为企业名称。

第四条　因本公司关于商业秘密的管理制度有另行规定，故本制度中就不再涉及商业秘密管理方面的制度。

二、反不正当竞争管理部门

第五条　公司总经理主管和协调本公司反不正当竞争管理工作，对公司反不正当竞争管理工作全面负责。

第六条　公司设立知识产权部，知识产权部在总经理领导下具体负责公司的反不正当竞争管理工作，以及与反不正当竞争有关的法律事务。具体职责如下：

（一）对公司各部门进行反不正当竞争法律培训，并向公司各部门提供与反不正当竞争有关的咨询，提高员工合法的商业竞争意识；

（二）制定公司反不正当竞争管理的各项规范，并监督执行；

（三）对公司各部门或员工实施的不正当竞争行为进行调查，并代表公司提出整改措施，追究相关责任人的法律责任；

（四）建立公司反不正当竞争管理档案，并确保档案的完整性和安全性；

（五）负责应对各类不正当竞争纠纷，针对他人实施的不正当竞争行为进行调查、投诉或提起诉讼，协调与外部律师的案件代理工作，监控案件办理进度，最大限度地维护公司合法利益；

（六）其他与反不正当竞争管理有关的事务。

三、不正当竞争行为

第七条　经营者在市场交易中，应当遵循自愿、平等、公平、诚实信用的原则，遵守公认的商业道德。

第八条　经营者不得实施下列混淆行为，引人误认为是他人商品或者与他人存在特定联系：

（一）擅自使用与他人有一定影响的商品名称、包装、装潢等相同或者近似的标识；

（二）擅自使用他人有一定影响的企业名称（包括简称、字号等）、社会组织名称（包括简称等）、姓名（包括笔名、艺名、译名等）；

（三）擅自使用他人有一定影响的域名主体部分、网站名称、网页等；

（四）其他足以引人误认为是他人商品或者与他人存在特定联系的混淆行为。

第九条 经营者不得采用财物或者其他手段贿赂交易相对方或者可能影响交易的第三方。交易相对方或者可能影响交易的第三方不得收受贿赂。可能影响交易的第三方，是指可能利用职权对交易产生影响的单位和个人。

经营者在交易活动中，可以以明示方式向交易相对方提供折扣，或者向中间人支付佣金。经营者向交易相对方提供折扣、向中间人支付佣金的，应当如实入账。接受折扣、佣金的经营者也应当如实入账。

经营者的员工利用贿赂为经营者谋取交易机会或者竞争优势的，应当认定为经营者的行为；但是，经营者有证据证明属于员工个人行为的除外。

第十条 经营者不得利用广告或者其他方法，从事虚假或者引人误解的商业宣传，不得进行虚假交易。

第十一条 经营者销售商品，不得违背购买者的意愿搭售商品，不得附加其他不合理的条件。

第十二条 经营者有奖销售不得存在下列情形：

（一）所设奖的种类、兑奖条件、奖金金额或者奖品等有奖销售信息不明确，影响兑奖；

（二）采用谎称有奖或者故意让内定人员中奖的欺骗方式进行有奖销售；

（三）抽奖式的有奖销售，最高奖的金额超过二万元。

第十三条 经营者不得捏造、散布虚伪事实，损害竞争对手的商业信誉、商品声誉。

第十四条 经营者不得利用技术手段，通过影响用户选择或者其他方式，实施下列妨碍、破坏其他经营者合法提供的网络产品或者服务正常运行的行为：

（一）未经其他经营者同意，在其合法提供的网络产品或者服务中，插入链接、强制进行目标跳转；

（二）误导、欺骗、强迫用户修改、关闭、卸载其他经营者合法提供的网络产品或者服务；

（三）恶意对其他经营者合法提供的网络产品或者服务实施不兼容；

（四）其他妨碍、破坏其他经营者合法提供的网络产品或者服务正常运行的行为。

四、对不正当竞争行为的管理与防范

第十五条　本公司应对企业名称（简称、字号）、商品名称、包装、装潢、域名等商业标识进行持续宣传，并保存相关宣传合同、发票、广告载体等文件资料。

第十六条　知识产权部应建立投诉渠道，接受公司内外的监督，针对公司部门或员工实施的危害本公司合法利益的不正当竞争行为进行调查和处理。

第十七条　公司市场部设计或委托第三方广告公司设计的广告文案、图片、文字、视频等信息，须经过知识产权部审核通过后，方能对外公布和发表。

第十八条　知识产权部应严格审核公司对外出具的各种宣传材料，严格按照《反不正当竞争法》《广告法》等相关法律规定来判断是否涉嫌不正当竞争，如构成，应及时提出整改方案，监督整改执行。

第十九条　公司对外签订的经销商合同、销售合同等，不得设置不合理的搭售条件或附加条件。该类合同须经过知识产权部审批通过后，方可对外签署。

第二十条　公司对外举办的各种市场促销活动或宣传活动，应在举行之日起一个月前将活动方案报知识产权部审批，未经审批的，该活动不得举行。

第二十一条　公司员工或高级管理人员接受媒体采访，应遵循实事求是和诚实信用的原则，避免发表贬低竞争对手商业信誉和商品声誉的言论，新闻稿件须经过知识产权部审核后，方可发表。

第二十二条　知识产权部应当定期对公司官网、微信公众号、宣传手册、产品目录、户外广告牌、媒体广告、活动执行情况等进行巡查，及时发现问题，并向相关部门提出解决方案。

第二十三条　知识产权部应协助公司建立企业反不正当竞争管理档案，档案应当包括企业反不正当竞争管理制度及其配套的实施细则、员工的反商业贿赂承诺、诚信档案、各类审批的文件以及未能在其他知识产权管理档案中入档，但与知识产权和反不正当竞争有关的文件资料。

五、反不正当竞争纠纷解决机制

第二十四条　知识产权部负责公司反不正当竞争的市场监视工作，及时掌握市场上出现的对本企业造成损害的不正当竞争行为，对出现的不正当竞争行为，由知识产权部进行综合分析后提出应对措施建议。采取措施的决定由公司决策层做出，具体工作由知识产权部落实。

第二十五条　知识产权部可以根据案件的具体情况，呈报总经理批准后，委托外部律师进行案件的代理工作。知识产权部应当仔细核查律师的资质和专业能力，应当要求律师提供执业证复印件、律师简介、类似案件办理经历、初步的解决方案等材料，以评估律师的专业性。

第二十六条　委托外部律师办理案件的，知识产权部应当建立与外部律师的沟通机制，及时监控案件办理过程，审核律师提交的证据、法律文书、法律意见等材料，促使案件朝有利于公司的方向发展。

第二十七条　知识产权部应当在案件办理过程中，寻求不正当竞争纠纷的多种解决方式，在不损害公司利益的前提下，可以通过和解等非诉讼方式解决各类不正当竞争纠纷。和解协议需报总经理批准，特别重大的不正当竞争纠纷和解协议需由总经理报董事会批准。

六、责任与处罚

第二十八条　公司员工违反本制度，从事不正当竞争行为，侵害公司合法权益的，将按严重违反公司规章制度处理，造成严重后果的，公司将依法追究员工的法律责任。

第二十九条　公司各部门违反本制度的规定，从事不正当竞争行为，造成公司商誉或财产损失的，公司将对相关部门负责人进行处罚并视具体情况，追究其法律责任。

第三十条　知识产权部工作人员玩忽职守、履行职责不当，造成公司损失的，按照严重违反公司规章制度处理，且公司有权要求其进行赔偿，情节严重的，公司依法追究其相应的法律责任。

七、附则

第三十一条　本制度在执行过程中如有与国家发布的法律、法规相抵触的，以国家法律、法规为准。

第三十二条　本制度由公司董事会负责解释和修订。

第三十三条　本制度自发布之日起正式实施。

附录一：

关于全面推行《企业知识产权管理规范》国家标准的指导意见[①]

为全面推行《企业知识产权管理规范》（国家标准 GB/T 29490—2013，以下简称《规范》），指导企业通过策划、实施、检查、改进 4 个环节持续改进知识产权管理体系，规范生产经营全流程，进一步提高知识产权管理水平，提升企业核心竞争力，有效支撑创新驱动发展战略，现就推行《规范》提出以下意见。

一、总体要求

（一）指导思想。按照党的十八大和十八届三中、四中全会关于加强知识产权运用和保护、健全技术创新激励机制的总体要求，以促进企业技术创新为目标，以全面推行《规范》为抓手，坚持政府引导、市场驱动、统筹协调、分类指导的原则，构建政策引导体系，提升服务机构能力，加强认证市场建设，推动企业实现创新驱动发展。

（二）基本原则。

——政府引导。充分发挥政府在战略规划、政策制定、行业管理、公共服务和环境营造方面的作用，有效整合和聚集社会资源，推动实施《规范》成为企业参与市场竞争的重要手段。

——市场驱动。发挥市场在资源配置中的决定性作用，健全市场导向机

① 国家知识产权局，科学技术部，工业和信息化部，商务部，国家认证认可监督管理委员会，国家标准化管理委员会，中国人民解放军总装备部，国家国防科技工业局联合制定。国知发管字〔2015〕44 号，2015 年 6 月 30 日发布。

制，通过实施《规范》，发展市场化服务业态，打造企业知识产权优势，增强市场竞争能力。

——统筹协调。建立国家和地方各级有关部门共同推行《规范》的工作机制，坚持分工负责、统筹推进相结合，形成横向协调、纵向联动的工作局面。

——分类指导。基于我国区域经济发展不平衡的实际状况，综合考虑行业特征、企业特点等方面的差异，强化《规范》推行工作中的分类指导。

（三）主要目标。到 2020 年，在全国范围内建立符合创新发展需求的推行《规范》工作政策引导体系，构建市场秩序规范的咨询服务体系，形成遵循市场化机制的第三方认证体系，培养一支专业化的人才队伍。引导大部分具有创新优势的企业建立知识产权管理体系，企业知识产权运用和保护能力大幅提升，知识产权对企业竞争优势的贡献显著增强。

二、重点任务

（四）优化企业知识产权管理体系。推动各类企业实施《规范》，建立与经营发展相协调的知识产权管理体系，引导企业加强知识产权机构、制度和人才队伍建设，将知识产权管理贯穿生产经营全流程。引导涉及国家安全、国民经济命脉和重要关键领域的国有企业实施《规范》，加强知识产权管理体系建设，建立健全知识产权资产管理制度。深入实施中小企业知识产权战略推进工程，鼓励科技型中小企业实施《规范》，支持小微企业实行知识产权委托管理。制定武器装备承研承制单位知识产权管理规范，引导承担武器装备科研生产和配套任务的单位规范知识产权管理，提升国防科技创新能力和水平。

（五）建立咨询服务体系。出台激励措施，吸引各类知识产权咨询服务机构参与推行《规范》，鼓励和支持优秀的专利代理机构辅导企业实施《规范》，建立健全内部管理制度和辅导工作流程，提高服务质量和效率，培育一批高质量咨询服务机构，形成竞争有序的服务市场。建立咨询服务机构协调组织，加强对服务机构和从业人员的信用评价，引导健全行业自律规范，促进知识产权咨询服务业整体发展。

（六）加强认证体系建设。根据《国家认证认可监督管理委员会　国家知识产权局关于印发知识产权管理体系认证实施意见的通知》(国认可〔2013〕56号)要求，加快开展企业知识产权管理体系认证工作，引导和培育一批认证机构，推进认证能力建设，加强对认证机构的监督和指导，规范市场秩序，提升《规范》认证的社会公信力。支持认证机构参与国际交流，推进认证结果的国际互认。

(七)发挥各项政策引导作用。围绕产业转型升级和创新驱动发展，综合运用财政、税收、金融等政策引导企业完善知识产权管理体系，调动企业实施《规范》的积极性。推动大型骨干企业优先采购认证企业的产品，降低知识产权风险。完善高新技术企业认定管理办法，将认证情况作为高新技术企业认定的重要参考条件，积极推动企业知识产权管理体系认证与高新技术企业政策的衔接。鼓励外经贸企业建立和完善知识产权管理制度，提高防范国际贸易和投资活动中的知识产权风险和处理涉外知识产权事务的能力。鼓励引导认证企业申报高技术产业化项目、国家科技重大专项、中小企业发展专项等项目，申报国家技术发明奖、中国专利金奖评选等奖项。

(八)加大人才队伍建设力度。充分发挥各类知识产权培训机构的作用，建立《规范》培训业务体系。在知识产权工作实力较强的地区设立培训基地，培养一批深入了解《规范》内容和实务的专业性师资人才，编制培训教材。分层次对政府、服务机构、企业相关人员开展《规范》教育培训，培养一批了解标准化与认证管理、熟悉知识产权工作的人才队伍。开展知识产权内审员岗位培训，规范知识产权认证审核员培训、考核、评价制度和注册证书管理。

(九)营造公共服务环境。积极推进政府部门、服务机构和企业的对接，建立定期沟通机制，搭建交流平台，深入开展《规范》宣贯、专家辅导、意见征询等活动，推动典型经验的信息共享和交流。发挥中小企业知识产权集聚区功能，建立专利工作交流机制。通过政府购买服务等方式，依托中小企业知识产权辅导服务机构，加强对中小企业的培训、辅导和服务。

(十)持续完善《规范》推行体系。科学评测企业实施《规范》效果，及时修订相关内容，围绕不同类型企业实施《规范》的需求，进一步细化和规范知识产权管理体系。以推行《规范》为重点，充分发挥全国知识管理标准化技术委员会的平台作用，推动知识产权领域国家标准的制修订工作，逐步完善知识产权领域标准化管理体系。加大与国际标准化组织、知名机构的合作交流，积极参与制定知识管理国际标准。利用知识产权、标准化等专业性国际会议及各类论坛，加大推广宣传力度，持续提升《规范》影响力。

三、保障措施

（十一）加强组织领导。各有关部门要高度重视《规范》推行工作，建立统筹协调、分工协作的工作机制，加强沟通合作，明确工作职责，落实工作任务，重视监督指导，共同推动《规范》的贯彻落实，确保各项任务顺利开展。

（十二）狠抓贯彻落实。各有关部门要把推行《规范》作为提升企业核心竞争力的重要抓手，制定实施工作推进方案，切实加大工作力度和经费投入，积极推动企业实施《规范》。

（十三）突出重点区域。加强对各知识产权试点示范城市、试点示范区县的指导，重点依托各类高新技术产业园区、经济开发区、工业园区等产业集聚区，引导辖区内具有创新能力的企业实施《规范》。

（十四）注重实践与探索。围绕企业发展需要及面临的问题，总结提炼《规范》推行过程中的经验、做法和不足，持续研究完善《规范》内容，准确把握工作方向，充分发挥推行《规范》工作在支撑创新发展中的重要作用。

附录二：

工业企业知识产权管理指南[①]

1　范围

本指南规定了工业企业知识产权管理的基本要求、基础管理、运用管理、评价与改进等。

工业企业应结合企业知识产权管理实际，有所侧重，灵活运用。

本指南适用于我国工业和信息化领域内企业知识产权的规范化管理和管理水平评价。

2　引用文件

本指南主要引用以下文件：

GB/T 19000-2008　质量管理体系　基础和术语

GB/T 21374-2008　知识产权文献与信息　基本词汇

GB/T 29490-2013　企业知识产权管理规范

3　概念

下列概念适用于本指南。

3.1　知识产权

在科学技术、文学艺术等领域中，发明者、创造者等对自己的创造性劳动成果依法享有的专有权，其中包括专利、商标、著作权及相关权利、集成电路布图设计、地理标志、植物新品种、商业秘密、传统知识、遗传资源以及民间文艺等。

［GB/T21374-2008，术语和定义 3.1.1］

---

① 工信部科〔2013〕447 号，2013 年 11 月 8 日发布。

3.2 知识产权运用

知识产权运用是指各类市场主体依法获得、拥有知识产权，并在生产经营中有效利用知识产权，增强知识产权防卫能力，实现知识产权价值的活动。

4 基本要求

4.1 健全体系

设立知识产权工作机构，明确领导分工及职责，配备知识产权工作人员等；建立、健全知识产权组织管理体系。

4.2 建立制度

建立各类知识产权管理规章与制度，建立、健全企业知识产权内部管理规范和企业知识产权评价制度。

4.3 协同运用

注重知识产权协同运用，积极推动创新成果转化和知识产权产业化；有效管理知识产权的转让、许可、输出和引进，开展知识产权投融资活动；加强商标运用，创建企业品牌，实现和提升企业知识产权价值。

4.4 有效防卫

建立和完善知识产权防卫体系，制定切实有效的防卫措施。尊重、合法使用他人知识产权，充分利用知识产权制度规则，保障企业和权利人合法权益。

5 基础管理

5.1 机构管理

5.1.1 设置机构

企业应建立知识产权管理机构开展知识产权业务，或根据企业实际确定企业研发、技术、生产经营等相关业务主管部门开展知识产权业务，或根据需要委托专业机构代管；企业可配备专、兼职知识产权工作人员。

5.1.2 管理者职责

企业最高管理者是企业知识产权管理的第一责任人，应通过以下活动实现知识产权管理体系的有效性：

（1）制定知识产权方针；

（2）确定知识产权目标；

（3）明确知识产权管理的职责和权限，确保有效沟通；

（4）确保资源的配备；

（5）组织管理评审。

参见［GB/T29490–2013 GB/T29490–2013 5.1］

知识产权分管负责人职责如下：

（1）负责制定企业知识产权发展规划；

（2）负责策划建立企业知识产权管理体系，并推进实施；

（3）负责对企业知识产权各项工作的审查、监督和批准实施；

（4）负责企业重大知识产权事务的处理；

（5）负责协调企业内外有关知识产权工作；

（6）及时向最高管理者报告有关工作信息。

管理机构职责：

参见［GB/T29490–2013 5.4.2］

5.2　制度管理

企业根据需要可制定专门或综合性的知识产权管理制度。

企业各类知识产权管理制度在主要环节和流程上协调有序。企业知识产权管理制度体系完善，包括但不限于下列制度：（1）知识产权议事决策制度；（2）知识产权信息利用制度；（3）知识产权奖惩制度；（4）知识产权教育培训制度；（5）知识产权文件档案管理制度；（6）技术合同管理制度；（7）知识产权交易管理制度；（8）知识产权工作考核评价制度；（9）知识产权评估制度；（10）知识产权权属管理制度；（11）知识产权保密制度；（12）知识产权风险管理制度；（13）专利管理制度；（14）商标管理制度；（15）著作权管理制度；（16）商业秘密管理制度；（17）集成电路布图设计管理制度；（18）其他知识产权相关管理制度。

5.3　人力资源管理

5.3.1　知识产权普及教育

企业定期对员工提供必要的知识产权普及教育。

企业对新入职员工提供知识产权入职教育。

企业知识产权普及教育内容至少包括知识产权基本知识、企业的知识产权管理制度。

5.3.2　知识产权培训

企业应建立知识产权内部培训制度，针对企业内部不同部门及岗位，确定应具备的各种知识产权知识及技能，制定合适的培训方案。

企业应对管理层开展知识产权教育和培训，提高企业管理层知识产权意识和能力。

企业应对相关业务人员开展知识产权业务培训，确保研发、营销等相关人员具备知识产权业务知识，使其了解其工作与实现知识产权管理目标的关系；确保知识产权工作人员的知识、技能和经验达到本指南的要求。

企业应培训知识产权专职人员，使其了解：（1）知识产权相关法律；（2）知识产权申请程序、救济方式、侵害鉴定、诉讼仲裁、授权协议；（3）知识产权风险规避；（4）知识产权评价；（5）知识产权信息安全管理等。

企业应积极组织、参与知识产权论坛或活动，鼓励员工参与知识产权实践，增加处理知识产权纠纷等相关事务的实际经验。

5.4　财务管理

5.4.1　经费保障

企业应根据不同发展阶段和规模水平等实际情况为知识产权工作提供相应的经费预算，一般按企业研发经费的 1% ~ 5% 预算。预算包括日常工作经费和专项经费预算。

企业应提供知识产权相关工作经费保障，经费用于企业知识产权申请、注册、登记、维持和诉讼等事务，用于企业知识产权工作机构的人力成本、宣传培训、设备添置和日常开支等工作。

企业建立专项经费保障企业知识产权战略实施、知识产权数据库建设、知识产权预警分析、重大知识产权并购、海外知识产权布局等。

5.4.2　经费管理

企业应严格知识产权经费的管理，规范政府财政性知识产权专项资金的使用，必要时提供专项审计报告。

5.5　合同管理

企业应加强合同中的知识产权管理：（1）应建立健全合同审核机制，在合同签订流程上建立知识产权审查环节，并形成记录；（2）对检索与分析、预警、申请、诉讼、侵权调查与鉴定、管理咨询等知识产权对外委托业务应签订书面合同，并约定知识产权权属、保密等内容；（3）在进行委托开发或合作开发时，应签订书面合同，约定知识产权权属、许可及利益分配、后续改进的权属和使用等；（4）承担涉及国家重大专项等政府支持项目时，应了解项目相关的知识产权管理规定，并按照要求进行管理。参见［GB/T29490-2013 7.5］

企业应与入职员工、有关合作单位签订保密合同，确保企业的商业秘密得到有效保护。保密合同应清楚列明商业秘密范畴、用途与使用条件、保密义务内容、保密期限、保密津贴、违约处理等内容。

企业对新入职员工开展知识产权尽职调查，对于研发、生产、销售等与知识产权关系密切的岗位，要求新入职员工签订知识产权声明文件；对于涉及企业核心知识产权的在职员工签订竞业禁止协议；对离职员工进行相应的知识产权事项提醒。

6 运用管理

6.1 制定运用策略

企业应根据生产经营需要制定知识产权运用策略，明确专利、商标、著作权和商业秘密等在企业生产经营中的具体运用策略。

企业知识产权运用包括知识产权获得、实施、许可、转让、产业化等。

企业应规范知识产权运用流程，企业知识产权运用活动应遵循企业知识产权运用流程进行。

企业应结合发展需要，统筹开展专利、商标、著作权、商业秘密等类型的知识产权运用管理。

6.2 知识产权信息利用

6.2.1 知识产权信息获取

企业应根据知识产权战略实施的需要，收集相关专利、商标、著作权等知识产权信息，建立和拓展企业知识产权信息获取渠道。

企业知识产权信息包括但不限于：（1）各类知识产权的数据、文献、法规、政策等信息资料；（2）知识产权相关的协议、合同等；（3）知识产权产生、申请、注册、登记的原始文档及过程记录；（4）知识产权审查、评估、分析与预测研究等报告；（5）企业专利数据库；（6）企业认定的有关商业秘密；（7）知识产权诉讼的法律文件；（8）知识产权公文、图书、情报等资料；（9）经营和收购、并购的知识产权信息；（10）考核、奖励、惩处等知识产权工作历史文档。

6.2.2 知识产权数据库

企业可根据实际情况，自行或委托相关服务机构建立与自身技术领域相关的知识产权数据库，并定期整理和维护。

企业应充分利用知识产权数据库进行企业发展所需的知识产权检索、分析。

6.2.3 知识产权信息检索与分析

企业在立项、研发、采购、生产、销售和售后等活动中应对专利、商标、著作权及其他类型的知识产权信息进行检索与分析，评估自身的研发与经营活动，并保存相关的检索、分析或评估报告，避免侵犯他人知识产权或低水平重复研发。

企业创造或获得知识产权时，应对涉及的技术领域进行国内或国际专利检索与分析，确保知识产权的合法性和有效性；企业国内（外）合作、并购、异地（国外）研发和销售、参展等活动中，应注重适时开展知识产权检索与分析，提出检索报告及相应的建议。

企业技术创新活动立项之前，知识产权管理部门会同技术部门对技术创新活动涉及的技术领域进行国内外专利文献检索，提出专利检索报告及相应的研发建议。

企业在开发软件、集成电路布图设计等研发活动前，实行必要的著作权检索；开发软件、集成电路布图设计等工作完成后，进行必要的跟踪检索，对相应的著作权进行鉴定验收时应有著作权检索分析；企业投资建立中外合资、合作企业时，合作方以著作权作投资的，企业应就所涉及的著作权进行检索和分析，合作方应当对该著作权的权利予以确认，并作出合法性承诺。

企业知识产权管理部门应组织研发部门对拟申请专利的技术方案进行新颖性、创造性和实用性检索、分析、论证，及时作出是否申请专利的决策。

企业委托社会组织开发软件、设计集成电路布图等，项目取得阶段性成果或完成后，承担者应向企业提供软件、集成电路布图设计等属于创新性的著作权检索报告。

企业应定期进行相关的知识产权文献更新检索与分析，对企业希望制造或销售产品的国家（地区）及相关竞争对手进行重点检索与分析，防范在当地制造或销售时的侵权风险。

6.2.4 知识产权档案管理

企业应对相关知识产权文件进行分类、编目、登记、统计和必要的加工整理，并指派专人对企业的专利档案、商标档案、著作权档案、商业秘密档案等进行管理，且定期检查。

企业可根据自身信息化水平，指派专人对企业的专利档案、商标档案、著作权档案、商业秘密档案等进行数字化管理，建立相应的知识产权数字管理系统。

企业对档案保管采取防盗、防火等安全措施，进行安全防护，并建立档案管理工作的责任追究制度。

建立了知识产权电子档案的企业应采取有效的技术保护措施，保障企业知识产权电子档案的信息安全。

6.3 合理获得规范实施

6.3.1 制定流程与计划

企业应当制定知识产权获得流程，知识产权获得应遵循企业知识产权获得流程进行。

企业根据知识产权战略，制定知识产权获得工作计划，确定所需知识产权的种类、获得方式、途径及保护范围。

6.3.2 选择获得方式，规范实施

企业依需要合理选择知识产权的获得方式。

企业原始取得知识产权，应明确归属以及成果完成人，设计研发相关记录文件保存完好。

企业转移取得知识产权，应查明权属状态，转移合同中注明转移知识产权法律状态、转移范围及附加条件。

企业合并或投资获得知识产权，应要求提供知识产权清单，开展知识产

权风险及价值评估，尽到尽职调查义务，确保所获得知识产权的合理价值及其权属的真实性、合法性

企业技术合作开发获得知识产权，应在合同中明确约定知识产权归属和后续改进技术权利权属，注明保密义务。

企业根据产业发展和市场竞争需要规范实施自有知识产权。可自主实施、转让，或寻求双边或多边知识产权交叉许可，建立或参加知识产权联盟。

企业实施自有知识产权有以下方式：（1）生产自有知识产权产品；（2）使用自有知识产权保护的方法；（3）在产品上加注自有知识产权标记。

企业知识产权许可与转让应规范有序进行：（1）由知识产权管理机构向企业最高管理者汇报并获批准；（2）订立书面的知识产权许可或转让合同；（3）根据企业经营目标选择合适的收款方式；（4）企业应定期监控知识产权许可与转让权限、范围的状况。

企业应根据整体经营战略制定相应的单一商标、多商标、主副商标或商标并购等战略；企业对不使用的商标，经评估、批准后可转让；企业计划向国外出口产品或开展其他市场活动时，应考虑在相应国家注册商标，防止企业商标在他国被抢注。

许可他人使用本企业软件和集成电路布图的，须经可行性论证，委托评估后，根据许可的不同类型，结合许可使用时间确定许可使用费。

6.4　产业化

6.4.1　转化推广

企业应将拥有的知识产权成果适时有效地转化应用于企业产品生产、服务创新、商业模式创新或技术方案优化，努力使企业知识产权价值最大化。

企业应加强与科研机构、高等学校的合作，根据生产经营需要有效转化利用科研机构、高等学校的知识产权成果。

企业应通过各种媒体和平台传播与推广已拥有知识产权的产品、服务或技术方案。

企业可通过广告、媒体，传播和推广新产品、服务或技术方案的名称或标志，扩大企业的社会影响力。

企业可选择商号、商标等作为域名并进行注册，利用互联网标识，扩大

企业影响。

6.4.2 品牌建设

企业应在分析市场基础上，结合自身的商标、产品资源优势，规划品牌的发展方向。

企业定期进行商标使用宣传，做好品牌定位与扩展，制定差异化的品牌培育策略，选择易于识别的商标作为品牌，进行品牌推广与宣传，凸显品牌形象。

企业应投放资源，向目标市场传递品牌标志信息，建立品牌地位；企业应结合品牌资源聚集程度和市场机遇，实施品牌延伸策略。

企业应提高产品质量，优化服务，夯实品牌物质技术基础；企业通过监测，全面、客观地对品牌定位、品牌设计、品牌传播等进行及时、系统的分析，不断修改完善企业品牌管理方案，不断提升品牌管理水平。

企业应综合运用商标、专利、著作权、商业秘密等知识产权资源，培育、管理、运营品牌。

6.4.3 知识产权合作

企业在产学研合作中应加强知识产权协同运用。

企业应选择适当方式与同行业或相关行业的其他企业协同运用知识产权，增强经营实力。

企业开展知识产权合作的主要方式有：（1）在产业 / 行业组织或企业联盟内将自有知识产权交叉许可；（2）与联盟企业共同制定专利技术标准的处置政策，增加行业话语权；（3）与联盟企业共同应对知识产权壁垒和竞争对手的知识产权滥用行为；（4）与科研机构、高等院校合作研发、合作转化推广知识产权成果。

6.4.4 知识产权与标准

企业在掌握核心技术的基础上，应积极参与地方、行业和国家标准制订，提升企业核心知识产权的市场价值和产业控制力。

企业应加强产学研用合作制定标准的工作，积极参与知识产权中标准的合理、合法和合规处置。

企业可制定高于地方、行业和国家标准的企业标准，运用标准提高企业创新发展能力；企业应积极推动自主知识产权标准成为国际标准，争取国际话语权。

6.4.5 知识产权布局

企业可储备、布局知识产权，以便在市场竞争中为企业经营目标服务：（1）企业可就具有竞争潜力的技术或设计申请知识产权，占领行业制高点；（2）企业可有选择地引进具有一定先进性和发展潜力的核心知识产权，增加技术储备，有效提升技术竞争能力，实现战略跨越；（3）企业可根据不同知识产权性质，规划知识产权储备，进行知识产权布局。

企业应依据产品主要销售地、主要竞争对手所在国以及申请国的相关法律政策环境，合理选择专利申请地，做好境外及国际专利申请；企业应根据国际化生产经营的需要，及时跟踪竞争对手的国际专利布局，整合企业研发成果，有的放矢开展国际专利布局。

企业应积极利用并购或者专利购买等方式获得专利，开展专利布局。

6.4.6 知识产权运营

企业知识产权成果产业化中可探索组建知识产权业务的运营实体。企业可根据经营需要实现拥有知识产权的产业化、市场化运营，主要方式有：技术出资、入股、产业化运作、质押贷款等。

企业可将专利作价作为技术出资或入股，建立合资公司或者组建知识产权专营持股公司。

企业可以专利权、商标权、著作权等进行投资，评估后，明确投资相关内容。

企业可根据需要利用知识产权质押贷款进行融资。

企业可将拥有知识产权组合打包，增加市场竞争优势。

企业知识产权运营中，应定期监控拥有的知识产权法律状态，防止知识产权失效。

企业应规范知识产权账目，确保知识产权实施许可、作价出资等收益。

6.4.7 知识产权输出

企业知识产权产业化中应拓展知识产权利用空间，延展企业产业链、创新链，寻求和发展知识产权对外许可或者转让等知识产权输出机会，将其知识产权授权输入方按照约定使用或实施。

知识产权输出时，企业应通过输出合同界定双方的权利和义务，具体明确包括但不限于以下内容：（1）明确界定输出方、输入方范围；（2）知识产权归属条款；（3）输出方式；（4）输出地域；（5）输出知识产权涉及的产品、服务或技术；（6）保密条款；（7）违约责任；（8）费用及其计算方式；（9）争议解决条款等。

6.4.8　知识产权引进

企业知识产权产业化中应寻求外部可利用机会，积极引进知识产权，模仿、吸收和再创新，研发新产品或技术，增强企业竞争优势。

在进行知识产权引进时，企业应审查知识产权的有效性与法律状态，并通过合同界定双方的权利和义务，具体明确包括但不限于以下内容：（1）引进知识产权涉及的产品、服务或技术；（2）知识产权归属条款；（3）知识产权引进条款；（4）知识产权侵权责任条款；（5）输出方知识产权无瑕疵担保条款；（6）争议解决条款等。

6.4.9　知识产权运用评估

企业在知识产权产转让、许可、转移、并购等知识产权运用中，应对所涉及的知识产权进行评估。

企业应采取适当的机制及措施，评估其知识产权价值。企业申请或维持专利应评估其价值。企业并购涉及专利资产的，知识产权管理部门应开展专利价值评估。企业许可他人使用本企业软件和集成电路布图设计的，应委托评估其著作权价值。对企业不使用的商标，经批准后可实施商标转让，转让时应委托商标评估机构进行商标价值评估；企业以商标权投资，应委托商标评估机构进行价值评估。商业秘密使用中需要进行第三方价值评估的，委托符合专业服务要求的中介机构完成。

企业对知识产权的价值评估要报企业最高管理者研究审批后执行。

6.5　知识产权保护与防卫

6.5.1　方式选择

企业根据需要选择适当的知识产权保护方式和手段。企业可选择专利、商标、著作权或商业秘密等方式对创新成果进行保护。

6.5.2　知识产权维护

企业申请和维持专利、登记著作权、注册商标和延展商标使用、设置商业秘密保护范围、密级和保护期限可根据市场竞争需求来确定。

企业应当制定知识产权维护流程，知识产权维护行为应按流程进行。

企业应定期对拥有的各类知识产权进行内部评价，决定放弃或维持，以降低管理成本。

企业决定不再维持某项知识产权时，应经企业高层业务主管批准；不再维持关键核心技术知识产权时，应经企业最高管理者批准。

6.5.3　知识产权风险管理

企业应加强研发风险管理，对研发活动实施过程跟踪监控，适时调整研发策略和研发内容，规避知识产权侵权风险；企业应对设计与开发成果进行评估、确认，形成知识产权评估报告，并明确其保护方式，采取相应的保护措施。

企业应加强生产经营风险管理，在采购产品、技术和服务时，应对商品、商品包装、商品说明书等进行检查，以避免侵犯他人知识产权；企业在来料加工、贴牌生产、委托加工时，应避免侵犯第三人知识产权。企业可要求委托方提供相关知识产权信息和知识产权权属证明。企业应在合同中约定相应的知识产权权属、知识产权的许可使用范围、侵犯第三人知识产权时的责任承担以及损害赔偿数额等内容。

企业应加强产品出口或赴境外参展风险管理，企业将产品出口至境外、到境外参加相关展会，应先进行相关知识产权检索，避免海关、境外知识产权行政管理或司法机关扣货、查封等风险。

6.5.4　知识产权预警

企业可自行或委托专门服务机构对其所涉及的各类知识产权、知识产权纠纷、相关贸易和销售产品所在地知识产权法律政策等信息进行统计、分析、判断并及时作出警示预报，根据反馈的结果对信息进行分析，并对相关预警信息进行持续跟踪。

企业应结合市场竞争格局，跟踪竞争对手知识产权发展态势，分析竞争对手知识产权发展趋势，制定知识产权应对措施。

企业知识产权管理部门应从产品质量、标记、商品范围、文字图形组合、责任追究等多个方面对被授权使用、许可使用注册商标进行监测，对于商标使用不当行为，根据侵权情节，及时向决策层提出预警预报和处理建议。

企业可在必要时，就自己需要保护的知识产权向海关申请备案。

6.5.5 知识产权紧急事件响应

企业应建立知识产权应急事件紧急响应机制，制定紧急处理方案，采取正确的步骤和措施对知识产权应急事件进行处置，降低事件损害程度和社会影响。

对于重大知识产权事件，企业应成立紧急处理临时指挥小组或专家工作组，在事件评估与调查、事件信息发布、事件应急响应、事后恢复重建与总结调整等环节积极开展有关工作。

企业应及时将事件经过和有关整改措施向产业主管部门上报。

6.5.6 知识产权阻止

企业应合理利用自有知识产权，阻止竞争对手的知识产权滥用行为，并且防范他人对企业自有知识产权的侵害。

企业实施知识产权阻止的方式主要有：（1）及时有效公开不需要申请知识产权的技术创新成果，阻止他人利用相同成果获取知识产权进行讹诈；（2）合理规划企业原始创新取得、合作研发取得、并购取得、受让取得等知识产权获得行为，消除潜在的知识产权壁垒；（3）有针对性地开展主导技术标准的专利申请与布局、关键核心技术包绕式、组合式专利申请与布局、主要产品销售地专利的国际申请与布局等，增加防御性知识产权。

6.5.7 知识产权维权

企业自有知识产权遭受侵权时，应选择适当方法和手段维护自己合法权益。

企业作为知识产权权利人，可通过协商谈判、请求行政执法部门处理或提起法律诉讼等方式，制止和防范他人侵权行为。

企业应及时向相关管理部门进行著作权备案或登记，并以著作权标识或其他方式向公众明确创新成果受著作权保护，企业应主动监测市场使用状况，采取必要的技术手段防范非法复制、盗版等侵权行为。

企业应充分利用自有知识产权研发、设计等相关文档，必要时对不当申请进行专利异议或无效宣告请求。

7 评价与改进

7.1 工作机制

企业应建立有效的知识产权管理水平评价程序。企业知识产权管理机构应定期对本企业的知识产权工作开展检查与评价；企业可委托专业机构开展知识产权工作评价。

7.2 自我评价

企业应当建立自我监督和自我完善机制，对知识产权管理体系实施的各个环节以及各环节中产生的效果进行监督、分析和改进。

企业应当设立内部监督程序，对知识产权管理体系的各个环节产生的效果进行比较，定期对知识产权管理体系的实施效果进行内部监督，提交实施报告。

企业知识产权管理机构应明确检查频次，依据本指南的要求，按自我评价程序，检查知识产权管理全过程，及时发现知识产权管理体系和运用中存在的问题，将定期检查结果和建议上报企业最高管理者，并及时采取纠正或改进措施。

企业最高管理者应定期对知识产权管理体系的适宜性和有效性进行评价。评价应包括对知识产权战略实施的评价；知识产权管理绩效评价，管理目标、体系、运用是否需要调整和改进等。

7.3 持续改进

产业主管部门指导企业开展检查和评价，督促企业根据检查和评价结果改进工作；必要时可要求企业上报知识产权工作情况。

企业最高管理者应当根据实施情况，适时调整企业知识产权管理目标，修正企业知识产权管理体系。

产业主管部门应当根据本指南的实施情况，从环境优化、制度设计、目标修正、规划执行等方面不断完善本指南制度安排，持续改进指南实施机制。

附录三：

常用知识产权法律、行政法规、司法解释目录

一、著作权

1. 中华人民共和国著作权法

2. 中华人民共和国著作权法实施条例

3. 著作权集体管理条例

4. 实施国际著作权条约的规定

5. 计算机软件保护条例

6. 信息网络传播权保护条例

7. 最高人民法院关于审理著作权民事纠纷案件适用法律若干问题的解释

8. 最高人民法院关于做好涉及网吧著作权纠纷案件审判工作的通知

9. 最高人民法院关于审理侵害信息网络传播权民事纠纷案件适用法律若干问题的规定

二、商标

1. 中华人民共和国商标法

2. 中华人民共和国商标法实施条例

3. 最高人民法院关于商标法修改决定施行后商标案件管辖和法律适用问题的解释

4. 最高人民法院关于审理商标授权确权行政案件若干问题的意见

5. 最高人民法院关于审理涉及驰名商标保护的民事纠纷案件应用法律若干问题的解释

6. 最高人民法院关于涉及驰名商标认定的民事纠纷案件管辖问题的通知

7. 最高人民法院关于审理注册商标、企业名称与在先权利冲突的民事纠

纷案件若干问题的规定

8. 最高人民法院关于审理商标民事纠纷案件适用法律若干问题的解释

9. 最高人民法院关于审理商标授权确权行政案件若干问题的规定

10. 最高人民法院关于审理商标案件有关管辖和法律适用范围问题的解释

11. 最高人民法院关于人民法院对注册商标权进行财产保全的解释

三、专利

1. 中华人民共和国专利法

2. 中华人民共和国专利法实施细则

3. 国防专利条例

4. 专利代理条例

5. 最高人民法院关于审理专利纠纷案件适用法律问题的若干规定

6. 最高人民法院关于审理侵犯专利权纠纷案件应用法律若干问题的解释

7. 最高人民法院关于审理侵犯专利权纠纷案件应用法律若干问题的解释（二）

8. 最高人民法院关于审理专利授权确权行政案件适用法律若干问题的规定（一）

四、反不正当竞争与反垄断

1. 中华人民共和国反不正当竞争法

2. 中华人民共和国反垄断法

3. 最高人民法院关于审理不正当竞争民事案件应用法律若干问题的解释

4. 最高人民法院关于审理因垄断行为引发的民事纠纷案件应用法律若干问题的规定

5. 最高人民法院关于审理侵犯商业秘密民事案件适用法律若干问题的规定

五、技术合同

1. 中华人民共和国民法典

2. 最高人民法院关于审理技术合同纠纷案件适用法律若干问题的解释

3. 全国法院知识产权审判工作会议关于审理技术合同纠纷案件若干问题的纪要

六、其他知识产权

1. 植物新品种保护条例

2. 集成电路布图设计保护条例

3. 商业特许经营管理条例

4. 特殊标志管理条例

5. 知识产权海关保护条例

6. 企业名称登记管理规定

7. 最高人民法院关于审理侵害知识产权民事案件适用惩罚性赔偿的解释

8. 最高人民法院知识产权判决执行工作指南

9. 最高人民法院关于知识产权民事诉讼证据的若干规定

10. 最高人民法院关于审理涉电子商务平台知识产权民事案件的指导意见

11. 最高人民法院关于全面加强知识产权司法保护的意见

12. 最高人民法院关于技术调查官参与知识产权案件诉讼活动的若干规定

13. 最高人民法院关于知识产权法庭若干问题的规定

14. 最高人民法院关于审查知识产权纠纷行为保全案件适用法律若干问题的规定

15. 最高人民法院关于审理侵犯植物新品种权纠纷案件具体应用法律问题的若干规定

16. 最高人民法院关于开展植物新品种纠纷案件审判工作的通知

17. 最高人民法院关于审理植物新品种纠纷案件若干问题的解释

18. 最高人民法院关于开展涉及集成电路布图设计案件审判工作的通知

19. 最高人民法院关于审理涉及计算机网络域名民事纠纷案件适用法律若干问题的解释

20. 最高人民法院关于当前经济形势下知识产权审判服务大局若干问题的意见

21. 最高人民法院关于充分发挥知识产权审判职能作用推动社会主义文化大发展大繁荣和促进经济自主协调发展若干问题的意见

22. 最高人民法院关于全面加强知识产权审判工作为建设创新型国家提供司法保障的意见

参考文献

1. 孔祥俊:《反不正当竞争法新原理·分论》,中国法制出版社2019年版。

2. 宿迟、陈锦川、杨柏勇主编:《网络知识产权保护热点疑难问题解析》,中国法制出版社 2016 年版。

3. 闻汉东:《老字号企业知识产权管理与法律风险防范》,中国法制出版社 2015 年版。

4. 张晓煜:《企业知识产权管理操作实务与图解》,法律出版社 2015 年版。

5. 曾德国主编:《企业知识产权管理》,北京大学出版社 2015 年版。

6. 李鹏主编:《大型企业专利管理:理论与实务》,知识产权出版社 2013 年版。

7. 朱宇、黄志臻、唐恒:《企业知识产权管理规范培训教程》,知识产权出版社 2011 年版。

8. 冯晓青:《企业知识产权管理》,中国政法大学出版社 2012 年版。

9. 孔祥俊主编:《商业秘密司法保护实务》,中国法制出版社 2012 年版。

10. 孔祥俊主编:《最高人民法院知识产权司法解释理解与适用》,中国法制出版社 2012 年版。

11. 袁建中:《企业知识产权管理理论与实务》,知识产权出版社 2011 年版。

12. 朱雪忠:《知识产权管理》,高等教育出版社 2010 年版。

后 记

知识产权保护工作关系国家治理体系和治理能力现代化，关系高质量发展，关系人民生活幸福，关系国家对外开放大局，关系国家安全。全面建设社会主义现代化国家，必须从国家战略高度和进入新发展阶段要求出发，全面加强知识产权保护工作，促进建设现代化经济体系，激发全社会创新活力，推动构建新发展格局。

我们强烈地感受到国家对加强知识产权保护工作的重视。在司法层面，我国已经建立起“1+4+X”的知识产权司法审判体系，即最高人民法院知识产权法庭 + 四家知识产权法院 + 若干家地方法院知识产权法庭，这对统一知识产权法律适用，加强知识产权保护具有重要意义。在企业层面，越来越多的企业，特别是中小企业开始主动寻求知识产权法律保护，这在十几年前是不常见到的景象。更多的企业开始从“事后解决知识产权纠纷”转向“事前预防知识产权纠纷”。可见，企业对知识产权的认识逐渐加深、保护意识逐渐加强。

作为知识产权律师，我们正在经历国家经济发展模式的转型，正在见证国家发展的宏伟历程。我们应当在这一过程中贡献自己的一份力量。笔者借本书再版之际，想谈谈知识产权律师如何在我国经济发展模式转型过程中有所作为。

首先，要加强自身知识产权法律专业的学习和实务能力的提升。选择律师职业，就等同于选择终身学习，知识产权律师尤其如此。过去的几年，我们都深刻地感受到时间不够用：知识产权部门法的修订、相关司法解释的出台和更新，层出不穷的指导案例、典型案例，都让我们应接不暇。唯有不断学习，才能更新知识体系，面对新型案件时才能游刃有余。我们坚信，只有专业才能赢得市场、赢得客户，才能保持持续的竞争力。所以，加强专业学习，永不落伍。

其次，要尽量多参与知识产权公益法律活动。尽管我们国家现阶段的知识产权法律制度和保护体系相对完善，但公众对知识产权的认识存在一定的不足，所以需要我们通过参与公益服务，向公众普及知识产权法律知识，宣传知识产权对我们国家发展和人民生活的影响，让老百姓了解知识产权并学会运用知识产权。只有全体民众提高对知识产权的认识水平，形成尊重知识产权的社会风气，国家才能有更多创新的土壤，建立创新型国家才有希望。这些公益活动可以是办一场讲座、做一次免费咨询、代理一起法律援助案件，甚至是写一篇知识产权普法文章，形式不限，星星之火，可以燎原。

再次，积极参与法律、行政法规、司法解释、地方性法规的制定、修改、完善工作。我国知识产权法律体系的建设和完善是几代人努力的结晶，其中有知识产权法律学者、政府官员、司法人员，同时还有我们知识产权律师的身影。律师是知识产权法律服务的一线亲历者，是我国知识产权法律制度的实践者。我们接触了大量知识产权法律纠纷，遇到过大量知识产权法律新问题、新现象，这些宝贵的实务经验，应当用到立法工作中去。我们应当积极提出自己的意见、观点，供立法者参考、决策，从而不断提高我国知识产权立法水平，完善知识产权法律制度。

复次，办理好自己手上的每一起知识产权案件。案件无论大小、收费高低，我们都要认真对待，要细心打磨每一个案件，做到不留遗憾。从微观角度说，我们要做好每一起案件，对得起当事人的委托，为他们解决知识产权纠纷，化解矛盾。从宏观角度说，要努力让每个当事人在案件中都感受到公平正义，感受到知识产权的重要性，让他们在未来的生产经营中更加重视知识产权保护、尊重他人知识产权成果。这也是我们每一位知识产权律师应尽的职责。

最后，努力在知识产权国际交流中发出中国声音。我们知道，知识产权是国际交流与合作中的重要议题，也是中国能否顺利参与国际竞争的前提条件。近几年，随着我国经济、社会发展水平提高，我国的知识产权保护工作不断加强并积极加入若干知识产权国际条约。可以说，中国的知识产权保护工作取得了巨大成就。作为知识产权律师，我们有义务、有责任在对外交往过程中，发出中国声音，讲好中国故事，让世界了解中国知识产权保护制度，消除偏见。这对加强国际交往、引进外资、营造良好营商环境都具有重要意义。

回顾过去 30 多年的知识产权法律服务历程，我们深知，走到今天实属不易。如今的知识产权法律服务市场日渐成熟，竞争日趋激烈，法律服务标准更加严格，这当然是我们都乐意看到的。但我想说的是，一代又一代知识产权律师不懈奋斗、百折不挠、勇于创新、薪火相传的精神，才是最令我感动的，这种精神必将在我国知识产权现代化发展事业中留下浓重的一笔！知识产权律师作为我国法治国家建设事业的优秀群体，应当发挥引领作用，为提升我国知识产权法律实践水平贡献力量，衷心地希望每一位中国知识产权律师在这个伟大的时代都有所作为！

王小兵

二〇二二年三月二十日

于上海徐家汇

图书在版编目（CIP）数据

企业知识产权管理：操作实务与法律风险防范 / 王小兵著. —2 版. —北京：中国法制出版社，2022.3

ISBN 978-7-5216-2437-3

Ⅰ. ①企…　Ⅱ. ①王…　Ⅲ. ①企业—知识产权—管理—研究—中国　Ⅳ. ① D923.404

中国版本图书馆 CIP 数据核字（2022）第 003350 号

策划编辑：王　熹

责任编辑：王　熹　赵律玮　　　　封面设计：杨泽江

企业知识产权管理：操作实务与法律风险防范

QIYE ZHISHI CHANQUAN GUANLI: CAOZUO SHIWU YU FALÜ FENGXIAN FANGFAN

著者 / 王小兵

经销 / 新华书店

印刷 / 三河市国英印务有限公司

开本 / 710 毫米 ×1000 毫米　16 开　　　　印张 / 22.75　字数 / 348 千

版次 / 2022 年 3 月第 2 版　　　　2022 年 3 月第 1 次印刷

中国法制出版社出版

书号 ISBN 978-7-5216-2437-3　　　　定价：79.00 元

北京市西城区西便门西里甲 16 号西便门办公区

邮政编码：100053　　　　传真：010-63141600

网址：http://www.zgfzs.com　　　　**编辑部电话：010-63141793**

市场营销部电话：010-63141612　　　　**印务部电话：010-63141606**

（如有印装质量问题，请与本社印务部联系。）